法大诉讼法学博士文库

总主编　卞建林

中国非法证据排除规则研究

郭　旭　著

中国人民公安大学出版社

·北　京·

图书在版编目（CIP）数据
中国非法证据排除规则研究/郭旭著．—北京：中国人民公安大学出版社，2016.11
（法大诉讼法学博士文库/卞建林主编）
ISBN 978-7-5653-2779-7
Ⅰ．①中… Ⅱ．①郭… Ⅲ．①证据—研究—中国
Ⅳ．①D925.013.4
中国版本图书馆 CIP 数据核字（2016）第 264821 号

中国非法证据排除规则研究
郭 旭 著

出版发行：中国人民公安大学出版社
地 址：北京市西城区木樨地南里
邮政编码：100038
经 销：新华书店
印 刷：北京兴华昌盛印刷有限公司

版 次：2016年11月第1版
印 次：2016年11月第1次
印 张：9.25
开 本：880毫米×1230毫米 1/32
字 数：249千字

书 号：ISBN 978-7-5653-2779-7
定 价：32.00元

网 址：www.cppsup.com.cn www.porclub.com.cn
电子邮箱：zbs@cppsup.com zbs@cppsu.edu.cn

营销中心电话：010-83903254
读者服务部电话（门市）：010-83903257
警官读者俱乐部电话（网购、邮购）：010-83903253
法律图书分社电话：010-83905745

法大诉讼法学博士文库

编　委　会

总 序

21 世纪的中国诉讼法学将向何处去？这是每一位诉讼法学者都应当关心的重要问题。历史是昭示未来的一面镜子。我们不妨先从历史的角度来考察一下我国诉讼法学发展的轨迹和趋势。

我国近代诉讼法学肇始于一百多年前的清末修律。1906 年，清政府创办了京师法律学堂，由沈家本亲自制定的法律学堂章程将刑事诉讼法与民事诉讼法均列为主要课程，这标志着诉讼法学作为一门新兴的学科开始独立存在。之后，夏勤、陈瑾昆、蔡枢衡、熊元襄、石志泉、邵勋、邵锋等学者在翻译和介绍日本、德国等国诉讼法律与诉讼理论方面都作出了杰出贡献，并在此基础上对诉讼法学基本原理进行了可贵的探索。至 20 世纪 40 年代，旧中国的诉讼法学理论体系得以初步形成。

新中国成立以后，随着旧中国的“六法全书”被废除，原有的诉讼法学理论体系和研究成果也被抛弃。受当时的政治环境影响，中国的法学理论工作者开始将目光转向苏联。在 20 世纪 50 年代，伴随着苏联法学教授来华授课，一批苏联的诉讼法学著作被翻译推介到我国。我国学者开始在学习苏联诉讼法律制度与法学理论的同时，结合中国无产阶级专政的实际经验与需要，尝试创建我国的诉讼法学理论体系。然而，不久后的“反右”运动和“文化大革命”动乱，法律虚无主义甚嚣尘上，诉讼法学研究长期陷入停滞。这种状况一直持续到 20 世纪 70 年代末期。

1978 年改革开放以来的 30 余年，是我国诉讼法学的恢复和迅速发展时期。随着1979年中国第一部刑事诉讼法的颁布实施，我国诉讼法学开始全面“复苏”。在“解放思想、实事求是”方针的指引下，诉讼法学的学术研究变得活跃起来，关于刑事诉讼、民事诉讼、证据理论、司法制度方面的多本专著先后问世。特别是20世纪80年代初、中期，国家统一组织编写刑事诉讼法学、民事诉讼法学、证据法学教材。这些统编教材，发行量大，适用面广，读者群众，影响力巨，基本确立了诉讼法学与证据学的理论框架与教学体系。诚然，此时的诉讼法学仍不够成熟，大多停留在注释法学的阶段，教学和研究的目的主要是解释法律、宣讲法律，先进的诉讼理念尚未确立。至20世纪90年代，此种状况得到很大改善。“刑事诉讼法学的研究登上了一个新的台阶……在理论方面，对刑事诉讼基础理论的研究开始起步并初有成就。”① 其标志性成果是一系列有关诉讼目的、诉讼构造、起诉制度、审判原理等基本理论问题的学术专著陆续出版。随着我国政治、经济、社会、文化等各个方面日新月异的发展与进步，随着“依法治国，建立社会主义法治国家”基本治国方略的确立与实施，我国社会主义民主与法治建设取得巨大成就。在此大背景下诉讼立法进程加快，诉讼制度日臻完善，诉讼法学理论研究也在不断深入。“程序正义”、“人权保障”等先进的诉讼价值观念得到大力弘扬和广泛传播，公平、正义、人权、自由、秩序、效率等价值观不仅是诉讼理论界热衷探讨的命题，并逐步得到立法和司法实务部门的理解和认同，甚至成为普通百姓耳熟能详的大众话语。进入21世纪以来，诉讼法学研究方面最显著的进展莫过于研究方法的转型。不仅实证研究方法受到重视，多元化、跨学科的研究方法也得到了提倡，哲学、社会学、逻辑学、经济学等多学科的研究方法被广泛地应用于诉讼法学和证据法学研究。甚至文理汇聚、社会科学与自然科学交融的现象

---

① 陈光中、卞建林：《刑事诉讼法学研究现状与发展趋势》，载《法学家》1996年第2期。

也已出现，国家自然科学实验基地中国政法大学证据科学研究院的成立就是明证。通过研究方法上跨学科、多学科的融通交汇，我国诉讼法学研究的广度和深度得到进一步拓展。

不同于单纯的理论法学研究，诉讼法学研究还具有时代性和实践性的鲜明特点，在研究基础理论的同时，应当及时反映司法现实、回应社会关切。随着“全面建成小康社会、全面深化改革、全面依法治国、全面从严治党”战略布局的提出与落实，政治、经济、社会、文化、军事等各个领域的全面改革成为我国现代化进程中的主旋律。司法体制改革是全面深化改革的重要一环，是全面推进依法治国的主要抓手。一系列司法改革重大举措的制定并落地，推进中国特色社会主义诉讼制度和司法体系日趋成熟完善。在此背景下，我国诉讼法学研究也愈加关注司法体制改革与社会现实问题，探求司法规律，彰显中国特色，研究成果更加务实、更加中肯、更具实际参考和应用转化价值。

回顾历史，笔者在为我国诉讼法学发展历程的艰难曲折而感叹的同时，也为当前诉讼法学研究所取得的巨大成就感到欢欣鼓舞。然而，值得注意的是，从历史上看，我国诉讼法学的成长始终伴随着对外来法律文化的学习：从萌芽与初创阶段对日、德等国诉讼理论的借鉴，到重建与停滞阶段对苏联诉讼理论的模仿，再到恢复与提升阶段对美、英等国诉讼理论的引入。达马斯卡曾经告诫我们：“与私法领域相比，程序法的意义和效果更加依赖于外部环境——尤其是直接依赖于所在国家司法制度运行的制度背景。”① 诉讼法对其制度背景的依赖使得这门学科较之其他学科具有更强的地域性特征。所以，我们需要思考的一个问题是：我们仿效外国经验而建构起来的理论，我们从西方国家那里所引入的理念以及我们参考国外做法而采用的研究方法，是否真的适合于我国？即使这些理论、

① ［美］米尔吉安·R. 达马斯卡著：《比较法视野中的证据制度》，吴宏耀等译，中国人民公安大学出版社2006年版，第231~232页。

理念和方法能够适合于我国，中国学者对人类法治文明的独特贡献又何在？

笔者认为，21 世纪的中国诉讼法学应当以创建中国特色、中国风格的诉讼法学理论体系为努力方向。回首过去的一个多世纪，中国诉讼法学在对国外诉讼理论持续不断的“效仿”过程中渐渐迷失了自我，始终未能确立起自身的独立品格。因此，我国学者应当从中国实际出发，在了解和借鉴他国诉讼理论的同时，着力构建具有中国特色、中国风格的诉讼法学理论。这是一项艰巨而长期的历史任务。其艰巨性在于，曾经在世界法制发展史上占有一席之地的中华法系早已风光不再，一百多年来我国所进行的各项法制改革大多是跟在西方国家后面亦步亦趋，我国法学理论缺乏自主发展的传统。其长期性在于，我国民众存在着根深蒂固的“重实体、轻程序”观念，而观念的转变绝非一朝一夕可以实现的。昂格尔就曾经针对我国古代法律评论道，与其他非欧洲的法相比较，中国法是离“法治”（rule of law）理念最为遥远的一极。[①] 当然，伴随着我国全面推进依法治国和大力深化司法体制改革，我国诉讼法学研究已经开始摆脱西方话语体系、西方逻辑的研究“窠臼”，逐步走向自醒自觉，探索建立符合中国国情和司法规律二元目标的社会主义诉讼法学理论体系已经起步。同时也要认识到，建成体现中国特色、中国风格的具有独立思维和独立话语体系的社会主义诉讼法学理论体系非一时之功，可能需要几代学人的共同努力。

历史的经验告诉我们，对于任何事业来讲，人才都是关键。从我国京师法律学堂的创办与诉讼法学的诞生可以看出，诉讼法学学科的发展与诉讼法学人才的培养是分不开的。因此，针对我国诉讼法学研究任务的艰巨性和长期性，我们应当进一步加大对青年诉讼法学高级人才，尤其是对诉讼法学博士生的培养力度。法学博士生

---

① ［日］滋贺秀三：《中国法文化的考察——以诉讼的形态为素材》，载《明清时期的民事审判与民间契约》，王亚新等编译，法律出版社 1998 年版，第 3 页。

群体是一支重要的科研力量。博士生们大多风华正茂，正处于人生创造力最为旺盛的时期，有可能提出富有原创性的学术观点；博士生们思维活跃，较少受到成见的束缚，有利于发掘新思维、新视角，不断推陈出新；博士生们拥有最有利的学习环境和条件，有足够的时间和精力就某些专门问题深入钻研。也正是基于这些原因，有人认为，博士学位论文常常能够代表学者一生的最高学术成就。

中国政法大学是全国最早获得诉讼法学博士学位授予资格的高等学府，由于师资队伍、培养模式、图书资料、学术交流等诸多方面的优势，法大培养的诉讼法学博士人数众多，质量上乘，为我国诉讼法学的学科发展作出过重要贡献。早在 20 世纪 80 年代末期，中国政法大学前校长、诉讼法学学科带头人陈光中先生就呼吁学界进一步加强对刑事诉讼法学基本理论的研究和创新，并引进自然科学和其他社会科学中的相关学科的成果，开拓刑事诉讼法学研究的新领域。[①] 在法大导师们的指引下，一批优秀的法大诉讼法学博士生开始对诉讼法学基础理论进行了大胆探索，取得了很多填补空白的开拓性研究成果。我国诉讼法学界在 20 世纪 90 年代出版的具有代表性的基础理论著作大多是在他们的博士学位论文基础上完成的。曾经取得的辉煌成就使中国政法大学的诉讼法学学科在全国享有盛誉。1999 年，中国政法大学诉讼法学研究中心（2006 年更名为中国政法大学诉讼法学研究院）成立，这是诉讼法学专业唯一入选全国普通高等学校人文社会科学百所重点研究基地的研究实体。2013 年，由中国政法大学牵头，以中国政法大学诉讼法学研究院和证据科学研究院为科研依托平台，联合吉林大学理论法学研究中心（教育部人文社会科学重点研究基地）和武汉大学环境法研究所（教育部人文社会科学重点研究基地）申报的司法文明协同创新中心顺利通过教育部和财政部的认定，成为全国首批 14 家“2011 计划”协同创新中心之一。自此，中国政法大学在诉讼法学

---

① 陈光中:《中国刑事诉讼法学四十年（下）》，载《政法论坛》1989 年第 5 期。

学科建设和人才培养方面掀开了新的一页。

“法大诉讼法学博士文库”是中国政法大学诉讼法学研究院主持编选并组织出版中国政法大学诉讼法学专业（含刑事诉讼法学、民事诉讼法学、行政诉讼法学、证据法学）博士学位论文的系列丛书。这套丛书旨在搭建学术平台，推出诉讼法学新人新作，营造百家争鸣的学术氛围。此外，由于博士学位论文不仅能够反映博士生个人的勤奋和智慧，还常常凝聚了博士生导师们的辛劳和心血。因此，这套丛书的出版也是对法大诉讼法学教学成果的集中展示。我们希望能够通过丛书的出版，进一步培养和造就高素质的诉讼法学博士生，推动诉讼法学年轻学者之间的互动和交流，促进我国诉讼法学的繁荣和发展。

中国政法大学诉讼法学研究院院长　卞建林

2016 年 11 月 16 日于北京

目 录

序

2016年4月，我的学生郭旭告知其博士论文《中国非法证据排除规则研究》一书将由中国人民公安大学出版社出版，并请我作序，我欣然同意。

非法证据排除规则通常指执法人员及其授权的人员通过非法方法所收集的证据不得在刑事审判中被采纳为对非法取证行为所侵犯权利的人不利的证据。2012年，我国《刑事诉讼法》在立法层面确立了非法证据排除规则。这是我国刑事司法发展的客观要求，也是我国司法改革的必然产物。党的十八届三中全会通过的《中共中央关于全面深化改革若干重大问题的决定》明确指出要“严格实行非法证据排除规则”。这表明贯彻落实非法证据排除规则是当前刑事司法改革的一项重要任务。新《刑事诉讼法》生效以后，如何有效地实施非法证据排除规则成为我国法学界研究的热点和重点问题，这需要法学界进行深入的理论研究和实际考察，总结经验并探索解决有关问题的具体途径。

郭旭博士在中国政法大学攻读刑事诉讼法学博士学位期间，担任我的学术秘书，他单独或和我合作在《中国法学》（英文版）、《法律科学》、《证据科学》等期刊上发表论文三十余篇。他广泛研读中外非法证据排除规则方面的文章资料，跟随我多次到北京、江苏、湖南、河南、陕西等地的司法实务部门考察刑事诉讼法实施情况，特别是实施非法证据排除规则中的先进经验和问题，掌握了大量的第一手资料，在此基础上他写出了《中国非法证据排除规则研究》一书。

该书系统梳理了非法证据排除规则在我国的发展脉络，收集了我国司法实践中处理的相关典型案例，总结了基层司法人员在实施非法证据排除规则中的先进做法和有益经验，分析了公检法分工负责、相互配合、相互制约原则，绩效考评机制，侦查中心主义和卷宗移送主义等司法制度对有效实施非法证据排除规则的影响及其应对。该书还从理论上对非法证据排除规则中最重要的非法证据范围问题、证明问题以及程序设计问题进行了深入论述，其中一些创新观点无疑为应对目前非法证据排除规则在实践中存在的困境提供了具有可行性的解决方案。尽管书中对某些问题的阐述还难免有一定的不成熟性，有些内容只是提出了问题和研究思路，尚待更为深入地论证。但是，中国非法证据排除规则有着其自身的特点，不可毕其功于一役。该规则的完善和实施，还需要理论和实务人士的共同关注、共同推动，并结合中国的国情和具体实践情况以推动其不断发展。

该书的内容具有较高的理论研究意义和实践参考价值，对推动非法证据排除规则的完善与司法实践的发展有较大的促进意义。通过对我国非法证据排除规则实施情况的调查研究，系统总结有关法律法规在实施过程中的有益经验，发现存在的问题并探索原因，找到解决问题的对策，这种写作方式也值得肯定。

郭旭博士毕业以后，参军入伍进入中国人民解放军南京政治学院工作，研究方向主要是军事刑事司法、武装冲突法和国际人权法。军事刑事司法涉及军队内部人员的处理程序问题，武装冲突法、国际人权法则是军队在对外行动，特别是在战争中行为的规范和操作，也涉及刑事司法、国际人权法等学科的一系列程序、原则和基本制度。这些方面的内容对于深化国防和军队改革、增强我军的战斗力起到了非常重要的推动作用，对于我依法治军，特别是进一步发挥我军在维护世界和平、处理国际武装冲突等方面有重要作用，这些领域法律问题的研究是我军现代化建设的重要组成部分，能够向世界充分展示我军正义之师、文明之师、威武之师的光辉形象，有助于在军事领域发挥我国作为负责任大国的应有作用。

我本人年轻时无缘参军，但对军旅生涯非常向往，长期以来对军事法，特别是武装冲突法、国际人权法、涉及军事的国际条约以及军事伦理等学科颇感兴趣。我现已年老，遗憾此生没有机会万里赴戎机，征战沙场，报效祖国，所以寄希望于我的学生，盼望郭旭在军事法相关领域多出成果，为国效力！作为导师，我很高兴学生学术成果的出版，希望他能够继续努力，在今后的工作和研究过程中不断创造出更多、更好的作品。

是为序。

杨宇冠

中国政法大学教授

二〇一六年十一月

导 论

非法证据排除规则产生于20世纪初的美国，原本仅指违反联邦宪法第四修正案进行的非法搜查、扣押所获得的证据不能用作指控被告人有罪。随着美国联邦最高法院一系列判例的发展，该规则的适用范围扩大至联邦第五修正案中的“不得强迫自证其罪”、第六修正案中的“获得律师帮助的权利”以及第十四修正案中的“正当程序”规定等。①

非法证据排除规则从20世纪80年代起便引发了我国诉讼法学术界的探讨。在介绍国外非法证据排除规则的同时，学者们已经开始对中国是否需要确立非法证据排除规则，以及应当如何建立有中国特色的非法证据排除规则提出了建议和意见，大量论文、专著相继发表，实证试点工作也着手展开。与此同时，非法证据排除规则的立法活动亦见端倪。1996年《刑事诉讼法》援引了1979年中国首部《刑事诉讼法》第32条的规定：“严禁刑讯逼供和以威胁、引诱、欺骗以及其他非法方法收集证据。”此条是否可以被认为是中国非法证据排除规则的雏形不无争议。随着司法改革的深入，最高人民法院、最高人民检察院、公安部、国家安全部、司法部（“两高三部”）于2010年联合颁发了《关于办理死刑案件审查判断证据若干问题的规定》和《关于办理刑事案件排除非法证据若干问题的规定》（以下简称“两个证据规定”），这标志着非法证据排除规则在中国司法层面的初步确立。2012年3月14日，第十

① 关于美国非法证据排除规则的规定和演变，更多请参见杨宇冠：《非法证据排除规则研究》，中国人民公安大学出版社2002年版。

一届全国人民代表大会第五次会议审议通过了《关于修改〈中华人民共和国刑事诉讼法〉的决定》，新《刑事诉讼法》明确规定了非法证据排除规则，最高人民法院、最高人民检察院的司法解释也对该规则的相关内容进行了细化。

“徒法不足以自行。”非法证据排除规则从纸面上的法成为实践中的法还需要各方的参与和努力。从近些年的实践情况来看，非法证据排除规则在我国的实施还存在一些问题需要完善。在刑事诉讼程序中，侦查人员进行立案并展开侦查活动，与犯罪嫌疑人最先“接触”并调查获取证据，因此非法证据排除的申请主要针对的就是侦查行为中的违法取证行为。现行非法排除规则在排除范围、证明标准、律师参与、排除程序等重要内容上规定得不甚明确，这对准确适用该规则造成了一定的障碍。值得指出的是，非法证据排除规则并不是一个独立的规则，还应当与一国刑事诉讼制度和司法体制存在密切关系。颇为遗憾的是，该规则的配套制度如自白任意规则、证据开示制度等重要基础制度在我国刑事诉讼制度中尚未确立，这也使得非法证据排除规则的效果受到了削弱。与此相对应的是，辩护律师在刑事案件当中大量提出排除非法证据的抗辩和请求，最终被认定为非法证据的却不多，因非法证据排除而影响到案件最终判决结果作出无罪判决的案例则更少。

我国非法证据排除规则有自身的特点，对该规则的完善也不能照搬别国经验。中国地大物博、幅员辽阔，各地公安、司法机关在实施非法证据排除规则的过程中也总结出了一些先进的经验，在理论研究中值得重点关注并参考总结。只有立足于本土，才能发展出适合中国国情的非法证据排除规则。

一、非法证据排除规则的构成要素

非法证据排除，简单而言，是指公权力机关通过严重违反宪法、刑事诉讼法的规定，以非法方式获取的证据不得作为不利于被追诉人的证据使用。非法证据排除规则是一系列与非法证据排除相关的法律规范的总称，包括非法证据的认定、排除程序的启动、证明标准、排除效果以及若干例外。对该规则展开研究，应当注重对以下几个要素进行分析：

1. 非法要素。[①]“非法”一词，从字面意义上来理解，就是指违反法律规定。不同国家在各自的刑事立法当中，可能会对“非法”要素作出不同的界定，即便是同一国家的不同时期，“非法”的含义也会不同。在美国，“非法”原本指的是违反联邦宪法第四修正案的行为，后又逐渐扩大到第五、第六和第十四修正案。近些年，随着众多排除例外规定的出现，[②]“非法”的范围又呈现出一种逐渐缩小的态势。我国非法证据排除规则中的“非法”要素与美国并不相同，而是根据不同的证据类型采用了有区别的界定方法。对于言词证据而言，“非法”要素指的是“非法方法”，即采用“刑讯逼供等非法方法”或者“暴力威胁等非法方法”获取的证据；对于书证、物证等实物证据，“非法”要素指的就是“严重违反法律规定”的行为。而此处的法律规定，根据立场的不同，也能够作出不同的解释，既可以将其限制在刑事诉讼法中的搜查、扣押规定，也可以扩大至宪法和刑事诉讼法乃至其他相关法律的全部。由于在我国司法实践当中，宪法存在被“高高供起”的尴尬境地，法院和法官不能援引宪法条文作为判断案件的依据，因此，

---

① 有论者认为，非法证据中的非法应当作广义的理解，不仅包括采用非法方法获得的证据，还应当包括取证人员非法、证据形式非法等。本文中的非法证据仅从狭义的角度来进行分析，即采用非法途径、方式、手段获取的证据。

② 有读者可能会指出，美国非法证据排除规则的例外情形并非否定该证据的非法性，而是指此类非法证据无须排除。笔者认为此种观点值得商榷，非法证据排除规则的例外并不是非法证据不排除规则，而是不将因某些缺乏关键要素的行为而取得的证据视为非法证据。例如，在善意例外原则中，如果警察由于不能归责于己的原因，善意地认为逮捕令有效并据此进行搜查而发现了相关的有罪证据，尽管事后发现该逮捕令已经失效，证据也不应当被排除。在此种情况下，被告人的宪法第四修正案的权利无疑受到了侵害，但警察据此收集的证据并不能够被视为非法证据，亦即证据的非法性被“漂白”(purged) 或者削弱 (attenuated) 了。

"非法"在目前我国司法语境下主要是指刑事诉讼法及相关的司法解释。"非法"要素的界定决定着非法证据排除规则适用范围的大小，也决定了该规则在刑事诉讼程序当中所能够发挥的作用与价值。

2. 非法证据要素。非法证据的全称是通过非法方法获取的证据。证据在根本属性上没有合法与非法的区分，只存在证明力有无及大小的问题，所谓的"非法"也仅是指取证的手段和方法。在司法实践和理论探讨中，经常有将非法证据与瑕疵证据混为一谈的现象，甚至将瑕疵证据作为非法证据的下位概念，此种观点值得商榷。瑕疵证据取证行为的合法性并不存在疑问，只是在证据形式上没有满足法律规定的某种要素，如缺少签字、缺少见证人等。在我国，非法证据可以分为两种：绝对的非法证据和可补正的非法证据。前者主要是指采用刑讯逼供获取的有罪供述，或者以暴力、威胁方法取得的证人证言，此类证据必须强制排除，不存在合理解释的空间；后者主要指违反法律规定收集的书证、物证，如果相关人员能够对此作出合理解释或者补正，书证、物证就可以作为证据使用。这种区分方式从侧面反映出了我国司法领域对于实物证据非法取证的容忍态度，这也是基于实物证据证明力高，排除之后可能无法定案甚至导致放纵犯罪之后果的立法考量，但从一定程度上削弱了非法证据排除规则在实物证据领域中所能够发挥的作用。

3. 排除要素。排除要素的实质就是非法证据排除规则的效果问题。从美国的规定来看，"排除"可以被界定为否定了证据在部分刑事讼程序中（主要是定罪程序中）的证据资格。非法证据仅是不得作为证明被告人有罪的证据，但是在量刑程序、弹劾程序中仍然可以使用。排除问题又涉及两个不同的层次：第一，是否所有的非法证据均需要排除；第二，证据排除后对案件的处理会产生何种后果。从严格意义上来分析，非法证据并不等同于需要被排除的证据，在认定非法至作出排除决定之间还需要综合考量较多的因素，我国非法实物证据排除的规定就是其例。排除之后的效果，根据我国目前法律的规定，是“不得作为起诉意见、起诉决定和判决的依据”。这种表达方式可能会引发一定的混乱，“不得作为……依据”究竟是否定了该证据的证据资格，还是证明力，在理论上也存在争议，是笔者需要在本书当中重点解读的部分。

值得指出的是，旨在限制证据资格的排除规则并不仅有非法证据排除规则，还包括意见证据规则、[①] 传闻证据规则、[②] 最佳证据规则[③]等。尽管我国《刑事诉讼法》中并没有对此类规则进行明确规定，但在相关的司法解释当中已经能够探寻其“踪迹”。例如，《高法解释》第70条中“据以定案的物证应当是原物”规定的就是最佳证据规则；第75条第2款“证人的猜测性、评论性、推断性的证言，不得作为证据使用，但根据一般生活经验判断符合事实的除外”则是对意见证据规则的规定。囿于笔者能力及学识，本书仅就我国非法证据排除规则进行深入的研究和讨论，颇感遗憾。

二、非法证据排除规则的功能和价值

非法证据排除的功能和价值，决定了该规则在整个刑事诉讼程序当中发挥的作用和地位，也决定了它在司法实务当中被使用的方式和频率。从整体上来讲，非法证据排除规则至少在以下几方面发

---

① 在英美证据法上，作为一般原则，证人只应就他曾经亲身感知的事实提供证言，而不得就这些事实进行推论。参见宋英辉、吴宏耀：《意见规则——外国证据规则系列之四》，载《人民检察》2001年第7期。

② 传闻证据规则又称传闻规则、反传闻规则、传闻法则、传闻证据排除规则，是英美证据法中最重要的排除法则之一，曾被称为“英美证据法的基石”。所谓传闻证据规则，简言之，就是除法律规定情况外，传闻证据不具有可采性。参见沈德咏、江显和：《变革与借鉴：传闻证据规则引论》，载《中国法学》2005年第5期。

③ 在英美法系中，对于文书以及记载有思想内容并以此证明案件真实情况的证据，证据法上要求通常必须出示原件，只有当存在可信以为真的理由的情况下，才可以作为例外不出示原件。这一规则就是著名的“最佳证据规则”（best evidence rule），有时候亦被称为“原本法则”（original document rule）。最佳证据规则是一项非常古老的制度，并且在英美法系中也享有较高的地位。参见易延友：《最佳证据规则》，载《比较法研究》2011年第6期。

挥着重要作用：

1. 程序正义与程序公正。法谚有云："正义不仅要实现，而且还要以一种看得见的方式加以实现。"[①] 对于"正义"的界定有多种，在刑事法领域中正义可以分为实体正义和程序正义。前者是指有罪之人应受到与之行为相适应的惩罚，无罪之人则应免受追诉；后者则是指实体正义得以实现的程序性保障。在程序正义的实施过程中，一方面法律会创设一系列的制度，如侦查、审判等，为实体法目标的实现提供保障，另一方面这种制度和规范也对实现实体法目标的方式进行了限制，即公安司法人员在查明真相、打击犯罪的过程中必须按照法律规定的程序和方式进行，而不能"不择手段"，以犯罪的方法惩罚犯罪。程序正义主要体现的并非是程序法的工具价值，而是其内在的独立价值。这种程序正义或程序公正，构成了衡量我国司法权威的基础，也是刑事司法活动乃至最后判决形成的正当性标准之一。"真正的公正审判程序，不仅要求罪犯被宣布为有罪，而且还要在发现其犯罪后，以一种明确无误的方式宣布其有罪。"[②] 非法证据排除规则在某种意义上来讲，对实体正义的实现确实设置了一些"障碍"，这也是该规则在实施过程中产生争议的重要原因。与此同时，该规则在保证收集证据行为的合法性中却又发挥着不容置疑的作用，这种作用更多的是从程序正义的角度予以体现的。非法证据排除也被理论界视为最典型的程序性制裁手段。

2. 尊重与保障人权。2004 年修正后的《宪法》第 33 条第 3 款明确规定"国家尊重和保障人权"，人权条款入宪标志着我国在法治建设和司法改革过程中对于人权的高度关注和重视。刑事诉讼法素来被称为"小宪法"，在尊重和实现人权保障中发挥着重要作

---

① 该法谚的英文原文是"Justice must not only be done，but must be seen to be done"。

② ［英］彼德·斯坦、约翰·香德：《西方社会的法律价值》，王献平译，中国人民公安大学出版社 1990 年版，第 103 页。

用。2012年《刑事诉讼法》将“尊重和保障人权”写入总则第2款，确立了我国刑事诉讼程序惩罚犯罪与保障人权并重的双重价值目标。从宪法层面看，与刑事诉讼程序相关的人权至少包含“财产权”（第13条）、“人身自由权”（第37条）、“人格尊严权”（第38条）、“住宅权”（第39条）、“通信自由和通信秘密权”（第40条）等。刑事诉讼法作为宪法的下位法，在刑事诉讼程序中自然要对这些公民的基本权利予以尊重和保护。“无救济则无权利”，对于侵犯公民前述权利的行为，国家设置了民事诉讼、行政诉讼和刑事诉讼程序，非法证据排除规则在其中发挥着两方面的作用：其一，通过排除非法证据以减少对公民权利造成的影响，免于其继续遭受诉讼之虞；其二，通过设置排除的后果对相关的公权力行为产生一定的心理威慑，以减少侵犯公民权利的可能，这种威慑作用在下文也将会重点论及。从我国法律对非法证据排除规则的设定来看，刑事诉讼中的人权不仅包括犯罪嫌疑人、被告人的人权，还包括证人、被害人的人权。从最广义的角度上来理解，如果刑事程序恣意、公权力行为不受制约，社会上的每一个人都将处于这种危险状态当中。

3. 规范取证行为。从美国的众多判决来看，该国非法证据排除规则的主要目的（或者唯一目的）① 是对将来警察的不法行为进行威慑。我国非法证据排除规则并没有明确规定此种目的，理论上也没有将该规则的“威慑”力量提升至如美国般的重要地位。尽管如此，非法证据排除规则的实施的确能够对规范取证行为起到一定的促进作用，这又与我国非法证据排除规则的特点相联系。证据不仅可以在审判阶段排除，在之前的审查起诉和侦查阶段也能够排除，人民法院、人民检察院和公安机关均是实施非法证据排除规则

① We have stated that this judicially created rule is "designed to safeguard Fourth Amendment rights generally through its deterrent effect." United States v. Calandra, 414 U.S. 338, 348, 94 S.Ct. 613, 38 L.Ed.2d 561 (1974).

的主体。侦查取证活动的合法性将会受到来自上述三个机关的多次审核，如果不能达到证据合法的证明标准，就会引发相应的法律后果。对于侦查人员而言，审判结果也许不是他们所关心的事情，仅在审判阶段排除非法证据对警察行为的威慑效果有限，这也是美国支持限制或者废止非法证据排除规则的学者的主要见解。然而在我国，非法证据可以在审查批捕阶段予以排除，如果因为排除非法证据而导致检察机关作出不批捕的决定，则会对侦查人员造成实质性的影响。“不批捕率”作为考核侦查机关和侦查人员的重要指标，与非法证据排除规则相结合确实能够起到一定的威慑作用，甚至比审判阶段非法证据的排除更为有效。我国在刑法当中虽然早就规定了“刑讯逼供罪”，但是警察行为通常不至于如此严重，刑法的谦抑性决定了此罪名并不能够得到广泛的适用，因此对规范警察取证行为的效果也相对有限。侦查行为的及时性、秘密性等特点导致刑讯逼供等违法取证行为在刑事案件当中具有一定的存在空间。非法证据排除不仅能够依职权进行，还可以根据当事人及其辩护人、诉讼代理人的申请而启动。无论是在审前排除，还是在庭审过程中法院要求侦查人员出庭进行情况说明，均会给侦查人员带来一定的心理压力和负担（如果他真的实施了非法取证行为的话）。基于以上原因，有理由相信非法证据排除规则的正确实施能够起到规范侦查行为的效果。

4. 发现案件真相，防止冤假错案。以往对于非法证据排除功能的探讨，大多集中在该规则排除了证据而使有罪的人逃脱惩罚，给社会及刑事司法造成了潜在的风险和成本，笔者也认可此种观点。但从我国目前的司法实践来看，排除非法证据特别是排除以刑讯逼供等非法方法获得的口供，在发现案件真相、防范冤假错案方面发挥着更加重要的作用。近些年来，一系列比较严重的冤案、错案相继被曝光，如佘祥林案、赵作海案乃至张氏叔侄案、萧山四青年案等，在这些案件当中均有被告人作出的有罪供述作为定案根据，而事后发现这些口供均是刑讯逼供的产物。在非法证据排除规则得到严格执行的情况下，这些口供将不得作为定罪量刑之根据，侦查人员势必要从其他证据当中寻找案件真相。这也是我国非法证据排除规则与美国非法证据排除规则的重大区别之一。在美国，基于联邦宪法第四修正案衍生的非法证据排除规则，主要是指非法搜查、扣押所得之证据不得作为指控被告人有罪的证据，这些实物证据往往是真实的而且具有极高的证明力，排除不排除涉及是否能够成功定罪的问题，因此美国学者在探讨该规则时，关注点是排除证据通常会让有罪之人由于警察的错误而免受惩罚。对于我国而言，基于刑事司法的现状和法律的规定，排除非法证据尤其是非法言词证据，客观上也能够起到促进案件真相发现的效果。

5. 提高诉讼效率，实现程序分流。目前，我国正处在社会转型期，从法律年鉴当中查阅的数据显示，近些年来我国刑事案件高发，但是公安司法人员并没有相应的增加，基层办案人员的办案强度较大，这种现实存在的矛盾也制约着司法公正的实现。非法证据排除规则的充分实施，能够及时地实现案件的程序分流，提高诉讼效率。如前所述，我国非法证据排除规则的另一个重大特点在于，无论是在侦查、审查起诉还是审判过程中都可以依职权或者依申请排除非法证据，如果在证据排除之后，根据其他证据无法达到将诉讼程序继续推进的证明标准，那么刑事案件的追诉就应当终止，即侦查机关应当作出撤销案件的决定，人民检察院应当作出不起诉的决定。这样可以使案件得到及时分流，防止所有案件都走完所有的诉讼程序，不仅浪费了诉讼资源，也损害了当事人的合法权益。

三、我国非法证据排除规则的研究方法

研究方法对于论述和说理起着十分重要的作用，也决定了本书的内容和结构。从整体上来讲，本书的写作主要采用比较分析法、历史分析法、规范分析法和实证分析法，希望能够较为全面地对我国非法证据排除规则及其在实施过程中存在的问题进行较为深入的论述。

1. 比较分析法。非法证据排除规则是舶来品，因此在讨论我国的非法证据排除规则时也必须选择一个参照物。考虑到语言的、历史的因素，笔者在论述过程中会重点将美国与我国的非法证据排除规则进行对比分析，与之前同类题材的专著相比较，这种对比是在文章撰写过程中呈现的，并没有分专章进行论述。为了让读者能够充分地了解该规则在美国的最新发展，本书还选取了美国联邦最高法院最近判决的三个典型案例，探讨了非法证据排除规则在美国的现状以及未来发展的趋势。中美两国国情、司法体制和司法传统的不同决定了非法证据排除规则当中的众多不同，因此，在对我国非法证据排除规则的研究中，应当努力做到“取其精华”。

2. 历史分析法。非法证据排除规则在中国从无到有，有着深刻的历史背景，是刑事司法改革发展到一定程度的产物。探求非法证据排除规则立法背后的深刻环境和历史因素，能够让我们更加了解该规则在当前的意义和价值，能够对诸如非法证据的界定、排除的范围等内容作出更加科学的界定。同时，也能够让我们充分了解到，由于历史条件的局限，该规则存在的一些不足以及值得完善之处。

3. 规范分析法。学术研究不能闭门造车，也不能凭空捏造。非法证据排除规则已经被我国许多规范性法律文件所规定，法条之间的继承、发展乃至互相冲突，包括字词的使用等，均为细致解读具有中国特色的非法证据排除规则提供了绝佳的分析素材。理论研究虽然应当走在立法的前头，但富有生命力和价值的研究成功也应当立足于目前现有的法律规定。

4. 实证分析法。法律的生命在于经验而不在于逻辑。文本中的非法证据排除规则就算规定得再完善，如果实施不到位，该规则也只是一纸空文。在写作本书的过程中，笔者曾多次前往湖南、江苏、北京、河南、陕西等省市的检察院、法院进行调研与座谈，了解到目前司法实践当中各地在实践非法证据排除过程中的有益做法、先进经验和存在的不足，这些内容均引发了笔者的思考。同时，当前发达的互联网也为本书的写作提供了非常具有价值的典型案例，这些案例反映出了我国非法证据排除实施的特点，能够对我国的整体实施情况得出一个大致的结论，对现行规则以及法律文件当中的相关规定进行批判性的反思与重建。

四、我国非法证据排除规则的研究意义

早在2002年，笔者的导师杨宇冠教授就已经以《非法证据排除规则》为题撰写并发表了博士论文，当时我国并没有非法证据排除规则，杨宇冠教授比较分析了英美法系、大陆法系以及联合国国际公约和刑事司法准则当中的非法证据排除规则，并对在我国设立该规定提出了具有建设性和前瞻性的建议与看法。在随后的十多年中，杨老师仍旧笔耕不辍，对非法证据排除规则进行了进一步的研究和探讨。[①] 我国非法证据排除规则也经历了从无到有、从初步确立到正式确立的阶段。本书将以目前法律中关于非法证据排除规则的规定作为研究的出发点和立足点，探讨在非法证据排除实施过程中已经反映出来的以及潜在的问题，并就规定当中的若干不足之处进行谈论和商榷，至少具有以下几方面的意义：

1. 非法证据排除规则是证据裁判制度的前提。证据裁判制度是当代刑事司法裁判的基石。[②] 我国《刑事诉讼法》第6条就明确指出："人民法院、人民检察院和公安机关进行刑事诉讼……必须

---

① 其中比较具有代表性的论文包括，杨宇冠：《非法证据排除规则及其在中国确立问题研究》，载《比较法研究》2010年第3期；杨宇冠、杨恪：《〈非法证据排除规定〉实施后续问题研究》，载《政治与法律》2011年第6期；杨宇冠：《〈刑事诉讼法〉修改凸显人权保障——论不得强迫自证有罪和非法证据排除条款》，载《法学杂志》2012年第5期；杨宇冠：《我国非法证据排除规则实施问题研究》，载《法学杂志》2014年第8期。专著参见杨宇冠等：《非法证据排除规则在中国的实施问题研究》，中国检察出版社2015年版。

② 关于刑事诉讼中证据裁判制度的介绍，详见陈光中、郑曦：《论刑事诉讼中的证据裁判原则——兼谈〈刑事诉讼法〉修改中的若干问题》，载《法学》2011年第9期。

以事实为根据，以法律为准绳。”刑事诉讼程序特别是审判程序中对案件事实的认定与证据问题紧密相连，在法律上的表述为“事实清楚，证据确实、充分”。任何对事实的认定都必须在证据的基础之上，而证据的确实、充分，依据《刑事诉讼法》第53条之要求，必须符合“定罪量刑的事实都有证据证明；据以定案的证据均经法定程序查证属实；综合全案证据，对所认定事实已排除合理怀疑”的条件。毫无疑问，法官判案涉及公民的出刑入罪，必须以在法庭上展示的证据作为判断依据，而不能受到案外其他任何因素的影响。刑事诉讼程序从本质上来讲，就是证据的发现、展示、质证、认证的过程。非法证据排除规则应当是证据裁判制度的前提之一，其理由在于，如果让不具有合法性的证据进入法庭，并作为法官的判断依据，即便对其定罪已经排除了“合理怀疑”，但这种排除并不是真实有效的，建立在众多不可采的甚至是伪造的证据之上的“排除合理怀疑”，是徒劳无功的，反而容易导致冤假错案。因此，作为证据准入门槛之一的非法证据排除规则，有利于保障证据裁判制度功能的实现。

2. 我国非法证据排除规则仍旧存在许多问题需要探索解决。尽管许多学者已经对非法证据排除规则进行了卓有成效的探讨，对该规则在我国的确立和发展起到了较大的推动作用，但该规则在实施过程中仍旧存在一些重要的理论和实践问题需要加以应对。其中，有些源自于成文法的固有缺陷，如法律文本表述有可以解释的空间，词汇的界定存在“灰色地带”，成文法的滞后性特点也决定了法律无法涵摄该规则适用中的全部情况，等等；另一方面，尽管公安司法人员能够充分发挥主观能动性，在排除非法证据中进行权衡与判断，但是我国非法证据排除规则却又不甚完备，一些至关重要的核心概念，如排除范围、排除程序、证明标准、救济方式等内容付之阙如。[1] 这些问题直接导致了非法证据排除规则在实施中存在标准不一的现象，而相关内容的混乱甚至加剧了律师和公安司法人员的激烈对抗，致使庭审活动无法进行，严重影响了诉讼效率和司法权威。

3. 非法证据排除规则的实施离不开其他配套制度的完善。事物之间是相互联系的。非法证据排除规则在我国的实施，还需要与其他刑事司法制度相配合。仅谈非法证据排除规则应当如何制定、如何实施，而不对该规则与其他相关制度的关系进行分析，则会显得过于理想主义。以非法实物证据的排除为例，对于非法书证、物证等实物证据的排除，我国法律规定的先决条件是“不符合法定程序，可能严重影响司法公正，不能补正或者作出合理解释的”。简简单单三个条件，如果仅从这些要素入手，并不能够真实地分析和判断排除非法实物证据在中国实施过程中可能遇到的境况。物证、书证主要来源于搜查扣押制度，而我国的搜查扣押制度并不是理论关注和司法改革的焦点，而是由侦查机关内部审批、自行进行的，这种模式决定了实物证据收集“不符合法定程序难，作出合理解释和补正易”的局面，这也是实物证据排除案例特别少的原因所在。非法证据排除规则还与阅卷制度、证据开示、律师辩护、录音录像制度等内容相关，这些配套制度的完善对非法证据排除规则的实施与发展大有裨益。

---

① 有读者可能会产生疑问，非法证据排除的范围《刑事诉讼法》第 54 条不是已经规定得很明确了么？乍看之下，排除范围似乎已经界定清楚，但事实上并非如此。以排除犯罪嫌疑人、被告人的供述为例，我国《刑事诉讼法》第 54 条排除的是“采用刑讯逼供等非法方法获取的供述”，相关的司法解释界定为“采用肉刑或者变相肉刑，给人的肉体或者精神造成剧烈痛苦的办法”。这就结束了么？不，最高人民法院在 2013 年颁布的《关于建立健全防范刑事冤假错案若干工作机制的意见》当中又提出，“采用刑讯逼供或者冻、饿、晒、烤、疲劳审讯等非法方法收集的被告人供述，应当排除。除情况紧急必须现场讯问以外，在规定的办案场所外讯问取得的供述，未依法对讯问进行全程录音录像取得的供述，以及不能排除以非法方法取得的供述，应当排除”。也许“冻、饿、晒、烤、疲”可以被纳入刑讯逼供的方法中，但是讯问时是否录音录像却与刑讯逼供没有太大的关系。可见，我国非法证据排除的范围是在逐渐扩大的，但是这种扩大并不是以判例的形式予以发展，而是以规定、意见等司法性文件的形式完成的。

第一章 非法证据排除规则在中国的确立和发展

非法证据排除规则是理论引导实践的产物，随着司法实践的不断积累，又为非法证据排除规则的理论研究提供了丰富的素材和论据。本章系统梳理了我国理论界自20世纪80年代以来对非法证据排除规则进行的研究和探索，并根据不同时期立法、司法机关发布的规范性文件，将该规则在我国的发展历程分为确立前的探索阶段、初步确立阶段、正式确立阶段和进一步发展阶段。这些阶段可能侧重于非法证据排除规则的不同方面，但亦存在一些共同的关注点，有些问题甚至是目前仍需要探讨解决的重点问题。通过对前人观点的梳理和对非法证据排除规则在我国从无到有的发展历程的回顾，能够夯实本书的理论基础，也可以为读者展现出清晰的脉络。

第一节 非法证据排除规则确立前的探索

囿于材料所限，[①] 在本部分中笔者把对非法证据排除规则确立前的理论探索时间设定在1980年至2009年，其中又以1996年《刑事诉讼法》第一次修正作为区分，这将近20年为非法证据排除规则的研究阶段。

① 本部分的研究主要基于对“中国知网数据库”刊登论文的分析，其中有数据显示的论文最早始于1980年，因此对先前研究的梳理工作从1980年开始。

一、1996 年《刑事诉讼法》修改前的理论探索

20 世纪 80 年代初，我国学者对非法证据排除规则的研究主要还是集中在对英美法系排除规则的介绍上，在论文写作过程中通常都使用比较考察的方式，将国外的相关规定放置于论文开头并作为大前提，然后再分析我国的实际情况和需求，继而得出自己的结论和看法，采用的是典型的法学三段论的行文模式。

《法学译丛》（后更名为《环球法律评论》）于 1980 年、1983 年和 1985 年分别刊登了 3 篇译文，[①] 主要是国外学者对英国、美国非法证据排除规则的评论、分析和反思，从正反两个方面介绍了该规则在英美法系国家刑事司法中的利与弊。1985 年发表于《国外法学》的译文《我们能向英国法院对非法所得证据的探讨学些什么?》，系统比较了英、美两国非法证据的差异，论述了美国学者对本国非法证据排除规则中非法证据界定和排除效果的反思，并主张在通过赋予法官自由裁量并考虑证据证明力大小的情况下，来决定是否排除该证据。[②] 与此同时，国内学者已经开始关注我国刑事司法中存在的“口供中心”问题，并针对司法实践中刑讯逼供的现象，结合自白任意规则和刑事诉讼法之规定，提出了“非法取得的供述不得采为证据”的观点，并在论文中设计了对口供合法性进行调查的程序：调查由肩负法律监督义务的检察机关进行，负责收集证据、核查事实；在无充分证据的情况下，既不能推定为非法取供，也不能认定违法，而是要结合其他证据进行审慎判

① ［美］马尔科姆·R. 威尔基：《批判美国刑事诉讼中非法取得的证据不得采证的规则》，刘赓书译，载《法学译丛》1980 年第 3 期；［英］J. B. 道森：《英联邦成员国对非法取得的证据采证问题的若干法律规定》，刘赓书译，载《法学译丛》1983 年第 4 期；［英］J. 大卫·赫斯切尔：《对美国和英国处理非法取得的证据的方法的比较》，载《法学译丛》1985 年第 3 期。

② ［美］大卫·希塞尔：《我们能向英国法院对非法所得证据的探讨学些什么?》，汪建成、张晓秦译，载《国外法学》1985 年第 5 期。

断。[1] 宋英辉教授于 1993 年在《中国法学》上发表了论文，认为应当从刑事诉讼目的的角度去构造中国的非法证据排除规则。文章在梳理当时我国诉讼法学界对非法证据的三种学说——“全盘否定说”、“真实肯定说”和“折中说”的基础上，提出应当综合考虑所有相关因素进行判断，以通过非法证据排除规则来实现刑事诉讼的目的。同时，该文还探讨了证据排除的一些例外规则。[2] 有学者则从非法证据的界定出发，进而探讨非法证据的效力问题。李学宽教授在《论刑事诉讼中的非法证据》一文中，对合法证据、非法证据的概念进行了对比，认为非法证据包括内容非法、形式非法、取证主体非法、取证手段和方式非法等四种类型，并针对不同类型的非法证据效力问题作出了分析，提出了非法证据“防重于治”的观点。[3]

在 1996 年《刑事诉讼法》修改以前，诉讼法学界也将非法证据排除规则视为年会的重点探讨问题，并力促该规则在 1996 年修法中能够在中国得以确立。[4] 当时学者们的主要理由有两点：其一，1979 年《刑事诉讼法》就明确规定了“严禁刑讯逼供和以暴力、威胁、引诱等非法方法取证”，这是法律的禁止性规定，公安司法人员收集证据就不得采用此种方式，如果仅规定禁止而没有任何不利后果，那么禁止作用就微乎其微。其二，我国于 1988 年签署并加入了《禁止酷刑和其他残忍、不人道或有辱人格的待遇或处罚公约》，该公约在第 15 条中就规定了“禁止采用刑讯逼供或

---

① 柯葛壮：《非法取得的供述不能采为证据》，载《法学评论》1988 年第 6 期。

② 宋英辉：《论非法证据运用中的价值冲突与选择》，载《中国法学》1993 年第 3 期。

③ 李学宽：《论刑事诉讼中的非法证据》，载《政法论坛》1995 年第 2 期。

④ 诉讼法年会对非法证据排除规则的讨论，参见徐鹤喃、宋军：《刑事诉讼法的修改与完善——1994 全国刑诉法学研讨会综述》，载《中央检察官管理学院学报》1995 年第 1 期；王守安：《〈刑事诉讼法〉修改研究综述》，载《检察理论研究》1995 年第 2 期；张凤阁：《全国诉讼法学年会刑事诉讼法学研究观点综述》，载《检察理论研究》1995 年第 3 期。

者其他残忍的、不人道的、有辱人格尊严的待遇或者处罚”。作为一个负责任的大国，我国既然已经加入了该公约并且没有对此条款作出保留，就应当积极履行国际公约所规定的相关义务，实现国内法的修改。遗憾的是，1996 年修改的《刑事诉讼法》并没有将非法证据排除规则予以吸收，这可能是由当时犯罪形势和侦查水平的局限性所致。另一方面，学界对于非法证据排除规则的研究还不甚深入与完善，尽管该规则是刑事诉讼法学者关注的重点和热点问题，但是相关的论述却并不太多（如下图所示），对一些重大的基本问题，如非法证据的界定，非法证据的效力，非法证据排除的效果、程序、证明问题等，在理论上仍存在较大的分歧和争论，有些问题甚至仍处于理论研究的空白地带。正是基于上述理由，非法证据排除规则没有被写入 1996 年《刑事诉讼法》。

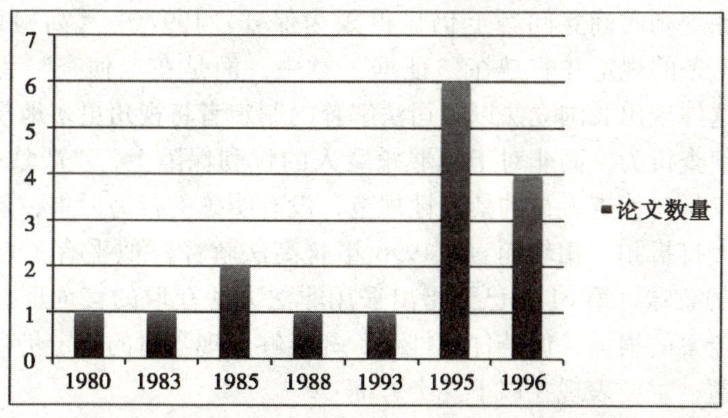

1980 年至 1996 年标题中包含“非法证据”的论文数量一览

二、1996 年《刑事诉讼法》修改后的探索

（一）1996 年《刑事诉讼法》及司法解释相关条文述评

尽管 1996 年《刑事诉讼法》并没有规定非法证据排除规则，但是此次修订在当时仍具有很大的进步性和先进性，主要表现在重视犯罪嫌疑人、被告人在刑事诉讼中的权利保障，扩大了辩护权，

吸收了无罪推定原则的合理因素，赋予了被害人诉讼当事人的地位等方面。[①] 该法继续援引了 1979 年《刑事诉讼法》中的“严禁刑讯逼供和以威胁、引诱、欺骗以及其他非法方法收集证据”。1996 年《刑事诉讼法》生效施行后，最高人民法院和最高人民检察院相继发布了相关的司法解释，其中 1996 年《高法解释》第 61 条规定：“严禁以非法的方法收集证据。凡经查证确实属于采用刑讯逼供或者威胁、引诱、欺骗等非法的方法取得的证人证言、被害人陈述、被告人供述，不能作为定案的根据。”1997 年《高检规则》第 121 条规定，“严禁采用刑讯逼供和以威胁、引诱、欺骗以及其他非法的方法获取供述”。

司法解释在我国有着补充法律并指导实践的重大价值。1996 年《刑事诉讼法》及其相关解释尽管有了很大进步，但在非法证据排除规则的确立问题上仍显得颇为保守。1997 年《高检规则》第 121 条的规定并非是在“证据”章中，而是在“侦查”程序当中，这体现出我国立法以及司法解释的制定者将视角更多地集中在规范侦查行为，而非对于犯罪嫌疑人的权利保障上，“严禁……”条款仅是对侦查人员的禁止性规范，没有明确的行为后果，效果必然会大打折扣。相较而言，1996 年《高法解释》似乎有了点“排除”的意味，第 61 条已经指出采用非法方法获取的言词证据不能作为定案的根据，但若仔细推敲，却能够发现当时的规定仍存在一些问题，主要表现在以下几个方面：

1. 非法实物证据的排除问题根本没有涉及。1996 年《刑事诉讼法》的表述是“严禁……非法方法收集证据”，该处的证据应当包括实物证据和言词证据。而在之后的司法解释中，无论是 1997 年《高检规则》还是 1996 年《高法解释》，均将非法方法收集的

① 关于 1996 年《刑事诉讼法》及其修改情况的论述，参见黄太云：《刑事诉讼制度的重大改革——刑事诉讼法修改的几个重大问题述要》，载《中国法学》1996 年第 2 期。

证据限定在言词证据范围内，此种限缩解释从侧面反映出在当时的理念中仍存在一些“重实体轻程序”的趋势，之所以得出这样的结论，理由在于实物证据的证明力在通常情况下高于言词证据，为了查明案件事实的需要，应在立法和司法上对违反法定程序或者采用非法手段获取的实物证据采取包容的态度。

2. “不得作为定案的根据”并不是排除非法证据。1996 年《高法解释》第 61 条规定的“不得作为定案的根据”与排除非法证据的概念并不相同，而且在我国的法律体系当中，“不得作为定案根据”表述的使用方式颇为混乱。在此处，“不得作为定案根据”，并不一定意味着排除了证据的证据资格，也有可能仅是否定或者削弱了该证据的证明力；非法证据排除规则则直接排除了某种特定证据在法庭上使用并展示的资格。此种规定也与我国当时立法中对于证据的矛盾解释有关。1996 年《刑事诉讼法》第 42 条规定“证明案件真实情况的一切事实，都是证据”,[①] 这种“事实说”对非法证据排除规则的适用存在一定的限制性。将是否能够证明案件事实作为证据资格判断的唯一标准，这种判断标准并不能够形成对提交法庭的证据的有效制约。案件真实情况究竟为何，既不是犯罪嫌疑人、被告人口中的事实，也不是侦查人员、公诉人员口中的事实，而是法官在经过法庭调查审理之后所形成的。如果按照“事实说”之见解，某一材料是否能够作为证据，需要经过法庭对事实问题作出认定后方可进行判断，而这种判断却又以相关材料作为支撑，不免陷入循环论证的窠臼。

3. 缺乏必要的制度设计和程序安排。非法证据排除规则不可能仅靠一条法条或者几句简单的司法解释就得以确定。通过上文对法条和司法解释的罗列可以看出，当时我国法律中对于取证行为的禁止性规定以及“不得作为定案的根据”条款，并不是为了排除

① 关于此条的评述，详见樊崇义、锁正杰、吴宏耀、陈永生：《刑事证据前沿问题研究》，载《证据学论坛》2001 年第一卷。

证据而设计的，缺乏必要的启动主体、证明标准、排除程序等关键性的基本规定，对于非法取证行为的遏制以及被追诉人权利保障的效果相对有限。

（二）理论界对非法证据排除规则的探索

非法证据排除规则是否应该在中国确立以及应当如何设计具有中国特色的非法证据排除规则，是该阶段学者们探讨的主要内容。[①] 在2002年的全国诉讼法学年会上，与会专家、学者和实务工作者也对非法证据排除规则进行了重点探讨，会议的主题是“刑事证据立法及检警关系”。不少学者认为，采用非法方法取得的证据应当予以排除，并将其写入刑事证据法中，提出了建立讯问时录音录像、律师在场制度以防止非法取证的观点，同时还对确立该规则需要解决的问题进行了归纳和探讨，主要包括：“取证方法‘合法’与‘非法’的界限；非法证据的证明责任、证明方法和证明标准问题；排除程序问题；等等。”[②] 从发表的学术论文的数量上来看，从2000年开始呈现出繁荣的趋势（见下图）。

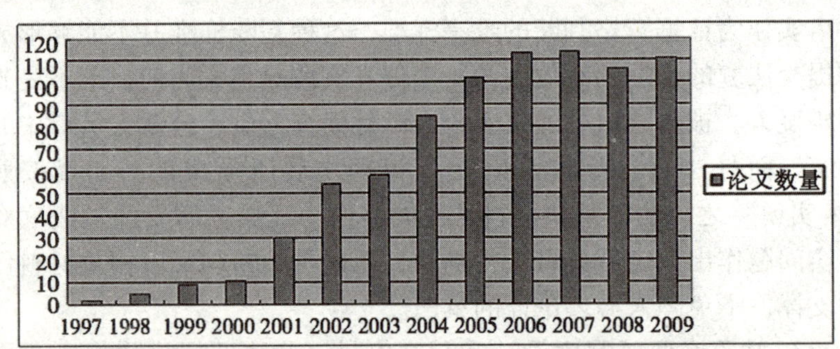

1997年至2009年标题中包含“非法证据”的论文数量一览

① 陈光中、卞建林：《刑事诉讼法学研究现状与发展趋势》，载《法学家》1996年第2期。

② 石泉：《刑事证据立法及检警关系研讨——2002年全国诉讼法学年会主要观点综述》，载《政治与法律》2003年第1期。

从内容上来看，有学者对当时在我国确立非法证据排除规则的障碍进行了检视和分析，系统阐述了法律文化、政治法律体制以及犯罪形势等方面的因素。① 有学者认为，非法证据排除规则体现了对人的尊重和对程序正义的追求，尽管可能会带来一定的成本，如因为警察的违反行为而导致犯罪人逍遥法外，但是，从综合考虑的角度来讲，该规则的价值仍是高于其成本的。② 有学者从证明责任的角度出发，认为对此问题研究的缺乏成为了阻碍我国非法证据排除规则实施的关键性因素，提出了“证据合法性应当由控方承担，在合法性无法证明的情况下应推定为非法取得并排除相关证据”的观点，并就相关配套制度的建立和完善提出了建议。③ 也有学者从程序性制裁的角度出发，对非法证据排除规则进行了理论反思，对包括非法证据的定位、形式违法与实质违法的区分、适用对象的范围、绝对排除与自由裁量排除等在内的问题进行了探讨。④

其中比较有代表性的专著是杨宇冠教授撰写的《非法证据排除规则研究》，⑤ 该书先从“非法”和“非法证据”等概念入手，系统阐述了非法证据排除规则在美国的起源、发展和变革。之后，根据证据的不同类型进行划分，对非法取得的实物证据和言词证据的排除规则进行了归纳总结和研究。同时，该书还研究了“毒树之果”的概念。这一概念还没有在我国的法律中得到确认，现行《刑事诉讼法》第 54 条第 3 款只是规定了“非法证据不得作为定案的根据”，所谓的“排除”并没有排除在侦查过程中对这些非法证据的使用，继而发现的“毒树之果”似乎就具备了证据资格。

除了对非法证据的概念和排除规则进行了界定，杨宇冠教授还

---

① 陈卫东、刘昂：《我国建立非法证据排除规则的障碍透视与建议》，载《法律适用》2006 年第 6 期。

② 杨宇冠：《论非法证据排除规则的价值》，载《政法论坛》2002 年第 6 期。

③ 杨宇冠：《论非法证据排除规则的价值》，载《政法论坛》2002 年第 6 期。

④ 陈瑞华：《非法证据排除规则的理论反思》，载《法律适用》2006 年第 6 期。

⑤ 杨宇冠：《非法证据排除规则研究》，中国人民公安大学出版社 2003 年版。

介绍了非法证据排除规则的若干例外规则，包括“独立来源例外”、“必然发现例外”和“善意例外”等。这些例外规则与非法证据排除规则一样，并非直接源自于宪法，而是美国联邦最高法院在司法实践中通过一系列的判例积累并逐渐抽象出来的规则，是当时刑事政策和具体国情的产物。我国于2012年才正式在全国人大的立法高度上确立了非法证据排除规则，对于例外规则的考量条件并不成熟，与之相类似的表述可能为非法实物证据排除中的“合理解释”或者“补正”，这能否被认为是排除规则的例外还需探讨。在确定了排除规则和例外规则之后，需要明确的是具体操作程序。该书作者详细地介绍了美国非法证据排除的操作程序，包括非法证据排除规则的听审程序以及与此相对应的证明问题。

非法证据排除规则并不仅存于美国，其他国家和联合国以及我国的港澳台地区也有类似的规定。当时的中国还没有确立非法证据排除规则，该书作者提出了关于确立我国的非法证据排除规则的设想和建议，这些内容即使是对于目前我国的非法证据排除规则而言，也是非常具有价值和借鉴意义的。

（三）实证试点项目的开展

在众多学者对于非法证据排除规则的研究中，由中国政法大学诉讼法学研究院与美国律师协会开展合作，于2008年开始进行的“非法证据排除规则试点项目”[①]取得了较为不错的社会效果，并对2010年“两高三部”“两个证据规定”的颁布起到了一定的促进作用。实证试点项目将社会学的研究方法引入法学领域，在我国选取了具有代表性的试点单位，结合具体司法实践情况，在综合各方意见的基础上制定了《刑事诉讼非法证据排除规则（试行）》，由试点单位执行。在试点的过程中，项目组还多次前往试点单位进行实地调查，并对公安、司法人员进行了多场关于非法证据排除规

① 关于该项目的具体实施情况及其成果，具体请参见卞建林、杨宇冠主编：《非法证据排除规则实证研究》，中国政法大学出版社2012年版。

则的培训会、座谈会和研讨会，并就试点中存在的问题进行了积极探索，总结了先进经验和做法，相继发表了一系列具有较高学术价值和影响力的论文。

此种针对非法证据排除规则的试点在我国尚属首次，也体现了学者与实务工作者在该规则的确立、适用和实施等问题上的交流与合作。法学研究关注的重点不应局限于对其他国家相关制度的比较考察，也不仅是针对现有法律文本进行规范性法学或者注释法学的解读，而应从我国地方司法的实际情况出发，找出问题、分析问题并解释问题。此种脚踏实地的研究方式无疑极大地推动了非法证据排除规则在我国的确立，也为之后的理论研究提供了一种可行性的借鉴和参考。

第二节 非法证据排除规则的初步确立

2010 年，最高人民法院、最高人民检察院、公安部、国家安全部、司法部（“两高三部”）联合颁发了《关于办理死刑案件审查判断证据若干问题的规定》（以下简称《死刑证据规定》）和《关于办理刑事案件排除非法证据若干问题的规定》（以下简称《非法证据排除规定》）。“两个证据规定”是我国在深化司法体制改革、总结司法实践和理论探索中有益经验的结晶。《死刑证据规定》主要以死刑案件的证据适用为切入点，确立了证据裁判原则、意见证据规则、最佳证据规则、证据印证规则和非法证据排除规则等，并将其适用范围扩大到所有的刑事案件；《非法证据排除规定》共有 15 条，系统地设定了非法证据排除规则的适用范围、操作程序、证明标准等问题，这些内容为法律职业者正确认识和理解适用非法证据排除规则提供了一定的指引，标志着该规则在我国的初步确立。

一、"两个证据规定"对非法言词证据的界定和排除

《非法证据排除规定》对非法言词证据的界定和排除程序进行了较为明确的规定，尽管在内容上仍有所缺憾，但是聊胜于无，这至少体现出了刑事司法改革的趋势和方向，其进步意义值得肯定。现将相关条文进行如下分析。

（一）非法言词证据的界定

《非法证据排除规定》第1条指出："采用刑讯逼供等非法手段取得的犯罪嫌疑人、被告人供述和采用暴力、威胁等非法手段取得的证人证言、被害人陈述，属于非法言词证据。"这是一种肯定型的立法模式，即对什么是非法言词证据进行了界定，继而在其基础上规定应予以排除的范围。

该规定在理论上也引发了一定的探讨，主要争议有二：其一，刑讯逼供和暴力、威胁的适用指向了不同的群体，显然前者的严重程度要高于后者，本着"举重以明轻"的观点，自然对证人、被害人不能采用刑讯逼供的方式，但是，能不能对犯罪嫌疑人、被告人采用暴力（未达到刑讯逼供的程度）、威胁的方式获取供述？其二，我国刑事诉讼法中的表述是"严禁刑讯逼供和以威胁、引诱、欺骗以及其他非法方法收集证据"，但在《非法证据排除规定》中却没有出现"引诱、欺骗"的字样，这是否暗示着采用引诱、欺骗等被刑事诉讼法界定为非法方法获取的证据，可以不被排除？

从刑事诉讼人权保障的角度出发，非法言词证据的排除范围应当作出较为广泛的界定。对于刑事诉讼法所明令禁止的非法取证方式，就应当被涵括在相关的司法解释内容当中，因此，有论者从"等"字出发，认为本条的表述是刑讯逼供"等"非法方法，暴力、威胁"等"非法方法，这个"等"字意味深长，其实已经囊括了"引诱、欺骗"的因素。笔者认为此种解释方式的出发点是好的，但是颇为牵强。"两高三部"发布"两个证据规定"，其用意在于指导实践中非法证据排除的适用，而并不是为了与理论界的

人士进行讨论（实际上这种理论探讨活动应当是在征求意见稿中进行的）。对于非法证据排除规则这个新生事物，公安司法人员可能不太了解甚至不愿了解，因此条文的内容就应当更加清楚、准确，以便执行。若是此处的“等”字果真含有如此丰富的言外之意，没有理由不在规定当中予以明示。笔者揣测，制定者对于我国非法证据排除规则的确立和推行，也是采取了几步走的方式，并不寻求一步到位，以减少在实施过程中的阻力和困难。

刑讯逼供行为是法律明令禁止的行为，在我国刑法当中还规定了刑讯逼供罪以追究公安司法人员的刑事责任。当前，我国刑事司法中对于犯罪嫌疑人、被告人口供获取采用的最为严重的非法取证方式便是刑讯逼供，正所谓“棰楚之下，何求而不得”。排除通过刑讯逼供手段获取的证据，是非法证据排除规则适用的第一步。相较之下，排除威胁、引诱、欺骗手段获取的证据就显得不甚迫切，在规定当中就没有予以明确，其原因一方面在于侦查人员并不习惯于“由证到供”的讯问模式和方法，更倾向于“由供到证”，从犯罪嫌疑人、被告人口中获取有价值的信息，再去收集获取其他（实物）证据，引诱、欺骗是一种对其人身权利侵犯较为轻微的常用方式，而且理论上对引诱、欺骗行为的探讨并不多见。[①] 另一方面在于，此处“等”字的含义也可以发生变化，如果非法证据排除规则得以推广，适用范围不断扩大，那么“等”字就可以将引诱和欺骗等其他方式纳入其中，这也体现了立法者的立法智慧。

除此之外，证人证言和被害人陈述也被纳入到了非法言词证据的范围内。非法证据排除规则实施一年多来，笔者对北京、江苏、湖南、河南、陕西等地进行了实地调研，从实际情况来看，鲜有真

---

① 国外非法证据排除规则通常不会存在这样的问题，理由在于犯罪嫌疑人、被告人被赋予了沉默权。沉默权是由任意自白原则衍生出来的。任意自白规则应当是非法言词证据界定的最终标准，这个观点在之后的章节中将会加以论证。

正意义上的排除证人证言的案例，[①] 要求排除被害人陈述的案例在座谈的过程中根本就没有被提及。法律规定的情形如果并不能很好地反映或者指导实践活动，那么其必要性或可行性就会大打折扣。随后的 2012 年《刑事诉讼法》仍旧保留了证人证言和被害人陈述作为非法言词证据的重要类型，这种保留是对非法证据排除规则的误读，在司法实践当中用得极少，对此两类证据的限制也没有必要适用非法证据排除规则。[②]

（二）非法言词证据的排除程序

《非法证据排除规定》中将排除非法言词证据的权力分别授予了人民检察院和人民法院，并设计了一些具体的程序以便执行。为了论述的方便，笔者也会采用一一对应的方式进行展开。

1. 检察院的排除程序。《非法证据排除规定》第 3 条指出："人民检察院在审查批捕和审查起诉当中肩负着排除非法证据的任务，排除后的证据不能作为逮捕、提起公诉的根据。"尽管只有短短一条，却提供了大量的信息，这亦是中国非法证据排除规则的一个重大特色：由检察院在审前排除证据。在笔者看来，这种检察院在审前对非法证据的排除，并不是严格意义上的非法证据排除规则，检察院出庭指控犯罪支持公诉，当然必须选取最佳证据。此处的最佳证据，即指在符合客观性、关联性以及合法性基础之上，具有较高证明力的证据。因此，为了公诉活动的顺利进行，检察机关必须综合考虑所有的证据，将一部分可能涉嫌非法的证据予以剔除，当然，不容否认，这种证据的挑选在客观上也起到了非法证据排除的作用。

---

① 在座谈会和通过查阅媒体报道的案件中，辩护律师在法庭上指出要求排除证人证言，主要理由在于证人证言的真实性存在疑问。证据的真伪并不是证据资格问题，而是证明力问题。在司法实践当中，证据资格和证明力的判断经常混淆在一起。这也是对非法证据排除规则的一种典型误读。

② 关于证人证言以及被害人陈述是否应当被纳入非法言词证据，更多请参见本文第四章非法证据的范围问题。

审查批捕当中的非法证据排除亦值得引起关注，从某种意义上讲，审查批捕排除非法证据的效果更为明显，对侦查人员的遏制效力也更强，这主要与我国目前的绩效考核机制相关联。简单而言，检察院作出的不批捕决定会直接影响到侦查人员的考评分数，而批捕之后的不起诉率也会对检察院的考评造成一定影响，在这种环环相扣的模式下，审查批捕成为了对侦查人员非法取证的最佳遏制手段。

颇为遗憾的是，在“两个证据规定”时代，检察机关如何行使非法证据排除的权力和责任，在理论上讨论得较为热烈，而在实际层面当中由于缺乏必要的细化设计，实施起来存在许多的困难。

2. 法院的排除程序。从内容上来看，《非法证据排除规定》中法院的处理程序显得更加饱满，在庭审中排除非法证据似乎是制定者比较推崇的方式。其中的亮点在于，证据是否违法的调查程序应当在公诉人宣读起诉书之后由法庭当庭进行。这种处理方式遵循了一个最基本的法理：程序问题应当优先于实体问题得到解决。一旦被告人及其辩护律师提出了非法证据排除的要求，就应当先对证据的合法性作出认定，之后才能够依据证据继续处理事实问题。

《非法证据排除规定》第6条规定：“被告人及其辩护人提出被告人审判前供述是非法取得的，法庭应当要求其提供涉嫌非法取证的人员、时间、地点、方式、内容等相关线索或者证据。”这是否意味着被告人及其辩护人应当承担非法证据的证明责任？结合《非法证据排除规定》第7条的内容可以发现，立法者为排除非法证据的申请方设定了初步的证明责任，而且需要达到使得“法庭对被告人审判前供述取得的合法性有疑问”的证明标准。在此种前提之下，才会由公诉方举证证明证据的合法性。此种证明责任的设计在笔者看来是颇为不妥的，主要理由在于：被告人及其辩护人对初步举证责任的承担较为无力，刑讯逼供等非法取证方式发生在较为封闭的场合，很难有不相关的第三人在场；在拘留、逮捕的情况下，被告人的人身自由被临时性地剥夺，而且时间都比较长

(更何况我国超期羁押现象还比较严重),要提出明确的人员、时间等内容可能会存在一定的困难,这不免会出现启动难的尴尬局面,架空非法证据排除规则。在法庭审理中,排除非法证据的证明问题应当转化成为证据合法性的证明,这样才有利于理顺控辩双方的责任。检察院用于指控犯罪的证据必须要建立在来源清楚、取证合法的基础之上,检察院在审前有相当长的时间对证据进行审查和处理,因此,被告人及其辩护律师在非法证据排除程序当中仅仅是申请者,并非是证明责任的承担者。

至于证据合法性的调查程序,《非法证据排除规定》采用了类似于法庭调查的程序:控辩双方可以提供证据、申请认证出庭,并可以进行质证、辩论。法院还可以宣布休庭,对证据进行调查核实,或者采取延期审理的方式让检察机关进行补充侦查。从种种细节可以看出,《非法证据排除规定》已经将非法证据的调查程序视为“审中审”进行事先处理。

(三)非法言词证据排除的证明标准及效果

《非法证据排除规定》第 10 条和第 11 条还规定了非法言词证据排除的证明标准及其效果。值得指出的是,这个证明标准仅是针对法庭调查程序中的证明标准,对于检察院在逮捕和审查起诉中的证明标准问题根本没有涉及,我们并不能泛泛地认为该条证明标准就一定能够适用在审判前阶段,其理由在于:“两个证据规定”当中并没有设计审判前阶段非法证据的排除模式,但其很显然应当与庭审中的排除程序不一样,如果检察院既是证据合法性的证明者,又是证据是否合法取得的裁判者,这种证明方式存在的正当性就值得怀疑了。“自己不能做自己的法官”是“自然正义”的基本要求,也是诉讼程序的基础理论,因此,《非法证据排除规定》不仅没有规定审前界定排除证据的具体程序,也没有对相应的证明标准进行设定。

对于法庭调查程序中非法证据的证明标准,《非法证据排除规定》则从正、反两个方面进行了论述,归纳起来主要有:“公诉人提供的证据确实、充分，法庭对被告人审判前供述取得的合法性没有疑问的，该供述可以当庭宣读、质证；公诉人不提供证据或者已提供的证据不够确实、充分的，该供述不能作为定案的根据。”由此可以得出的结论是，证据合法性的证明必须达到“确实、充分”的程度，否则庭前供述就不能作为证据使用。这实际上是一个非常高的证明标准，与我国定罪量刑的证明标准等同。从法条间的逻辑上来看，似乎也能够发现其中的一些问题，请读者注意不同的表达方式：在正面肯定的角度，规定用的是“该供述可以当庭宣读、质证”，在负面的角度用的则是“不能作为定案的根据”。这两种表述之间存在着一些显著的区别：前者认可了庭前供述的证据资格，即能够在法庭上进行展示，并能够进行质证和认证；后者则是说不得作为定案的根据，是对其证据证明力的否定，而非证据资格。这种推论的背后所隐藏的问题是：如果公诉人提供的证明证据收集方式合法性的证据不够确实、充分，那么并不是意味着该供述不能在庭审中提出，只不过是不能作为认定其有罪的根据而已，这与非法证据排除规则的要求还有一定的差距。这种表达方式背后的逻辑，在司法实践当中也被得到了广泛的运用。检察机关在证明取证合法性时，最常见的理由就是被告人的庭前供述能够与其他的证人证言或者实物证据相印证，可以与其他证据形成证据链条，只要形成此种效果，被告人有罪就已经能够基本认定，并不需要在审判书当中再援引庭前供述的内容，非法证据排除规则的意义就被极大地削减了。

（四）二审程序中排除非法言词证据

《非法证据排除规定》第 12 条对二审当中非法证据排除规则的适用也进行了初步设计，具体程序基本上按照一审程序的处理方式进行。值得关注的是二审启动非法证据排除的条件，只有满足了启动的条件，才能在二审程序中提出排除非法证据的申请。第 12 条规定：“对于被告人及其辩护人提出的被告人审判前供述是非法取得的意见，第一审人民法院没有审查，并以被告人审判前供述作为定案根据的，第二审人民法院应当对被告人审判前供述取得的合法性进行审查。”这种情形并不具有周延性，从逻辑上来分析，至少包括以下几种可能性：

<table>
<tr><td>情形</td><td colspan="2">一审</td><td>二审</td></tr>
<tr><td>情况 1</td><td rowspan="2">一审提出申请</td><td>法院没有审查并以之作为定案根据</td><td>启动</td></tr>
<tr><td>情况 2</td><td>法院进行了处理但控辩一方不满意</td><td>—</td></tr>
<tr><td>情况 3</td><td rowspan="2">一审没有提出申请</td><td>相关线索和材料在一审结束后才发现</td><td>—</td></tr>
<tr><td>情况 4</td><td>相关线索和材料在一审中就已经发现</td><td>—</td></tr>
</table>

很显然，第 12 条仅规定了在情况 1 的条件下，二审法院能够启动非法证据排除程序，而在其他情形下是否能够启动该程序，《非法证据排除规定》则语焉不详。显然，立法者也注意到了这方面的漏洞，因此在 2012 年《刑事诉讼法》中对此进行了些许修正。

笔者认为，非法证据排除规则不仅在二审程序当中适用，甚至还能够扩大至再审程序当中。我国二审程序的特点在于它需要对案件进行全面审查，除了针对一审案件的法律适用，还需要对案件的事实问题予以认定。证据是事实认定的基础，特别是在控辩双方对一审适用证据的合法性存在争议的前提下，二审法院就更加应当对该问题进行审慎处理。“以事实为依据，以法律为准绳”的基本原则要求法院作出的判决，包括二审判决和再审判决，必须建立在合法证据的基础之上。

（五）非法言词证据排除的适用对象

理论通说认为，非法证据排除规则仅适用于公安司法人员采用非法手段获取的相关证据，其主要目的在于遏制非法取证行为，防止刑事诉讼中的公权力行使构成对公民个人权利的不正当侵犯。

《非法证据排除规定》则采取了不同的方式，在第 13 条[①]将非法取得言词证据的适用对象扩大至被告人及其辩护人所提供的证据。

被告人及其辩护人提供的证据是否应当具有合法性？是否应当适用非法证据排除规则？[②] 这两个问题需要进一步的研究和探讨。该问题的解答不能够简单地认为非法证据排除规则只适用于公权力机关的行为，否则就会陷入循环解释的误区。在笔者看来，刑事诉讼程序当中控方证据应当关注合法性，而辩方证据更加应当注重真实性。

《非法证据排除规定》第 13 条所表述的检察人员能够对未到庭证人、被害人的书面证人证言、被害人陈述的合法性提出质疑，从表面上来看是一种公平的处理方式，将排除非法证据的权利赋予了控辩双方，但仔细想来，这种公平实际上是建立在不公平的基础之上的。我国的刑事诉讼模式正在积极地由职权主义向当事人主义发生转变，但即便是在当事人主义模式最为发达的美国，也不曾确立针对辩方的非法证据排除，更何况在我国当前律师调查取证权受到限制[③]的情况下，以辩方证据是非法取得或者来源不明为由而将其予以排除，这显然是不公平的。或者，换句话说，在有证据证明一个人无罪的情况下，法院是否能够因为该份证据是非法取得或者来源不明又无法作出合理解释而给此被告人定罪量刑？如果看到这里，读者的答案是否定的，那么似乎可以得出这么一种看起来似乎与通说不太相符的结论：证据的合法性要素对于控辩双方的适用程

① 第 13 条："庭审中，检察人员、被告人及其辩护人提出未到庭证人的书面证言、未到庭被害人的书面陈述是非法取得的，举证方应当对其取证的合法性予以证明。"

② 在笔者 2014 年 12 月参加的陕西西安雁塔区调研的座谈会中，有公安机关负责人提出非法证据排除规则应当适用于控辩双方，否则就不是诉讼平等的体现。

③ 根据我国刑事诉讼法的规定，只有律师才有调查取证的权利，非律师辩护人无权调查取证。更进一步地说，对于被害人、被害人的亲属以及被害人提供的证人这三类对方证人的调查取证，辩护律师还需要获得双重许可：首先，他必须得到检察院或者法院的同意；其次，他还必须得到上述证人的同意。这无疑为律师的调查取证活动设定了更多的限制。

度并不相同。

从证明责任的角度来分析，犯罪嫌疑人、被告人在刑事诉讼当中无须承担自己有罪的证明责任，也不需要提出证据来证明自己无罪，因为无罪状态是一种法律的推定，除非有相反的证据将其推翻。此种有罪的证明责任是由控诉方检察院来承担的。对于用作指控材料的证据而言，首先就必须具有合法性这一形式上的要素，因为法律不允许为了查明案件事实、实现打击犯罪的目的而不择手段，这也是刑事诉讼法作为"小宪法"、"人权保障法"所存在的基本价值之一。如果公权力的取证行为和取证方式存在违法之处，那么可能导致的使犯罪行为人逍遥法外的后果就是一种"必要的恶"。与此相反，虽然法律没有要求被追诉人承担证明责任，但这并不妨碍其积极地提出证据来证明自己的无辜，在被告人无罪和证据合法性之间，正义的天平应当向前者倾斜。

在司法实践当中有过这样的案例：聂树斌在被判处死刑并执行之后，由于"真凶"的出现，聂树斌的母亲多次前往法院申诉，但被告知没有法院的判决书，申诉的立案活动是无法开展的，因为申诉启动再审程序主要是以纠错为目的，必须要对一审、二审法院的判决材料作出审查。正在聂树斌的母亲及其代理律师一筹莫展之际，其母亲收到匿名人士寄来的一审、二审判决书，[①] 法院最终认可了此两份判决书的效力并准予申诉。试想，如果要求聂树斌的母亲对该证据的合法性或者来源作出清楚的解释，恐怕申诉活动是不可能进行的。在与一名著名律师的交流中，笔者还了解到这样一起案例：在20世纪80年代的一起投机倒把案件当中，被告人被指控犯有投机倒把罪，但实际上他是持有相关允许买卖的文件的，该文件被扣押在公安局的档案柜，在一审判处其有罪的情况下，被告人请人偷偷进入公安局把此份文件从档案柜中偷出，最终二审被成功

① 《刑诉法"大修"勿忘"聂树斌案"》，载《南方周末》2011年9月15日A14版。

改判为无罪。这个案例听起来确实有点匪夷所思，但若仔细体会便会发现，非法证据排除规则以及笔者所主张的辩方证据更加关注真实性的价值基础是一样的，即防止无辜的人被定罪量刑。①

需要明确的是，辩方证据更加关注真实性并不意味着被告人及其辩护律师可以为了收集相关证据而肆意妄为，也不是说对于辩方证据就没有任何限制的途径和方式。在法庭审理过程中，笔者认为，通常不宜对辩方证据的取证和来源的合法性进行质疑，若是检察人员当真对此证据存在疑问，则更应当从该证据的真实性、关联性的角度进行分析和质证，以削弱证据的证明力而非排除其证据能力。从《非法证据排除规定》的文本表述来看，被告人及其辩护人“采用暴力、威胁等非法手段取得的证人证言、被害人陈述”是被排除的对象，但从保护无辜者的角度出发，仅在证人证言、被害人陈述是虚假的情况下方可将其排除。

可以预想，笔者的此种观点会受到部分读者的质疑和批判。对此，请各位再思考以下问题：倘若在被告人不知情的情况下，辩护律师采用非法方法获取了有利于被告人的真实的言词证据，那么该言词证据是否需要排除呢？恐怕在此处，没有人会认为应当排除证据，因为被告人显然在该起“事件”当中不负有任何责任，总不能因为他的律师的违规操作而由其承担不利后果。同样的道理，刑事制裁是最为严厉的制裁方式，在有证据证明被告人无辜的前提下，即便被告人参与了所谓的非法取证行为，也不能让其承担在待审案件当中的不利后果。倘若真造成了某种严重的危害后果，可以追究其非法取证行为的法律责任（如非法拘禁罪或者故意伤害罪），而不应当在待审案件当中进行考量而排除相关证据。这与民

---

① 看到此处不免会有读者心生疑问，非法证据排除规则的首要价值并不是防止无辜者被错误定罪，这一点笔者也承认。但应注意的是，本处讨论的是“非法言词证据”，主要是被告人的供述、证人证言和被害人陈述，与采用非法方法获取实物证据的方式不同，以非法方法获得的言词证据的真实性是存在很大疑问的。因此，在此前提下，防止无辜之人被定罪亦是非法证据排除规则所体现的重大价值之一。

事诉讼是不一样的，在民事诉讼中，“以侵犯他人合法权益或者违反法律禁止性规定方法取得的证据，不能作为认定案件事实的依据”（《民事证据规定》第68条）。

二、“两个证据规定”对非法实物证据的界定和排除

非法实物证据的界定和排除在《非法证据排除规定》当中涉及的内容甚少，仅有1条，规定得也比较简单。第14条规定：“物证、书证的取得明显违反法律规定，可能影响公正审判的，应当予以补正或者作出合理解释，否则，该物证、书证不能作为定案的根据。”根据此规定，排除非法实物证据必须全部满足三个条件，试析如下：

1. 取得明显违反法律规定。公安司法机关取得书证、物证的最主要方式就是采用专门的搜查、扣押行为或者拘留、逮捕过程中遇有紧急情况进行的搜查和扣押。在我国，刑事诉讼法及其相关司法解释当中规定的搜查、扣押制度比较简单，而且采取的均是内部审批的模式，这一过程既不对外公开，犯罪嫌疑人也无法参与。在搜查令的执行过程中，也缺乏必要的基础程序和限制，如“敲门告知程序”、“最小限度破坏程序”、“不得有无关第三人在场（主要针对新闻媒体）”等内容。只有在法律规定较为精细的情况下才可能存在违法法律规定的情形，如果本身制度就不甚完备，侦查人员违反法律规定进行搜查、扣押的可能性就相对较小。从内容上来看，我国关于搜查扣押的规定多是形式上的，如两名以上侦查人员进行、要有见证人在场并签名等。搜查令的签发也没有严格的审批模式，签发也较为随意，仅需要写明“搜查地点”、“搜查原因”和“搜查对象”等关键内容即可进行，不需要有相关的证据予以支撑或证明。因此，侦查人员违反法律规定的可能性很小，即便违反了相关的规定也只不过是形式上的要求，并不会产生太大的、实质性的影响。

2. 可能影响公正审判。这是排除非法实物证据的第二个必备

要件。“公正审判”一词在国外译作“fair trial”，其含义很广，不仅包括刑事审判处理实体结果的公正，也关注诉讼过程中的公正。[①] 因此，本条当中的“可能影响公正审判”，似乎也可以作出两种解读：只有在非法手段获取的实物证据会导致实体认定问题出现错误时，方可排除；抑或是只要对诉讼程序的公正性产生了不利影响，就能够予以排除。这两种不同的解读方式会直接影响到我国非法实物证据的认定范围，前者以实物证据的真实性为中心，后者以被追诉人的权利保障为中心，其实质就是惩罚犯罪与保障人权的价值冲突，而这种冲突在我国非法证据排除规则程序中能够经常被发现。

好在刑事诉讼相关法律法规当中不止一次出现了“可能影响公正审判”的表述，无论是1996年《刑事诉讼法》还是2012年《刑事诉讼法》，在二审程序当中均规定了对程序性违法的制裁。第227条（2012年《刑事诉讼法》）明确规定：“第二审人民法院发现第一审人民法院的审理有下列违反法律规定的诉讼程序的情形之一的，应当裁定撤销原判，发回原审人民法院重新审判：（一）违反本法有关公开审判的规定的；（二）违反回避制度的；（三）剥夺或者限制了当事人的法定诉讼权利，可能影响公正审判的；（四）审判组织的组成不合法的；（五）其他违反法律规定的诉讼程序，可能影响公正审判的。”从第227条下属五款的关系来进行判断，我国法律中的“可能影响公正审判”应当更倾向于对案件实体问题的错误处理，特别是在第2款“违反回避制度”中，对案件进行裁判和处理的人员必须是不偏不倚的与案件没有任何利害关系的人员，如果违反了回避制度，显然实体判决结果的正当性就得不到保障。同样的道理，第4款规定的“审判组织的组成不合法”，也会对案件的实体判决造成很大的影响。根据我国法律的

---

① David Harris, *The Right to a Fair Trial in Criminal Proceedings as a Human Right*, The International and Comparative Law Quarterly, Vol. 16, No. 2 (Apr., 1967), pp. 352-378.

规定，简易程序如果采用独任审判方式仅能够由法官来进行，如果让作为“门外汉”的非法律专业人士如人民陪审员对某一刑事案件进行独任审判，定罪量刑的正确性无疑就存在疑问了。从立法的角度来讲，我国二审当中基于程序性违法而裁定撤销原判、发回重审的制度设计，其实对当事人法定诉讼权利受到限制或剥夺的行为呈现出一种“容忍”的态度，只有在这种限制或者剥夺对案件的实体认定会造成一定的影响时，才会“影响公正审判”。因此，从该条可以推出，以非法方法获得的书证、物证，仅在可能对案件的实体判决产生不公正影响的情况下，才能够排除。

3. 不能补正或者作出合理解释。这是非法实物证据得以排除必须满足的第三个条件，也是在目前看来使得非法实物难以排除的最主要因素。理论认为，补正或者作出合理解释应当是针对“瑕疵证据”① 的适用原则，非法证据只存在排除或者不排除两种处理方式。“两个证据规定”并没有对这些证据种类进行明确设定，使得在司法实践中出现了许多混同的现象。同时，如上文所述，由于我国搜查、扣押制度规定得不甚完善，本来存在违法的可能性就很小，倘若当真违反了某些程序性的规定，如应当签名没有签名，或者一人执行了搜查令，这些情形都是可以进行所谓的补正和合理解释的。

另外，从对条文的分析可以看出，非法实物证据的排除似乎仅存在于审判阶段，第15条规定的是“不得作为定案的根据”。定案是法庭通过法定程序在证据基础上的诉讼活动，这与非法言词证据的排除就存在着区别。“作出合理解释”中的判断主体，也就是案件的事实裁判者法官。在缺乏相关制度和法律作为依据的前提下，与其说法官的自由裁量权不受限制，还不如认为法官根本就不

① 关于瑕疵证据及其补正的相关规定，参见万毅：《瑕疵证据——以“两个〈证据规定〉”为分析对象》，载《法商研究》2011年第5期；陈瑞华：《论瑕疵证据补正规则》，载《法学家》2012年第2期。

会选择排除证据。事实上，在实际案件的处理中，非法实物证据成功排除的案例并不多见。[①]

三、“两个证据规定”中的证据审查与非法证据排除

在“两个证据规定”当中，立法者还针对不同种类的证据设定了专门的审查方式，为法官在处理刑事案件当中纷繁的证据问题设定了一系列的判断标准。这种标准在一定程度上能够为控辩双方在选择证据以及争点提出方面提供相应的策略。但是在另一方面，证据审查的规定又与非法证据排除规则不相区分，在理论上和实务工作中容易引发混乱，扩大非法证据的认定范围，将一些并不属于非法证据的内容纳入非法证据排除规则的研究体系，削弱了该规则应当发挥的效力。具体情况见下表：

编号	条文	表述
1	第 8 条　原物的照片、录像或者复制品，不能反映原物的外形和特征的，不能作为定案的根据	不能作为定案的根据
2	第 8 条　书证有更改或者更改迹象不能作出合理解释的，书证的副本、复制件不能反映书证原件及其内容的，不能作为定案的根据	不能作为定案的根据
3	第 9 条　经勘验、检查、搜查提取、扣押的物证、书证，未附有勘验、检查笔录，搜查笔录，提取笔录，扣押清单，不能证明物证、书证来源的，不能作为定案的根据	不能作为定案的根据
4	第 9 条　对物证、书证的来源及收集过程有疑问，不能作出合理解释的，该物证、书证不能作为定案的根据	不能作为定案的根据

① 具体情况请参见郭旭：《证据排除规则在中国实施过程中的若干问题及其应对》，载《武陵学刊》2013 年第 3 期。

续表

编号	条文	表述
5	第12条　以暴力、威胁等非法手段取得的证人证言，不能作为定案的根据	不能作为定案的根据
6	第12条　处于明显醉酒、麻醉品中毒或者精神药物麻醉状态，以致不能正确表达的证人所提供的证言，不能作为定案的根据	不能作为定案的根据
7	第12条　证人的猜测性、评论性、推断性的证言，不能作为证据使用，但根据一般生活经验判断符合事实的除外	不能作为证据使用
8	第13条　具有下列情形之一的证人证言，不能作为定案的根据：（一）询问证人没有个别进行而取得的证言；（二）没有经证人核对确认并签名（盖章）、捺指印的书面证言；（三）询问聋哑人或者不通晓当地通用语言、文字的少数民族人员、外国人，应当提供翻译而未提供的	不能作为定案的根据
9	第15条　经依法通知不出庭作证证人的书面证言经质证无法确认的，不能作为定案的根据	不能作为定案的根据
10	第15条　未出庭作证证人的书面证言出现矛盾，不能排除矛盾且无证据印证的，不能作为定案的根据	不能作为定案的根据
11	第19条　采用刑讯逼供等非法手段取得的被告人供述，不能作为定案的根据	不能作为定案的根据
12	第20条　具有下列情形之一的被告人供述，不能作为定案的根据：（一）讯问笔录没有经被告人核对确认并签名（盖章）、捺指印的；（二）讯问聋哑人、不通晓当地通用语言、文字的人员时，应当提供通晓聋、哑手势的人员或者翻译人员而未提供的	不能作为定案的根据

续表

编号	条文	表述
13	第22条　被告人庭前供述和辩解出现反复，庭审中不供认，且无其他证据与庭前供述印证的，不能采信庭前供述	不能采信
14	第24条　鉴定意见具有下列情形之一的，不能作为定案的根据：（一）鉴定机构不具备法定的资格和条件，或者鉴定事项超出本鉴定机构项目范围或者鉴定能力的；（二）鉴定人不具备法定的资格和条件、鉴定人不具有相关专业技术或者职称、鉴定人违反回避规定的；（三）鉴定程序、方法有错误的；（四）鉴定意见与证明对象没有关联的；（五）鉴定对象与送检材料、样本不一致的；（六）送检材料、样本来源不明或者确实被污染且不具备鉴定条件的；（七）违反有关鉴定特定标准的；（八）鉴定文书缺少签名、盖章的；（九）其他违反有关规定的情形	不能作为定案的根据
15	第26条　勘验、检查笔录存在明显不符合法律及有关规定的情形，并且不能作出合理解释或者说明的，不能作为证据使用	不能作为证据使用
16	第28条　具有下列情形之一的视听资料，不能作为定案的根据：（一）视听资料经审查或者鉴定无法确定真伪的；（二）对视听资料的制作和取得的时间、地点、方式等有异议，不能作出合理解释或者提供必要证明的	不能作为定案的根据
17	第30条　侦查机关组织的辨认，存在下列情形之一的，应当严格审查，不能确定其真实性的，辨认结果不能作为定案的根据	不能作为定案的根据

从该表可以看出，我国的证据审查模式当中存在三种表述方式：“不能作为定案的根据”、“不能作为证据使用”以及“不能采信”，这三种处理方式所指向的证据要素也存在不同的方面。“不能作为证据使用”否定的是证据的证据资格，不具有证据资格的证据是不能在法庭中出示并使用的，其与案件的关联程度、真实性以及对待证事实的潜在证明效果在所不论；“不能采信”最通俗的理解是由于证据的真实性、客观性的可信度不高，因此不可采纳，否定的是证据的证明力。“不能作为定案的根据”此种表述在《死刑证据规定》证据审查中反复出现，从一般意义上来看，“不能作为定案的根据”就是指不得以之定案，即法官在认定案件事实时不得依靠该份证据作出判决，而是应当综合其他证据进行判断。“不能作为定案的根据”究竟否定的是证明力还是证据资格，在理论上也存在一定的争议。① 但是从法条分析中反映出来的是制定者更加试图通过“不能作为定案的根据”来限制证据的证明力而非证据资格，否则使用“不能作为证据使用”的表述即可。

事实上，“不能作为定案的根据”在《死刑证据规定》中的使用表现得极为混乱，这对人们对非法证据排除规则的正确认识也会造成一定的影响，笔者将其分类如下：

内容	最佳证据规则	非法证据排除规则	证人资格	客观性（真实性）	关联性
编号	1、2	5、11	6、14	3、4、8、9、10、12、14、16、17	14

从该表可以看出，“不能作为定案的根据”的适用不仅包括了最佳证据规则、非法证据排除规则等证据规则的要求，还包括了证

① 何家弘：《证据的采纳和采信——从两个“证据规定”的语言问题说起》，载《法学研究》2011 年第 3 期。

人资格（包括自然人和鉴定人①）、证据的客观性（真实性）、关联性等内容。制定者想通过《死刑证据规定》来厘清目前我国刑事案件证据审查适用问题的出发点是好的，但希望通过“不能作为定案的根据”来彻底解决该问题未免有点力不从心。

以编号 14 条之分析为例。编号 14 是《死刑证据规定》第 24 条，其内容是鉴定意见的审查方式。其中，第 1 款、第 2 款指向的是鉴定意见提供者的资质问题即证人资格问题，如果证人不符合法定的基本条件，其所作的陈述就不能作为证据，此处否定的应当是证据资格；第 4 款指向的是证据的关联性要求，如果鉴定意见与待证事实之间没有任何关联，该证据也不能在法庭上出示，即便它是由符合资质的鉴定机构所作出的；其余的第 3、5、6、7 款皆是针对该鉴定意见的真实性，否定的是鉴定意见的证明力。将这些不同类别的指向放置在同一条规定之下，并统之以“不能作为定案的根据”，不免会对法官造成一定的误导。

本书意在探讨非法证据排除规则。《死刑证据规定》中一律采用的也是“不能作为定案的根据”的表述。在判断过程中，法官考虑得更多的是该证据的真实性、是否能够与其他证据相互印证等与证据资格不相关的内容，而在最终能够确认该言词证据真实性的条件下，基本上就不会排除此类非法证据；即便排除了此种证据，对案件最终处理结果的影响及作用也不大。遗憾的是，在之后的 2012 年《刑事诉讼法》及相关司法解释当中，仍旧援引了“不能作为定案的根据”的表述，这需要在之后的修订过程中逐渐予以完善。

第三节　非法证据排除规则的正式确立

2012 年《刑事诉讼法》在 2010 年“两个证据规定”的基础上，于第五章“证据”中正式确立了非法证据排除规则。随后，

① 鉴定人在证据法中通常被称为专家证人，因此被纳入证人资格的范围。

“两高”相继颁发的司法解释细化了对该规则的具体适用。相比较而言，2012 年《刑事诉讼法》及其相关司法解释中的非法证据排除规则，对“两个证据规定”的内容进行了解释、补充与完善，其进步性值得肯定，不过也存在些许不足。但是瑕不掩瑜，无论如何，非法证据排除规则都已经在我国得到了正式确立，这进一步反映出未来司法改革的方向与动态。本节将择其变化，分述如下：

一、“刑讯逼供等非法方法”的界定

“两个证据规定”和 2012 年《刑事诉讼法》均要求排除采用“刑讯逼供等非法方法”获取的犯罪嫌疑人、被告人供述。对于刑讯逼供的理解，有学者专门撰文进行了讨论，提出了应当根据《联合国反酷刑公约》中“酷刑”的界定并结合个案进行分析判断的观点。① 我国“两高”的司法解释基本上采用了《联合国反酷刑公约》中的相关界定方式，但也存在一些不同，如下表所示：

《高法解释》	《高检规则》
第 95 条：使用肉刑或者变相肉刑，或者采用其他使被告人在肉体上或者精神上遭受剧烈疼痛或者痛苦的方法，迫使被告人违背意愿供述的，应当认定为刑事诉讼法第 54 条规定的“刑讯逼供等非法方法”	第 65 条第 2 款：刑讯逼供是指使用肉刑或者变相使用肉刑，使犯罪嫌疑人在肉体或者精神上遭受剧烈疼痛或者痛苦以逼取供述的行为。第 3 款：其他非法方法是指违法程度和对犯罪嫌疑人的强迫程度与刑讯逼供或者暴力、威胁相当而迫使其违背意愿供述的方法

乍看之下，两个司法解释貌似没有什么区别，倘若仔细分析便可发现其中存在着较大的不同，《高法解释》的范围较《高检规则》更加严格。在对“等非法方法”的界定上，《高法解释》采用

① 万毅：《论“刑讯逼供”的解释与认定——以“两个〈证据规定〉”的适用为中心》，载《现代法学》2011 年第 3 期。

的是与刑讯逼供等质化的方式，必须满足三个条件：首先，采用除肉刑或者变相肉刑以外的非法刑讯行为；其次，使得被告人在肉体上或者精神上遭受剧烈疼痛或者痛苦；最后，被告人违背意愿作出供述。这三个条件缺一不可，有学者将我国的这种非法言词证据认定规则总结为“痛苦规则”，并将之与基于“自白任意规则”而排除供述的非法证据排除方式进行了对比。① 反观《高检规则》便会发现，“其他非法方法”只需要满足“违法性”和“强迫性”两个要素即可，并不要求产生如刑讯逼供般的肉体或者精神上的剧烈痛苦。这会对司法实务中具体案件的非法言词证据的认定和排除带来一定的影响。②

二、从“影响公正审判”到“影响司法公正”

在“两个证据规定”中，非法实物证据排除的标准之一是可能严重影响“公正审判”，而从 2012 年《刑事诉讼法》中的规定来看，立法者已经将其修改为可能严重影响“司法公正”。在上节中，笔者已经论证了“可能严重影响公正审判”在中国法律语境下关注的是非法实物证据在事实认定上造成的错误与偏差。而“司法公正”这个概念表述的范围应当更加广泛，“司法公正不仅要求最终的诉讼结果公正，即认定事实准确，适用法律正确，实体处理恰当，而且要求司法过程公正，诉讼程序民主，即严格遵照正当法律程序进行诉讼，尊重和保障当事人和其他诉讼参与人的合法权益”。③

《高法解释》第 95 条第 2 款中对该表述的内涵也进行了界定：“‘可能严重影响司法公正’，应当综合考虑收集物证、书证违反法

① 龙宗智：《我国非法口供排除的“痛苦规则”及相关问题》，载《政法论坛》2013 年第 5 期。

② 万毅：《“无解”的司法解释——评“两高”对“刑讯逼供等非法方法”的解释》，载《法学论坛》2014 年第 1 期。

③ 卞建林：《媒体监督与司法公正》，载《政法论坛》2000 年第 6 期。

定程序以及所造成后果的严重程度等情况。”与言词证据排除的方式不同，物证、书证更多的是从结果来判断是否应当排除，即搜查、扣押行为究竟在多大程度上违反了法律的规定，或者造成了多么严重的后果。遗憾的是，我国法律中关于搜查、扣押制度的规定本就不多，可以违反的规定少之又少。对于违反法律规定而造成的严重后果，通常情况可以分为人身权伤害、财产权伤害和隐私权伤害，这些权利与我国刑事司法中“查明案件真相”的要求相比，究竟受到何种程度的侵犯才能算是严重，恐怕还需要在个案当中进行考察，而考虑到物证、书证通常都具有较高的证明力，法官要排除此类证据还需要很大的“勇气”。更何况，排除实物证据还必须是在无法作出合理解释或者补正的前提之下。根据《高检规则》第66条第2款之解释：“补正是指对取证程序上的非实质性瑕疵进行补救；合理解释是指对取证程序的瑕疵作出符合常理及逻辑的解释。”我国法官在判断案件的时候主要关注的是证据的真假及证明力的大小，在有其他证据相印证的前提下，本身就倾向于不排除证据，如果侦查或者检察人员能够对书证、物证收集过程中的非实质性瑕疵作出解释和说明，法官将会认可该份证据的效力。

在此处，笔者将会指出一个非常重要的问题，该问题的厘清无疑会极大地促进我国非法证据排除在实践当中的运用。如果各位读者通览过“两个证据规定”以及《刑事诉讼法》和相关司法解释的规定，便会发现“瑕疵”在证据审查活动中用得相当频繁，以致在司法实务中有很多人将瑕疵证据与非法证据混为一谈。这种现象产生的原因之一是法条之间的不协调和对“瑕疵”一词的使用混乱。所谓“瑕疵”，本身就是指小问题。《高检规则》在第66条当中使用了“非实质性瑕疵”一词，不免让人心生疑惑，难道还有所谓的“实质性瑕疵”？从本意上来理解，笔者揣测《高检规则》意在强调那些程序违法程度不高的取证行为，而从《高法解释》第73条对书证、物证进行审查判断的具体表现上来看，此类瑕疵具体包括“应当签名没有签名、应当注明没有注明、应当说明没说明”等三类情况：所谓“应当签名没有签名”，是指在相关的笔录、清单或者副本、复印件上没有侦查人员、见证人、物品持有人或者调取人的签名、盖章；所谓“应当注明有没注明”，是指对物品的名称、特征、重量、质量等注明不详；所谓“应当说明没有说明”，是指对于物证或者书证的复制品、复制件没有制作人关于制作过程和原物、原件存放地点的说明。这三类情况中的证据可以被认为是有瑕疵的书证、物证，需要侦查人员、检察人员作出及时补正和合理解释。

真正意义上的非法书证、物证，应当是指通过违反相关搜查扣押规定给犯罪嫌疑人、被告人的人身权利、财产权利以及隐私权造成重大侵犯的方式收取的书证、物证，而并非是上文所提到的缺失签名、注明和说明书证、物证；所谓的合理解释或者补正，也不应当只是对“非实质性瑕疵”的说明，而应当是指向该证据违法基础上的可采性。此种论断并非是笔者的臆造，非法实物证据应当是不具备可采性的，但是各国根据不同的情况会采取不同的政策，如美国的必然发现例外、稀释的例外、善意例外，英国的公正裁量，以及德国理论上的宪法性权利判断。因此，瑕疵证据是可以补正或者作出合理解释的证据，而非法证据仅存在排除与不排除两种选择，不应当存在所谓的第三种针对证据本身的补正或者作出合理解释。即便存在证据可采性或者证据资格的争议，也是在衡量排除后果与采用该证据对案件的影响基础上的综合考量。

三、排除主体和阶段的变化

2012 年《刑事诉讼法》对于排除非法证据的主体和阶段均进行了扩展，将侦查机关纳入非法证据的排除主体，进而将该规则的适用向前拓展至整个侦查阶段。《公安部规定》第 67 条第 3 款要求：“在侦查阶段发现有应当排除的证据的，经县级以上公安机关负责人批准，应当依法排除，不得作为提请批准逮捕、移送审查起诉的依据。”在“两个证据规定”时代，审前排除非法证据只能由人民检察院在审查批捕和提起公诉时进行。尽管有学者对这种审前的公安、司法机关自行排除非法证据的机制及效果并不看好，[①] 但笔者并不持此种悲观态度，该规则在司法实践当中能否得到完全的尊重和执行，与当前的公安司法人员、理念和相关的制度相挂钩，也需要一定时间的适应和推广。从总体上来看，将非法证据排除规则推广至侦查阶段是利大于弊的。

非法证据排除规则在我国目前首先要解决的是采用刑讯逼供获取犯罪嫌疑人、被告人供述的问题。长期以来，我国在刑事司法实践当中都奉行“无口供则不能定案”的原则，而且办案思路通常是根据相关的线索抓获某一犯罪嫌疑人，然后再从该人口中获取特定的供述，犯罪嫌疑人的口供被认为是“证据之王”，[②] 也被认为是其他核心证据的主要来源。因此，大量的时间和精力常常被用在如何有效获取犯罪嫌疑人的供述上。再加上我国刑事诉讼法中规定的“如实作证义务”和长期宣传的“坦白从宽、抗拒从严”口号，在一定程度上为侦查人员“强行”取得犯罪嫌疑人供述提供了心理支持。与之相对应的是，刑讯逼供之下取得的并不都是真实的证据，在有些案件当中侦查人员为了使口供与其他书证、物证相印证，会采取多种方式“提醒”被讯问者，从效果上来看这也极容易导致冤假错案发生。非法取证行为基本上发生在侦查阶段，如果能够在侦查过程中动态地、全程地排除非法证据，对刑事诉讼程序的公正性以及犯罪嫌疑人的人身权利保障均会起到十分重要的作用。

另外一方面，我国刑事侦查活动的时间长，犯罪嫌疑人在侦查讯问期间受到的伤害可能到了审判阶段就已经痊愈，即便事后作医学鉴定，也难以准确地了解其受伤情况以及导致的原因。根据刑事

---

① 林喜芬：《论我国审查逮捕阶段的非法证据排除——基于刑诉法修订与实践语境的分析》，载《当代法学》2013 年第 6 期。

② 陈瑞华：《以限制证据证明力为核心的新法定证据主义》，载《法学研究》2012 年第 6 期。

诉讼法的规定，我国刑事案件的侦查是没有期限限制的，倘若犯罪嫌疑人被逮捕，就会有一个侦查羁押期限，最长能够到 7 个月之久，如果再算上期间重新计算的情况，时间就会更长了。因此，在侦查阶段及时发现刑讯逼供并排除相关的言词证据，能够从源头上遏制非法取证活动，规范侦查人员的取证行为。

与此相关，就不得不探讨侦查机关二次取证的问题了。在我国，出于查明案件事实的要求，侦查机关会对犯罪嫌疑人继续多次讯问并形成相关的笔录。排除侦查机关由于刑讯逼供而获取犯罪嫌疑人的供述后，是否能够允许侦查人员再次对该人进行讯问？如果犯罪嫌疑人作出相同的供述，该供述是否可以使用？该问题实质上是重复自白的效力问题。后文中也将通过案例分析的形式进行论述。笔者的核心观点是，如果对重复自白不加限制地允许使用，那么非法证据排除规则将会被规避和架空。例如，犯罪嫌疑人在被拳打脚踢之后作出的供述被排除，但下次换个温文尔雅的侦查人员低声细语地说："你放心，由于我的同事对你实施了暴力行为，我深表遗憾，你的有罪供述已经被排除了。但是，我还是要问你，你究竟有没有实施犯罪行为？放心，我保证不打你。"在封闭的环境下，在人身自由受到限制的情况下，犯罪嫌疑人重复作出有罪供述究竟是出自"自我救赎"还是"暴力胁迫"，需要综合许多条件进行判断，因此，重复供述的可采性标准在于供述的自愿性，而该自愿性又可以通过多种因素来推定。

四、从"相关线索或证据"到"相关线索或材料"

在非法证据排除程序的启动中，申请人是否要承担证明责任或者初步的证明责任，该问题在 2012 年《刑事诉讼法》和相关的司法解释当中得到了明确。请比较这两种表述的区别：

<table>
<tr><td>《非法证据排除规定》</td><td>2012 年《刑事诉讼法》</td></tr>
<tr><td rowspan="3">第 6 条　被告人及其辩护人提出被告人审判前供述是非法取得的，法庭应当要求其提供涉嫌非法取证的人员、时间、地点、方式、内容等相关线索或者证据</td><td>第 56 条第 2 款　当事人及其辩护人、诉讼代理人有权申请人民法院对以非法方法收集的证据依法予以排除。申请排除以非法方法收集的证据的，应当提供相关线索或者材料</td></tr>
<tr><td>2012 年《高法解释》</td></tr>
<tr><td>第 96 条　当事人及其辩护人、诉讼代理人申请人民法院排除以非法方法收集的证据的，应当提供涉嫌非法取证的人员、时间、地点、方式、内容等相关线索或者材料</td></tr>
</table>

与 2010 年“两个证据规定”不同，2012 年《刑事诉讼法》及相关司法解释中关于非法证据排除规则的申请人及条件发生了两个改变。其一，申请的条件发生了变化。从《非法证据排除规定》第 6 条可以看出，被告人及其辩护人在提出申请时并没有提交相关线索或者证据的义务，而是根据法庭的要求再出示进而判断是否应当启动非法证据排除的调查程序；而之后的规定则是明确要求在提出申请的过程中就必须附带相关的线索或者材料，这种变化反映出提出排除非法证据的申请门槛提高了。其二，明确了申请人在非法证据排除程序中不承担任何证明责任。之所为作出该论断，理由在于立法者已经将“提供……相关线索或者证据”变为了“提供……相关线索或者材料”。对文字表述上的变化的关注并不是笔者的吹毛求疵或者对注释法学的由衷热爱，不同的表达之间所体现的价值和观念确实存在不同。事实上，在 2012 年《刑事诉讼法》中，对辩护制度当中的法律表述也作了类似的修改，请见下表：

1996 年《刑事诉讼法》	2012 年《刑事诉讼法》
第 35 条　辩护人的责任是根据事实和法律，提出证明犯罪嫌疑人、被告人无罪、罪轻或者减轻、免除其刑事责任的材料和意见，维护犯罪嫌疑人、被告人的合法权益	第 35 条　辩护人的责任是根据事实和法律，提出犯罪嫌疑人、被告人无罪、罪轻或者减轻、免除其刑事责任的材料和意见，维护犯罪嫌疑人、被告人的诉讼权利和其他合法权益

从该表中可以看出，1996 年《刑事诉讼法》对辩护人的责任规定的是“提出证明……材料和意见”，而“证明”两字意味着辩护人在刑事诉讼中要承担证明责任，① 如我国云南的杜培武冤案。② 这与通行的诉讼理念相矛盾，犯罪嫌疑人在被依法证明有罪之前，应当是处于无罪的状态，而有罪的证明则由控方承担。2012 年《刑事诉讼法》第 49 条明确规定“公诉案件的举证责任由人民检察院承担”，这就意味着犯罪嫌疑人、被告人及其辩护律师在刑事程序当中并不承担证明责任。相应的，1996 年《刑事诉讼法》中“提出证明……”这样的表述方式就应当得到修改，因此，修改后的第 35 条规定为“提出……材料和意见”。如果按照这种文本的逻辑进行分析，那么也能够顺理成章地得出结论：根据 2012 年《刑事诉讼法》及相关司法解释的表述之修改，非法证据排除程序中的证明责任不由申请方承担。

五、庭前会议的引入

2012 年《刑事诉讼法》修改中最引人注目的亮点之一就是规定了庭前会议制度，尽管庭前会议在法典及“两高”司法解释当

① 顾永忠：《我国刑事辩护制度的重要发展、进步与实施——以新〈刑事诉讼法〉为背景的考察分析》，载《法学杂志》2012 年第 6 期。

② 在杜培武案的庭审过程中，当杜培武以刑讯逼供为由进行翻供时，审判长生气了：“你说没有杀人，你拿出证据来！”参见郭国松：《刑讯逼供酿冤案“死囚”杜培武遗书的血泪控诉》，载《南方周末》2001 年 8 月 24 日版。

中的内容颇少，效力也有待明确，但该制度引发了诉讼法学界的重点关注，学者们认为庭前会议这种类似于国外审前听审（Pretrial Hearing）的设计将会在刑事诉讼审判活动中发挥重要作用。[①] 对于非法证据排除规则而言，庭前会议更是提供了一个仿佛是“量身设计”的绝佳平台。在庭前会议中解决排除非法证据的问题，能够让之后的庭审活动专心处理事实问题，提高诉讼效率，也符合程序问题应当优先于实体问题解决的基本理念。

但从实践调研的情况来看，庭前会议制度由于其“粗放型”的设计在司法操作过程中运用得不多，即便在庭前会议中被告人及其辩护律师提出了非法证据排除的申请，法庭也无权作出任何处理，因为现行法律已经将庭前会议的作用和效力限定为“了解情况、听取意见”，在这种模式和设计下，“会议”难以起到“hearing”的效果。如果法院在庭前会议中认为申请排除非法证据的理由并不充分，也不会对辩方产生任何约束力，其可以在法庭中再次提出非法证据排除之要求；同样的道理，即便在庭前会议中法庭倾向于排除非法证据，检察院也能够在庭审中提出新的证据以支持取证合法性之证明。由此观之，在未明确规定其效力的情况下，我国庭前会议制度中非法证据的排除将是一个美妙的“空中花园”。

一些地方法院为了弥补此种障碍，也发挥了一定的司法能动性。在对江苏省某市基层人民法院进行调研的过程中，一位经验丰富的法官告知笔者，为了将非法证据排除的问题彻底在庭前解除，他们所在的法院制作了庭前会议笔录，并在开庭之后先针对此份笔录征求控辩双方的意见。如果双方均表示同意，那么在法庭审理中

① 在中国期刊网上搜索主题为“庭前会议”的期刊，共有结果214条，其中2013年119条、2014年28条。其中比较有代表性的论文有——陈卫东、杜磊：《庭前会议制度的规范建构与制度适用——兼评〈刑事诉讼法〉第182条第2款之规定》，载《浙江社会科学》2012年第6期；闵春雷、贾志强：《刑事庭前会议制度探析》，载《中国刑事法杂志》2013年第3期。

就不再对该份笔录中记载的内容进行质证；如果一方（主要是辩方）在法庭上表示反对，除非有新的理由，否则法庭将不会对非法证据排除的申请进行处理。这种方式变相地认可了庭前会议的效力，但并非长远之计。法律应当明确规定庭前会议中处理非法证据排除的效力问题，并设定相应的救济程序。

六、辩方证据不适用非法证据排除规则

2012年《刑事诉讼法》第57条第1款规定："在对证据收集的合法性进行法庭调查的过程中，人民检察院应当对证据收集的合法性加以证明。"该条表面上看起来论述的是证明责任的问题，若与2010年"两个证据规定"之内容相联系，还可以发现新法已经将辩方证据从非法证据排除规则的适用范围中剔除，明确将非法证据限定在公安、司法人员获得的证据之上，并由提起公诉的机关承担合法性之证明责任。这种做法是符合非法证据排除规则的基本原理和要求的。该规则旨在通过排除公权力机关通过非法手段取得的证据之证据能力，来遏制将来可能存在的违法行为，进而起到保障人权和程序正义的效果。

此种变化在司法实践当中可能会引起一定的理解困难。部分公诉人在刑事审判过程中会针对辩方证据的来源展开攻击，以削弱证据的真实性、可信性，进而提高法官将被告人定罪量刑的成功概率，他们可能会认为非法证据排除规则应当平等地适用于控辩双方。[①] 这种推测并非空穴来风，在笔者与某些地方的公安人员、检察人员进行座谈时，就有民警对录音录像制度提出了看法，认为录音录像不仅应当适用于侦查讯问过程，还应当推行至律师和犯罪嫌

① 在笔者参加的由西北政法大学、雁塔区人民检察院于2014年12月5日召开的第二期检校刑事实物沙龙——"非法证据排除规则适用调研"中，雁塔区某公安机关工作人员认为，司法改革应当注重控辩双方平等，如果只注重排除控方的证据而不关注辩方的证据，无疑是否认了控方的程序性权利，他提出所有对定罪量刑有影响的证据材料都应当进行非法证据审查。

疑人的会见、交谈过程，否则就是不公平。刑事诉讼法本身就具有限制公权力的作用，在法条的设计上也应该体现出对弱者的倾斜保护和对特殊利益的尊重。在会见权的行使过程中，律师和委托人之间应当享有一定的秘密特权，不被监听是最基本的要求，这也为我国刑事诉讼法所规定。既然监听都不行，何论全程录音录像？同样的道理，非法证据排除规则不适用于辩方证据，这也是出于对自身取证能力有限的辩方的倾斜保护。同时，公诉人员也应当清楚地认识到，辩方证据虽然不适用非法证据排除规则，但其仍旧可以针对该证据的关联性、客观性进行质证。事实上，辩护律师和公诉人乃至法官在我国均为法律职业共同体成员，在特定的刑事案件当中其实是为同样的诉讼目的而服务的，即查明案件真相、准确定罪量刑，只不过各方的立场、认识、证据评价存在一定的差别。

七、非法证据排除结论告知控辩双方

《高法解释》第 102 条第 2 款指出："人民法院对证据收集的合法性进行调查后，应当将调查结论告知公诉人、当事人和辩护人、诉讼代理人。"这是对"两个证据规定"程序的细化，从审理程序的角度来讲，结论告知义务也应当是调查程序的必要环节和应有之义，很难想象一个正式而又有权威的刑事调查程序最终会不了了之。由此而引发的进一步思考是，法院究竟采用何种方式将调查结果告知上述相关人员？是采用口头形式还是书面形式？如果是书面，究竟是使用决定、裁定还是判决？这些问题看起来毫不起眼，但实际上还与法庭非法证据调查结果的救济程序相关，不同的处理方式也就对应了不同的救济途径。

从案件的实际处理情况来看，法院更倾向于在判决书中就证据是否属于非法证据、是否应当排除作出一段说明，而非根据法庭调查的情况当庭作出裁决。这一方面是由于我国合议庭成员没有在当庭作出具有效力的处理决定的传统，当然调查之后的口头表示还是要有的，但口头的判断并不能作为上诉或者抗诉的依据，必须要等

到书面判决作出之后方可进行，另一方面法庭还必须要综合全案证据甚至一些案外因素来考虑证据是否应当排除的问题。这段在判决书中对证据的认定情况的说明将会成为控辩双方抗诉或者上诉的主要依据。

在判决书中附带说明的方式尽管是法庭处理非法证据的主要模式，但仍旧带来了一些弊端，最主要体现在：如果辩护方一开始就对法庭非法证据调查处理结果不满意，那么无论之后的事实认定或者法庭辩论进行得多么激烈或者最后的认定事实多么正确，恐怕其还是会向二审法院提出上诉，理由在于对证据合法性认定不服。在我国，上诉权是被告人不可剥夺的基本权利之一，上诉必将引发二审，如果一审判决被发回重审或者改判，就意味着一审法庭调查之后所进行的程序以及所消耗的诉讼资源被浪费了。可见，非法证据排除的处理结果仅以判决书记载的形式予以展现，并不是一个最优的选择。

我国公权力机关处理刑事诉讼中的争议问题，主要采用三种形式，分别是决定、裁定和判决。不同的处理决定了该行为的方式和救济途径。决定主要是处理程序性问题，① 可以采用书面或者口头的形式作出，如回避决定、不起诉决定、撤销案件决定等。决定的救济方式是向决定作出机关或者上一级机关申请复议并提请复核，具有行政审批的色彩，在审前程序中比较常见，可以说公安机关和人民检察院只能作出“决定”。与之相比，裁定和判决则只能由法院作出。根据现行法律的规定，裁定既可以处理程序性问题，也能够处理实体性问题，一些裁定是上诉抗诉的依据，如管辖权异议的裁定、不予受理和驳回起诉的裁定等。其中又衍生出了一个重要的思考，虽然我国刑事诉讼法规定了对裁定不服是可以上诉、抗诉

① 之所以认为决定主要是解决程序性问题，其理由在于2012年《刑事诉讼法》修改之后规定了强制医疗程序，在该程序中，法院合议庭作出的是是否强制医疗的“决定”，这显然属于对犯罪嫌疑人、被告人实体利益的处理。

的，但请诸位仔细回忆一下，究竟哪些裁定可以上诉、抗诉呢？这看起来像是一个无厘头的问题，有读者可能会指出，你在上文中不是已经给出解答了么？管辖权异议的裁定、不予受理和驳回起诉的裁定。对，笔者在上文中提到的这三个裁定是民事诉讼当中原、被告双方可以上诉的裁定，但是在刑事诉讼当中，首先，我国是不存在所谓的管辖权异议的情况的，所有的法院都与提起公诉的检察院相对应，而检察院又与负责侦查案件的机关相对应，在案件的管辖权问题上是很难出错的。即便管辖权存在问题，也是上下级法院或者由最高法院进行协调，并不能由当事人对此提出异议，法院也自然不会针对当事人管辖权异议作出裁定。其次，不予受理和驳回起诉的裁定，在公诉案件当中也不会出现。2012 年《最高人民法院、最高人民检察院、公安部、国家安全部、司法部、全国人大常委会法制工作委员会关于实施刑事诉讼法若干问题的规定》（以下简称“六机关规定”）第 25 条明确指出：“对于人民检察院提起公诉的案件，人民法院都应当受理。”这就使得法院无法针对公诉案件作出不予受理的裁定。在受理案件之后，法院能否作出驳回起诉的裁定呢？答案也是否定的，《高法解释》中根本就没有驳回起诉的字眼，从第 181 条①之要求来看，人民法院在对提起的公诉案件进行审查的过程中，如果发现其中可能存在各种各样的问题，也只能采用“退回”或者“补充”的方式进行，是不能作出驳回起诉的裁

① 《高法解释》第 181 条规定：“人民法院对提起公诉的案件审查后，应当按照下列情形分别处理：（一）属于告诉才处理的案件，应当退回人民检察院，并告知被害人有权提起自诉；（二）不属于本院管辖或者被告人不在案的，应当退回人民检察院；（三）不符合前条第二项至第八项规定之一，需要补充材料的，应当通知人民检察院在三日内补送；（四）依照刑事诉讼法第一百九十五条第三项规定宣告被告人无罪后，人民检察院根据新的事实、证据重新起诉的，应当依法受理；（五）依照本解释第二百四十二条规定裁定准许撤诉的案件，没有新的事实、证据，重新起诉的，应当退回人民检察院；（六）符合刑事诉讼法第十五条第二项至第六项规定情形的，应当裁定终止审理或者退回人民检察院；（七）被告人真实身份不明，但符合刑事诉讼法第一百五十八条第二款规定的，应当依法受理。”

定的。那么，在现行法之下就可以得出这么一个结论，公诉案件基本上不存在对于“裁定”上诉的可能，但法律又设置了针对裁定上诉、抗诉的方式，这难道不是为非法证据调查处理程序提供了一个绝佳的方式么？由法庭对证据合法性作出裁定，控辩双方如果不服可以在一个相对较短的时间内启动上诉、抗诉程序。当然，这只是笔者对于我国非法证据排除程序初步设计的一个方面，其他更加详尽的内容请参见本书非法证据排除规则程序的相关章节。

八、完善二审非法证据处理

在上节对 2010 年“两个证据规定”的评析中笔者指出，该规定尽管对二审中非法证据的处理进行了规定，但并不完善。在 2012 年《刑事诉讼法》和相关的司法解释当中，这种缺陷得到了一定的弥补，详见下表：

情形	一审		二审
情况 1	一审提出申请	法院没有审查并以之作为定案根据	启动（2010 年规定）
情况 2		法院进行了处理但控辩一方不满意	启动（2012 年规定）
情况 3	一审没有提出申请	相关线索和材料在一审结束后才发现	启动（2012 年规定）
情况 4		相关线索和材料在一审中就已经发现	—

本表格是以辩方的行为方式为基础进行的划分，在 2010 年“两个证据规定”中仅对情形 1 作出了处理，在逻辑上并不周延。2012 年《刑事诉讼法》补充了情形 2 和情形 3，这符合我国二审全面审查的价值定位。实际上，二审启动非法证据排除的情况还有一处遗漏，即情形 4：相关线索和材料在一审中就已经发现，但在一审当中辩方并没有提出排除非法证据的申请，是否能够在二审中提出该要求并启动相应程序呢？

解决此问题首先需要在理论上探讨非法证据排除的性质，如果这是犯罪嫌疑人、被告人的权利，可能就会存在权利失效或者放弃的问题，毕竟“法律不保护躺在权利上睡觉的人”；如果排除非法证据是刑事诉讼法对公、检、法三机关在处理刑事案件、认定事实中设定的任务之一，那么就很难以被告人没有提出申请为由而不启动该排除程序。我国法律对非法证据排除程序的启动实际上设计了双重模式：依当事人申请而排除和依职权审查进行排除，从中可以推知，非法证据排除既是当事人的一项重要诉讼权利，也是公安、司法机关规范办案行为，正确认定事实和处理案件的义务要求。

顺着这个逻辑往下分析，犯罪嫌疑人、被告人在一审中掌握了相关的线索和材料并有权提出排除非法证据的申请，然而出于各种因素的考量其并没有提出，从其行为模式上进行判断，似乎能够得出其放弃了在一审中主张该权利的推定。权利是可以放弃的，这点自然没有疑问。问题在于被告人是否能在二审当中主张该权利？笔者不想妄下定论，还是从我国刑事诉讼的基本要求出发，对该问题进行分析。

“实事求是，有错必纠”是我国审判程序的主要价值选择，证据是认定案件事实的基础，如果证据出现错误，不管是取证方式上的错误还是内容上的错误，均会对公正司法带来负面影响。刑事诉讼牵涉到公民的出刑入罪问题，在证据的使用和容许度上，会存在一些看似“矛盾”的现象：一方面，通过非法证据排除规则和其他证据规则限制证据在法庭上的使用；另一方面，又没有如同民事诉讼那般设立举证期限、举证时效和证据失权制度，只要证据对证明案件事实有帮助，不仅在法庭辩论终结时可以提出，在二审乃至再审程序当中均可以进行出示。同样的道理，上诉人在二审当中提出了本可以在一审当中提出的非法证据排除申请，如果相关的线索和材料确认能够引发二审合议庭对取证行为合法性的质疑，也应当启动非法证据排除程序，或者以事实不清、证据不足为由将案件发回重审。

毕竟，排除非法证据还是公安、司法机关在执行刑事诉讼法过程中的重要义务，法院能够依职权排除证据，尽管笔者对法院如何自行审查发现非法证据充满疑惑，在司法实践当中法院也充当的是对当事人提出非法证据排除申请是否启动调查程序的裁决者的作用，但不能由此认为倘若没有申请则非法证据无须排除。如果一审法院定罪量刑所依据的证据真系非法方法获取，一审判决结果的正当性就值得质疑，法院对证据的调查核实义务显然不能够被视为圆满完成。当事人针对此种判决而上诉，并提出相关线索或者材料，二审法院就应当进行审查。根据《高法解释》第 315 条第 4 款之要求，二审法院对于上诉、抗诉案件应重点审查“上诉、抗诉是否提出新的事实、证据”。对于何谓“新的证据”，尽管该解释没有在二审程序中进行界定，但在再审程序部分中作出了说明，第 367 条指出“新的证据”包括：“……（二）法院判决、裁定前已经发现，但未予收集的证据；（三）原判决、裁定生效前已经收集，但未经质证的证据”。从第 2 款和第 3 款的表述来看，在先前程序当中未经收集和未经质证的证据，均可以被视为“新的证据”，其并没有对证据收集者的主观心态进行描述，因此，究竟系有意为之还是无意疏忽，在所不论。二审当中非法证据排除调查程序的启动也应当如此，只要上诉人能够提供相关的线索或者材料，并且足以引发对证据合法性的合理怀疑，出于全面审查案件和实事求是的需要，二审法院法院就应当依法启动调查程序。至于该线索或者材料是否在一审期间已经获得以及申请人未及时提出申请等内容，并不是二审需要考虑的重点。

九、调查顺序由法官裁量

2012 年《刑事诉讼法》及相关司法解释中非法证据排除规则的变化并不全是向好的方向发展，特别是对于非法证据的法庭调查顺序，新法作出了不同的规定，请见下表对比：

《非法证据排除规定》	2012 年《高法解释》
第 5 条　被告人及其辩护人在开庭审理前或者庭审中，提出被告人审判前供述是非法取得的，法庭在公诉人宣读起诉书之后，应当先行当庭调查。 法庭辩论结束前，被告人及其辩护人提出被告人审判前供述是非法取得的，法庭也应当进行调查	第 100 条第 2 款　对证据收集合法性的调查，根据具体情况，可以在当事人及其辩护人、诉讼代理人提出排除非法证据的申请后进行，也可以在法庭调查结束前一并进行

从上表中可以发现，《非法证据排除规定》对当事人在不同审判阶段提出的非法证据排除申请设定了不同的处理方式。在开庭审理前提出排除证据申请的，在公诉人宣读起诉书之后先行进行非法证据调查程序；在法庭辩论结束前提出申请的，也应当进行调查。2012 年《高法解释》则不区分情况，由法官根据案件具体情况对证据合法性的调查顺序进行自由裁量，既可以在申请提出后启动该程序，也可以在法庭调查结束前一并进行。这种改变是否恰当，需要结合我国法庭刑事案件审判程序进行分析。

从流程上来看，刑事案件审判需要经过开庭、法庭调查、法庭辩论、被告人最后陈述以及评议宣判五个步骤。其中，法庭调查主要针对事实的认定问题，包括被告人有罪、无罪、罪轻或者罪重的情节和事实，在此阶段主要是控辩双方对证据的举证、质证过程，而法庭辩论则是在事实基本确定的基础上就定罪和量刑问题展开的辩论，并不侧重于事实的调查和认定。在实施非法证据排除规则的过程中，有些地方的法官并不优先处理证据的合法性问题，而是先对案件事实进行法庭调查，然后再启动非法证据调查程序，在典型案例“梁献省等三人合同诈骗案中”，[①] 被告人律师在法庭上多次

① 笔者将在本书第二章“非法证据排除规则典型案例分析”中对该案进行重点分析。

要求先行对证据合法性进行处理，均被法官驳回。法官的此种心态是可以理解的，笔者揣测可能是出于以下理由：首先，《高法解释》赋予了法官对非法证据排除程序顺序的自由裁量权，将该程序放置于法庭调查的最后阶段进行并不违反法律的规定；其次，法官关心的是最后实体判决的正确性，考虑的是会不会引发上诉、抗诉乃至最后判决被撤销或改判的风险，在此种考量之下，能够使用的证据越多似乎最终判决正确的可能性就越高，将非法证据问题留到最后解决是一个比较趋利避害的选择。但该模式的弊端在于，在我国独特的证据印证规则的影响下，法官如果已经知悉了其他证据材料，在非法证据排除的调查程序中，特别是在合法性存疑的证据所反映的内容能够与其他证据相互印证的情况下，法官排除该证据的可能性将会降低。

同时，2012 年《高法解释》并没有对在法庭辩论阶段提出非法证据排除申请的处理程序进行规定。这就涉及与《非法证据排除规定》的衔接问题。按照“新法优于旧法”的原则，如果之前的规定与新法存在冲突，那么在实施非法证据排除规则过程中应当适用新法；如果新法并没有对相关内容作出规定，那么在没有宣布废止的前提下，旧法对该问题的规定仍旧可以使用。因此，即便到了法庭辩论阶段，只要当事人提出排除非法证据的申请并提供了相关线索，案件也会重新回到法庭调查阶段。此种程序“倒流”机制并非于法无据。《高法解释》第 234 条规定：“法庭辩论过程中，合议庭发现与定罪、量刑有关的新的事实，有必要调查的，审判长可以宣布暂停辩论，恢复法庭调查，在对新的事实调查后，继续法庭辩论。”即便在被告人最后陈述时，也可以引发程序“倒流”。第 236 条也规定：“被告人在最后陈述中提出新的事实、证据，合议庭认为可能影响正确裁判的，应当恢复法庭调查。”由此观之，公权力机关工作人员非法取证的事实，不仅可以在通常所理解的庭前会议中和法庭调查过程中提出，还可以在法庭辩论甚至是最后的陈述中提出。

十、证据排除后仍旧随案移送

2012年《高检规则》第71条第2款指出："办案人员在审查批捕、审查起诉中经调查核实依法排除非法证据的，应当在调查报告中予以说明。被排除的非法证据应当随案移送。"看到此处笔者不免心生疑惑，如果被排除的证据一直被随案移送，那么非法证据排除规则究竟能起到什么样的效果呢？该问题显然又与我国的案卷移送制度有关。

卷宗在不同的办案机关之间移转是我国刑事诉讼程序的一大特色，也是区分不同诉讼阶段的标志之一。在侦查终结时，侦查机关应当将侦查卷宗移送给检察机关进行审查起诉；在提起公诉前，检察院也必须将卷宗材料移送至法院；二审法院也必须要求一审法院将全案卷宗予以移送，这种方式被学界称为"卷宗移送主义"。①卷宗在不同的办案机关之间来回移转，最主要的功能在于下一机关能够通过阅览案件材料，了解案件的基本情况，做到"心中有数"。而正是这种"心中有数"的审查模式，在一定程度上削弱了非法证据排除规则的效果。

非法证据排除规则限制的是证据的证据资格，目的在于使通过非法方法获取的证据无法进入事实裁判者的视野，以防止对其心证的形成造成污染。1996年《刑事诉讼法》的修改，实现了从"全案卷宗移送主义"向"复印件主义"的转变，即检察院提起公诉仅需要移送主要证据目录、证人名单等材料，此种转变有利于实现法院的庭前审查从实质审查转向程序审查。2012年《刑事诉讼法》对1996年的规定又进行了调整，第172条将审前卷宗材料又变为了全案移送主义，而根据《高检规则》第71条之要求，被排除的非法证据也会随着卷宗材料移送至人民法院。

① 关于卷宗移送主义及其理论与实践反思，参见孙远：《卷宗移送制度改革之反思》，载《政法论坛》2009年第1期。

按照我国法律的规定，如果法官能够严格执行的话，审前阅卷只是一种程序性的审查，主要判断“起诉书中有明确的指控犯罪事实”（2012年《刑事诉讼法》第181条）这一条件是否成立。倘若真是如法条所要求的这般，那么兴师动众将全案证据和材料在审前移送至法院就显得多余了，毕竟法律只关注“起诉书”中是否有明确的指控犯罪事实，并不对该指控是否成立、也无须对支持指控的证据进行审查和处理。全案移送的背后定有深意。从《高法解释》的规定来看，庭前审查需要对案件的内容、类型、证据等通过阅卷进行了解，并作出相应的处理，对于一些证据材料较多、案情重大复杂的案件，法院还会考虑是否召开庭前会议。由此观之，不管承认与否，法院对检察院所移送的案卷材料虽然不能直言不讳地说进行的是实质审查，但这种阅卷至少是法官在办理案件当中不可缺少的重要一环，能帮助法官了解案件事实、双方争点，当然还有证据材料。将已经在先前阶段被排除的非法证据附入卷宗材料，无异于通过“借尸还魂”的方式让其重现在法官的眼前，证据排除的效果难以实现。

第四节　非法证据排除规则的进一步发展

2013年11月21日，最高人民法院颁布了《关于建立健全防范刑事冤假错案工作机制的意见》（以下简称《意见》），对需要排除的非法供述范围进行了扩大，并似乎摈弃了“非法方法”（或“痛苦规则”）作为判断言词证据合法性的唯一根据。与此同时，最高人民法院也在积极开展实地调研和专家研讨会，并计划出台关于实施非法证据排除规则的细则，该细则经过多番修改，还在讨论过程中。这体现出了司法实践对非法证据排除规则的推动和促进，使得该规则在我国呈现出一种动态发展的过程。

《意见》第8条[①]在原先非法供述排除范围的基础上进行了如下重要修改，增加了三类情形，此三类情形似乎已经并不完全能够以“痛苦规则”为基础的非法方法进行界定。

第一类是采用冻、饿、晒、烤、疲劳讯问等方式获取的供述。此类模式实乃刑讯逼供等非法方法的扩充，随着现代刑事司法越来越注重在诉讼过程中对犯罪嫌疑人、被告人人权的保障，传统的鲜血淋漓、皮开肉绽的刑讯方法已经被社会舆论所唾弃，但是“深层次”的刑讯行为已经通过另外的不留痕迹的方式在司法实践中展现，冻、饿、晒、烤、疲已经被2012年《刑事诉讼法》及其司法解释中的“肉刑或者变相肉刑，给人的肉体或者精神造成剧烈痛苦”所涵摄。

第二类是未在法定场合进行讯问所得之供述，需要排除。根据我国法律的规定，讯问犯罪嫌疑人的地点根据此人人身自由受到限制的情况可以分为两种：尚未被羁押的，可以通知到其所在市、县内的指定地点，或者他的住处以及侦查机关接受讯问；如果已经被羁押，则只能在看守所进行。在司法实践当中，讯问逼供多发生于犯罪嫌疑人被羁押且涉嫌严重犯罪的情况下。基于此种理由排除有罪供述，与“痛苦规则”的要旨关系已经不大，当然，可能有论者会认为，之所以在《意见》当中作出此种规定，就是针对在法律规定以外的场合进行讯问所潜在的刑讯逼供的可能，但是，在笔者看来，这种解释还具有进一步提升的空间。在人身自由受到限制的情况下进行讯问，已经给犯罪嫌疑人的心理造成了极大的压力，如果不在法律规定的场合中进行，这种心理强制无疑会更加剧烈，难以确保有罪供述的自愿性，虚假供述的概率也就更高了。无论是从人权保障还是真实发现的角度，均不

① 第8条规定：“采用刑讯逼供或者冻、饿、晒、烤、疲劳审讯等非法方法收集的被告人供述，应当排除。除情况紧急必须现场讯问以外，在规定的办案场所外讯问取得的供述，未依法对讯问进行全程录音录像取得的供述，以及不能排除以非法方法取得的供述，应当排除。”

产生任何收益，反倒增加了成本。

第三类是应当录音录像而没有录音录像所取得的供述，应当排除，因为这已经超出了“痛苦规则”的要求。录音录像制度产生的目的在于规范讯问行为，它不仅能够全程记录整个过程，还能够在证据合法性产生争议时作为证据使用。但随着非法证据排除规则的施行，在司法实践当中录音录像制度也出现了异化，并不全程进行（仅成为固定犯罪嫌疑人供述的载体），或者对于应当录音录像的案件由于各种各样的原因无法提交相应的录音录像，使得控辩双方在法庭之中对取证合法性问题各执一词。法律明确规定的应当录音录像的案件通常都为重大复杂案件或者检察院自侦案件，这些案件要么因为社会影响重大使侦查人员“背负”着较大的思想压力，要么是比较私密的对合犯罪，犯罪嫌疑人的口供能够对查明案件事实起到更加重要的作用，甚至成为定罪量刑的关键因素。侦查讯问场合不对外界开放，在相对隔绝的场合当中侦查人员更容易采用一些手段和方式迫使或者诱使犯罪嫌疑人作出供述，录音录像的全程性能够为事后审查有罪供述的合法性提供真实、全面、客观的判断依据。

第二章　非法证据排除规则典型案例分析

为了充分了解非法证据排除规则在我国的实施情况，笔者通过实地调研、查阅新闻媒体和查询法律数据库等方式，对非法证据排除的相关案例进行了收集。从整体上来看，我国非法证据排除的案件虽然并不多见，但其中不乏一些具有代表性的典型案例。认识来源于实践，并且科学合理的认识能够指导实践的发展。在本章中，笔者将对2010年“两个证据规定”颁发至今我国非法证据排除规则实施过程中的典型案例进行分析、归纳和总结，并结合相关案例分析该规则在我国实施中的特点、困难以及可能解决的途径和方式。这些案例主要包括被称为“中国非法证据排除规则第一案”①的章国锡受贿案的一审和二审、“新刑诉法预热第一案”②的郭宗奎贩毒案、“河南非法证据排除第一大案”③的梁献省合同诈骗案等。这些案件当中反映出来的与非法证据排除规则实施相关的问题都十分具有代表性，应当高度重视并积极进行理论探讨。

---

① 甄贞、申文宽：《非法证据证明责任的履行与保障措施》，载《人民检察》2013年第4期；陈瑞华：《论侦查人员的证人地位》，载《暨南大学学报（哲学社会科学版）》2012年第2期；万毅：《“全国首例非法证据排除案”法理研判》，载《证据科学》2011年第6期。

② 《直击北京“非法证据排除”第一案》，载《人民代表报》2012年9月20日；谢文英、赵晓星：《非法证据排除，对诉讼各方是严峻考验》，载《检察日报》2012年9月17日；《北京一中院开庭审理“新刑诉法预热第一案”》，载中国法院网，http://www.chinacourt.org/article/detail/2012/09/id/550801.shtml，访问时间2014年9月30日。

③ 杜萌：《“河南非法证据排除第一大案”庭审纪实》，载《法制日报》2013年10月14日。

第一节　章国锡受贿案一审中的非法证据排除

2011 年 3 月 25 日，被告人章国锡因涉嫌受贿罪被浙江省宁波市鄞州区人民检察院提起公诉，鄞州区人民法院于 4 月 11 日公开开庭进行审理。公诉机关指控被告人利用职务上的便利，多次非法收受他人贿赂共计 76000 元，其行为构成受贿罪。被告人及其辩护律师在一审过程中提出了非法证据排除的申请，认为本案的侦查直至审查起诉程序全部违法，有罪供述均是无效的，不能作为定案的证据。

在综合考虑全案相关证据的基础上，法庭在判决书中指出，“侦查机关的前期侦查行为存在瑕疵……章国锡在审讯时受伤的事实，控方又不能做出合理的解释。依照《排除非法证据规定》第十一条的规定：对被告人审判前供述的合法性，公诉人不提供证据予以证明，或者已提供的证据不够确实、充分的，该供述不能作为定案的依据。故章国锡审判前的有罪供述不能作为定案的根据。被告人章国锡及其辩护人提出的该辩护意见予以采纳”。

一、前期侦查行为瑕疵对证据合法性的影响

在庭审过程中，辩护人提出本案的侦查直至审查起诉程序全部违法，要求排除章国锡的有罪供述。从时间上来看，被告人章国锡从 2010 年 7 月 22 日中午至 7 月 23 日 22 时 55 分被刑事传唤之前，均处于人身不自由的状态之中。对于在被刑事传唤之前被告人章国锡所处的阶段，控方认为属于纪委办案谈话期间，检察院反贪局为了保障被告人的人身安全而派员参加，并出示了东钱湖纪委的情况说明，而辩方则声称被告人是由反贪局直接控制并进行谈话的。法院综合相关证据材料认定，22 日至 23 日这段期间系侦查机关的侦查活动而非纪委行为。

根据《高检规则》的规定，检察院在立案之前可以对犯罪行

为和线索进行初查，这种处理方式有利于高效处理案件，对不同的线索及时进行分流。同时，该规则第172、173条明确指出："初查一般应当秘密进行……在初查过程中，可以采取询问、查询、勘验、检查、鉴定、调取证据材料等不限制初查对象人身、财产权利的措施。"经过初查认为存在职务类犯罪行为需要追究刑事责任的，检察机关应当及时予以立案并开展侦查活动。

从本案所反映的情况来看，章国锡受贿案是从另外一起刑事案件中牵扯出来的，检察人员在对章国锡进行谈话时应当已经对线索进行了初查，而后进行的人身控制行为应当属于初查后的侦查活动。"控制之后带至小宾馆谈话"的行为可以被理解为对被告人的拘传（当然，如果强迫程度不是很明显至少也应当是传唤），但侦查人员没有采取任何的法律手续并出示相关的文书。同时，传唤后对犯罪嫌疑人进行的讯问，应当如实予以记录，然而控方无法提供此次谈话的笔录。更让人觉得匪夷所思的是，从7月22日中午到24日10时55分章国锡被决定刑事拘留之前，控方无法提供此期间内任何一次讯问的笔录，这从常理上也是分析不通的。据此，法院认为侦查机关的前期侦查行为存在瑕疵。[①]

以前期侦查活动存在瑕疵为由进而否定之后一系列侦查活动和行为的效力，这种辩护方式是否合理需要从理论上进行探讨。我国刑事诉讼法没有规定诉讼行为无效制度，侦查活动中的非法行为主

---

① 章国锡案一审判决书："被告人章国锡在2010年7月22日中午被宁波市鄞州区人民检察院反贪局人员控制，之后被带到一小宾馆谈话，直至7月23日22：55被刑事传唤。期间侦查机关没有出具法律手续，也没有制作对章国锡的谈话笔录。庭审过程中，控方向法庭提交了东钱湖纪委的《情况说明》，载明：2010年7月22日，鄞州区检察院反贪局将被告人章国锡涉嫌受贿犯罪情况通报东钱湖纪委后，纪委经反贪局同意后先找章国锡谈话，谈话期间反贪局为了保障章国锡的人身安全派员参加，次日章国锡被反贪局带回。被告人章国锡当庭辩解：就是反贪局直接控制其并谈话。法庭要求控方提交东钱湖纪委找章国锡谈话的笔录或其他证据以证明上述的《情况说明》，控方不能提供相关证据予以证明。至7月24日10：50被告人章国锡被刑事拘留，侦查机关仍没有对被告人章国锡制作讯问笔录。据此认为，侦查机关的前期侦查行为存在瑕疵。"

要通过检察监督以及法院审判时排除相关证据来进行救济和纠正。事实上，笔者认为控方也认识到了前期侦查活动中的问题，因此在指控被告人受贿罪时所使用的证据，均为24日以后（也就是刑事拘留之后）的讯问笔录、书面有罪供述等。控方对于证据的使用也反映出了其对于不同证据的证据能力的考虑，这不仅是一个证据筛选的过程，也是一个自行排除非法证据的过程。尽管我国刑事诉讼法对应当排除的犯罪嫌疑人、被告人言词证据的规定范围十分有限，仅是针对“采用刑讯逼供等非法方法获取的供述”，这种以“非法方法”作为排除判断要素的方法，具有一定的局限性。以本案为例，很显然控方选择不使用前期侦查时被告人的“自认”，并不是出于侦查人员采取了刑讯逼供等非法手段，而是出于对前期侦查活动中存在瑕疵的顾虑。“严重违反法定程序”进而对口供的自愿性造成影响，应当是证据被认定非法并予以排除的前提要件。

本案争论的关键在于，前期侦查存在瑕疵是否会对手续、程序补正后所收集证据的证据能力产生一定的影响。辩护人认为瑕疵行为应当具有波及力，而从公诉人指控犯罪事实所提交的证据来看，至少从刑事拘留（即24日）之后所获得的证据，公诉人认为是合法且可以用来证明被告人章国锡存在受贿的行为。法庭在一审判决中虽然排除了章国锡的庭前有罪供述，但理由显然是基于不能排除侦查人员在讯问时对其采用了刑讯逼供等非法行为（在下文中还会展开分析），而并非前期侦查活动中的瑕疵。笔者赞同此种观点，主要理由如下：

侦查活动较一般的刑事诉讼程序不同，具有秘密性和及时性的特点。刑事案件侦查活动可能会给被追诉人的人身自由及其他宪法性权利造成一定的限制、剥夺乃至“侵犯”，因此需要对侦查行为进行严格的限制，刑事诉讼法从某种意义上来讲应当是一部限制侦查机关采取恣意侦查行为、规范侦查活动的法律。侦查机关在诉讼活动中的违法行为将会产生一定的不利后果，可以包括：侦查行为无效、改变管辖、更换侦查人员、行政处分，严重的还应当要求承担民事赔偿和追究刑事责任等。在章国锡案件中，控方没有使用前期侦查所取得的证据，法庭也确认了前期侦查活动存在瑕疵，可以推出检察院和法院对存在违法情形的侦查行为作出了无效的认定。但这种前期违法是否能够将其效力扩张到后续的侦查行为从而得出整个侦查行为无效的结论，还有待商榷。

在本案中，侦查活动存在的程序性违法，如没有出示相关文书、制作相应笔录等，仅存在于22日至23日被告人章国锡被刑事传唤之前，而之后采取的一系列侦查活动与强制措施，正如法院在一审判决书中的认定："被告人章国锡被逮捕、二次延长侦查羁押期限、异地羁押等，侦查机关均履行了相关的法律手续，且经过相关部门的审批，并无不当。"刑事诉讼应当追求程序正义与实体正义的结合，在"尊重与保障人权"的要求下，也应当注重准确打击与惩罚犯罪，此二者不可偏废。从程序的角度上来看，侦查活动前期确实存在违法行为，出于人权保障的角度，此期间获得的证据不能用作指控犯罪的证据，事实上检察人员也没有将其作为呈堂证供；之后的侦查行为符合法律规定，如无其他法定理由，侦查人员依照规定收集的相关材料可以作为证据使用。

二、证据印证规则不能证明取证合法性

本案的另一个主要焦点，即在后续合法的侦查活动中，侦查人员收集证据的行为是否存在适用非法证据排除规则的情形，即是否以明令禁止的非法方法收集了证据。章国锡及其辩护律师在法庭上提出，被告人在侦查阶段受到刑讯逼供，并申请法庭调取了载有章国锡受伤情况的体检表，要求排除其在审前所作的有罪供述。

根据相关法律规定，证据合法的证明责任由检察院承担。公诉人为了证明庭前供述的合法性，采用了多种证明方式，实际上可以归为两类：第一类主要用来确认章国锡有罪供述的真实性，第二类是侦查机关出具的证明依法文明办案的书面说明。请读者留意，这两类证据形式在之后的一系列非法证据排除典型案例当中，会作为

检察院证明取证合法性的材料反反复复地出现。在司法实践中，公安、司法人员将证据的合法性与真实性交织在一起，主要通过证据互相印证的方式来证明取证的合法性。

证据之间的相互印证即印证规则与非法证据排除规则考虑的是证据的两个不同面向。我国刑事诉讼中确实存在证据印证规则，要求在对事实的认定过程中应当消除证据之间相互的矛盾，形成前后统一的证据链条。[①]《高法解释》第104、105条规定："证据之间具有内在联系，共同指向同一待证事实，不存在无法排除的矛盾和无法解释的疑问的，才能作为定案的根据……证据之间相互印证。"但正如有学者所说，证据印证规则强调的是证据的证明力，而非证据资格；[②] 与此相反，非法证据排除规则的目的在于使不具有证据资格的材料排除在事实认定之外，尽管在事实上该证据可能是真实的、客观的，具有较高的证明力。换言之，证据资格是证据能够作为认定事实的判断依据的先决条件。

在我国司法实践中，特别是检察院在证明取证合法时，最常见的就是在法庭上罗列出若干份数目不少的证据，证明与被告人的庭前有罪供述相互印证，得出的结论就是该有罪供述为真，继而推导出侦查取证合法。这种证明思路在逻辑上存在严重的缺陷。在刑事案件的处理过程中，运用证据进行证明应当遵循如下路径：

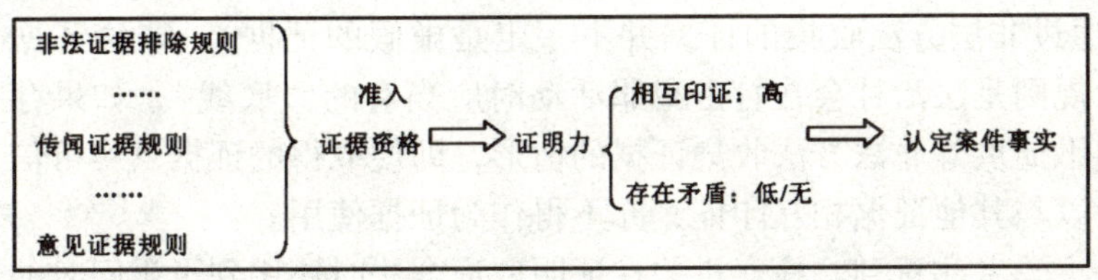

① 理论界也对证据印证规则进行了许多研究，其中比较有代表性的论文有：李建明：《刑事证据相互印证的合理性与合理限度》，载《法学研究》2005年第6期；龙宗智：《印证与自由心证——我国刑事诉讼证明模式》，载《法学研究》2004年第2期。

② 李训虎：《证明力规则检讨》，载《法学研究》2010年第2期。

证据之间的相互印证处理的是证据证明力有无及其高低的问题，而非证据的资格及合法性问题。依靠证据之间的相互印证来证明侦查活动的取证合法，其主要推理路线如下：

证据之间相互“印证”——→证明力高——→证据可用——→取证合法

此种证明方式存在本末倒置的嫌疑，存在极大的错误空间。首先，证据之间的相互印证确实是认定案件事实的重要方式，但前提条件是这些证据必须通过了证据资格这道“门槛”的“审核”。事实上，片面追求证据之间的印证对我国刑事冤假错案中的刑讯逼供行为起到了推波助澜的不利影响，在佘祥林冤案和赵作海冤案中，他们所作出的口供均能够与实物证据、其他证人证言相印证。[①] 通过伪造或者指供等方式收集相关证据，形成的所谓相互印证，不仅不能证明案件事实，反倒使查明真相的工作产生了南辕北辙的效果。因此，在不考虑证据资格前提下的相互印证，并不能必然得出证明力高的结论。其次，证明力高并不意味着证据就一定可以使用，进而推导出侦查取证行为合法的结论。发现案件真相并不是刑事诉讼法的唯一目标。2012 年《刑事诉讼法》实施以后，旗帜鲜明地指出要“尊重和保障人权”，并明确规定了非法证据排除规则，该规则在一定程度上起到了阻碍而非促进真相发现的作用（通过非法方法收集的证据并不一定是虚假的证据）。非法证据排除规则是法治社会在打击犯罪活动时应当有的“底线”，如果存在刑讯逼供等非法方法收集证据的情形，即便取得的证据真实可信且可以与其他证据相互印证，亦不得作为证据使用。

笔者注意到，检察机关在证明取证合法时还用到了讯问时的录音录像。讯问录音录像能够完整、全面、真实地反映在侦查活动讯问过程中是否存在不规范乃至违法的行为，能够为法庭判断庭前供

① 陈永生：《我国刑事误判问题透视——以 20 起震惊全国的刑事冤案为样本的分析》，载《中国法学》2007 年第 3 期。

述是否系非法取得起到极大的证明作用。但颇为遗憾的是，本案当中检察院当庭播放的录音录像在内容上和方式上存在着两个较为严重的问题，甚至使其失去了录音录像在证明取证合法性方面的重要作用。从内容上来看，公诉人展示的录音录像只是被告人章国锡所作出的有罪供述的片段，其目的还是在于与其他证据相互印证，并不是展示侦查讯问活动及供述取得的全部过程。正如上文所述，这种证据之间的相互印证并不能够推导出取证合法。从方式上来看，公诉人并未全部移交侦查讯问的同步录音录像，而仅是选取了章国锡认罪供述的那一部分，其理由在于“审讯录像涉及机密问题，当庭播放不利于保密，故不能移送法院”。根据最高人民检察院的要求，对于检察院侦查的职务犯罪类案件，必须实现讯问时全程录音录像，尽管本案庭审活动在2011年进行，当时非法证据排除规则仅局限于“两高三部”的“两个证据规定”，但是公诉人以录音录像涉及机密问题而不将全程录音录像的理由实在是过于牵强。2012年《刑事诉讼法》修改以及相应司法解释的出台，专门就录音录像的播放问题作出了明确规定。《高检规则》第75条规定：“必要时，公诉人可以提请法庭当庭播放相关时段的讯问录音、录像，对有关异议或者事实进行质证……需要播放的讯问录音、录像中涉及国家秘密、商业秘密、个人隐私或者含有其他不宜公开的内容的，公诉人应当建议在法庭组成人员、公诉人、侦查人员、被告人及其范围内播放。”笔者认为，法律中规定讯问录音录像的目的即规范侦查行为，并在是否存在刑讯逼供等非法行为存在争议时能够全面而真实地展现讯问原貌，对于实现非法证据排除规则有着极大的促进作用。在本案的处理中，控方显然曲解了法律的原意，将讯问录音录像当成是固定被告人章国锡供述的一种载体和方式，并以涉及机密为由而不将全程录音录像予以提交，导致录音录像在取证合法性的证明活动中效果为零。

三、情况说明不宜作为取证合法之依据

在本案审理过程中，检察机关还当庭提交了一系列证明取证合法性的情况说明。情况说明作为证明取证活动合法性的证据材料，在涉及非法证据排除规则案件当中比较常见，除此之外，刑事诉讼活动当中还有到案说明、抓获说明等一系列的非正式说明材料，由于这些材料是由侦查机关或者检察机关单方面制作并提供的书面文件，在司法实践当中特别是在审判活动中被广泛地运用，有学者将其称为“笔尖上的真相”。[①] 需要在理论上进行探讨的是，这类情况说明能否被认为是我国的法定证据之一，以及在非法证据排除规则适用过程中对于侦查活动的合法性证明又能够起到多大的作用。

（一）我国证据材料的种类

根据《刑事诉讼法》第 48 条的规定，我国证据种类包括八种，分别是“物证；书证；证人证言；被害人陈述；犯罪嫌疑人、被告人供述和辩解；鉴定意见；勘验、检查、辨认、侦查实验等笔录；视听资料、电子数据”。基于证据合法性的角度，[②] 一份认定案件事实的材料要作为证据，必须是上述八种类型之一。情况说明这类材料要作为证据使用，必须在上述八类中找到“容身之处”。从性质上来分析，其最有可能被纳入“书证”或“笔录”这两类中。书证是以其内容、思想、文字等书面材料来反映整个犯罪事实或者某一犯罪构成要件的证据材料；笔录则是对案件发生后在刑事追诉过程中一系列诉讼行为的客观描述和记载。[③] 情况说明主要是

---

① 马明亮：《笔尖上的真相——解读刑事诉讼法新增笔录类证据》，载《政法论坛》2014 年第 2 期。

② 证据的合法性可以分为形式上的合法和程序上的合法，前者是指证据必须满足法律规定的形式要件。在我国，如警犬的辨认、测谎仪的结论等，由于不属于法定的八种证据类型，缺乏形式上的合法性，因此不能够作为刑事诉讼的证据使用。

③ 关于我国证据类型及其定位，更多请参见裴苍龄：《论证据的种类》，载《法学研究》2003 年第 5 期。

由侦查机关作出并加盖印章，用来证明侦查活动或者侦查行为的合法性、规范性，其内容不是来指证犯罪嫌疑人、被告人有无违法犯罪行为，因此其尽管以书面形式出现，也不应归入“书证”这一证据种类中。至于笔录证据，我国《刑事诉讼法》第48条指的是“勘验、检查、辨认、侦查实验等笔录”，从字面上来看并没有包括所谓的情况说明，能否将其视作笔录证据，还需要对“等”字的含义进行分析。

《现代汉语词典》中对于“等”字的用法作了两种解释：其一表示列举未尽，即“等外之等”；其二是列举后煞尾，即“等内之等”。[①] 笔者认为，第48条中的“等”应当属于“等内之等”，并没有将笔录证据范围进一步扩大的目的，这主要有两个方面的理由：首先，从其他规范性司法文件当中可以寻求印证。《高检规则》在“证据”这一章中专门对不同种类证据的审查进行了规定，其中在第六节对于笔录证据的审查和认定当中，仅谈到了勘验、检查笔录，辨认笔录，侦查实验笔录的审查问题，并没有对其他的笔录审查作出任何规定（哪怕是一种兜底性的泛泛规定也没有）。其次，在1996年《刑事诉讼法》中就有了“笔录证据”这一证据种类，但仅包括“勘验、检查笔录”，而2012年修改之后才将笔录证据扩大到辨认和侦查实验笔录（见下表）。尽管情况说明等说明材料在司法实践中得到了广泛的运用，但仍旧没有被纳入我国刑事诉讼法所明确规定的证据种类之中。

---

① 中国社会科学院语言研究所词典编辑室编：《现代汉语词典》，商务印书馆2012年版，第275页。

1996 年《刑事诉讼法》	2012 年《刑事诉讼法》
第 42 条　证明案件真实情况的一切事实，都是证据。证据有下列七种：（一）物证、书证；（二）证人证言；（三）被害人陈述；（四）犯罪嫌疑人、被告人供述和辩解；（五）鉴定结论；（六）勘验、检查笔录；（七）视听资料	第 48 条　可以用于证明案件事实的材料，都是证据。证据包括：（一）物证；（二）书证；（三）证人证言；（四）被害人陈述；（五）犯罪嫌疑人、被告人供述和辩解；（六）鉴定意见；（七）勘验、检查、辨认、侦查实验等笔录；（八）视听资料、电子数据

（二）情况说明作为证据材料的法律依据

值得指出的是，用情况说明来证明侦查取证活动的合法性并非于法无据。2010 年“两高三部”联合发布的《非法证据排除规定》第 7 条规定：“经审查，法庭对被告人审判前供述取得的合法性有疑问的……公诉人提交加盖公章的说明材料，未经有关讯问人员签名或者盖章的，不能作为证明取证合法性的证据。”从字面意思上来理解，如果说明材料加盖公章并有相关讯问人员签名或者盖章，就可以作为证明取证合法性的证据。请各位注意，此处用的是作为“证据”。正是根据该条，侦查人员在非法证据排除程序中基本不出庭作证，公诉人通常的做法便是提交符合上述条件的情况说明以证明取证合法。《高检规则》第 72 条也作出了基本相同的规定：“人民检察院认为存在以非法方法收集证据情形的，可以书面要求侦查机关对证据收集的合法性进行说明。说明应加盖单位公章，并由侦查人员签名。”该条仅指出了情况说明可以作为合法性的证据的根据，但如何使用并没有予以明确。《高法解释》对该问题进行了更进一步的处理，第 101 条第 2 款规定：“公诉人提交的取证过程合法的说明材料，应当经有关侦查人员签名并加盖公章。未经有关侦查人员签名的，不得作为证据证据使用。上述说明材料不能单独作为证明取证过程合法的根据。”可见，虽然司法解释未在“证据”这一章中突破刑事诉讼法关于证据种类的规定，但是却在其他部分中“悄悄地”认可了情况说明的证据资格。此种扩大解释是否妥当暂且不论，退一步说，即便法律允许情况说明作为取证合法性的证据，此类证据的证据效力又有多大呢？

（三）情况说明的证明力有限

实际上，最高人民法院在司法解释中就已经给出了答案，“上述说明材料不能单独作为证明取证过程合法的根据”。由此可见，情况说明的证明力不高，需要有其他证据来进行佐证。① 与此种情形相类似的还有侦查人员出庭作证。尽管在章国锡案件当中，控方要求侦查人员出庭作证而控方明确表示不出庭，假使侦查人员出庭作证，该证言的证明力也与情况说明相类似。非法证据排除程序可以被认为是“审中之审”，该程序并不是为了解决刑事案件被告人是否有罪、是否需要承担刑事责任的问题，而是以侦查行为取证活动是否合法作为法院的裁决对象，因此，侦查人员似乎就成了非法证据排除程序中的被指控方，连同侦查机关一道成为了被追责的对象。法谚有云，“有利益的证言等同于谎言”，无论是侦查人员在法庭之上作出的“没有实施刑讯逼供”的证言，抑或是侦查机关出具的“侦查讯问活动文明、规范、合法”的情况说明，由于其中牵涉到自身利益，证明力效果必将大打折扣。当然，法庭也不能只听信被告人及其辩护律师提出的“受到刑讯逼供”的申诉，这些证据均需要有其他的证据来予以佐证。根据我国法律的规定，被告人只需要提出受到非法取证的线索和材料即可。

在章国锡受贿案中，被告人提请法院调取了其在 2010 年 7 月 28 日的体表检查登记表，该表载明：“章国锡右上臂小面积的皮下淤血，皮肤划伤 2cm。”伤痕确实存在，检察院需要承担侦查取证

---

① 许多大陆法系国家的刑事审判均禁止采纳警察笔录作为证据。不采纳这些证据的理由主要是对这些笔录的准确性有怀疑和保护犯罪嫌疑人免受不适当强迫的期望。欧洲人权法院曾裁决：“主要建立在警察笔录之上的有罪判决违反了《欧洲人权公约》第六条第三条的规定。”参见［美］米尔建·R. 达马斯卡：《飘逸的证据法》，中国政法大学出版社 2003 年版，第 16 页。

活动合法的证明责任。如上所述，检察院采取了两种证明方式：一是运用证据之间的相互印证以证明章国锡有罪供述的真实性，但供述真实性与取证方式合法性之间并没有必然的联系；二是提交了侦查机关作出的情况说明，而情况说明并不能单独用来作为认定判断取证合法性的依据。因此，公诉方采用的以上证明方式和提交的证据，并不能排除侦查活动中存在非法取证的可能，宜将被告人章国锡的审前有罪供述推定为非法证据予以排除。一审法院也作出了相同的判决，笔者认为是适当的，也符合我国法律的规定和精神。

第二节　章国锡受贿案二审中的非法证据排除

章国锡案件一审判决作出后，控辩双方均对判决提出了抗诉和上诉。鄞州区检察院在二审中提供了新的证据以证明取证合法性。除此之外，控辩双方还对本案关键证人证言的合法性、真实性产生了争论，并就疲劳讯问的界定及效果问题发表了各自的意见。

一、检察院能否在二审中提出新证据证明取证合法

在一审法院基于现有证据尚不足以排除存在非法取证可能而排除被告人章国锡的有罪供述后，检察院提起了抗诉，并提交了一系列“新证据”以证明取证合法性，其中包括章国锡的悔过书、一审中以涉及保密为由不予提交的录音录像，以及相关证人证言等。事实上，检察机关在审查起诉阶段就已经掌握了这些证据，并非在一审结束后才发现，但在一审针对证据合法性的调查活动中却没有出示。

本案控辩双方显然对此种行为存在不同的意见，而从法院的二审判决来看，也认可了检察院所提交之证据在证明取证合法性中的效力。我国二审活动的重要任务是对一审案件的判决进行全面审查，不受上诉、抗诉范围的限制，对证据的采纳也使用了较为灵活的方式，没有作出明确的规定。我国刑事诉讼活动的重要原则之一

是“以事实为依据，以法律为准绳”，只要证据能够对待证事实起到一定的证明作用，就能够在法庭上进行出示，并没有所谓的举证期限或者举证时效的规定，自然也不存在证据失权的问题。在发现案件真实的价值趋势下，法院在认定取证合法性问题上，就必然会对检察院所提交的“新证据”进行审查和判断，并不会因为没有在一审程序中提出而否定其资格。这是我国现行法律规定和司法制度综合作用的结果。然而，检察机关是否能够在二审中向法庭提交“新证据”来证明侦查活动的合法性呢？

“新证据”可以分为两种，一种是在先前诉讼程序完结后才收集到的证据，另外一种是在后续程序中提交原本已经获取但由于种种原因而未在上一程序中提供给法庭审判的证据。《高法解释》第376条对何为“新证据”进行了界定：“（一）原判决、裁定生效后新发现的证据；（二）原判决、裁定生效前已经发现，但未予收集的证据；（三）原判决、裁定生效前已经收集，但未经质证的证据；（四）原判决、裁定所依据的鉴定意见，勘验、检查等笔录或者其他证据被改变或者否定的。”需要注意的是，该规定是对审判阶段程序“新证据”提出的限制。生效判决作出之后，如果当事人没有新的证据，法院在通常情况下是不会启动再审的。为了保障生效判决的确定力，法律专门设置了程序启动的“新证据”之要求。

反观二审程序，法律却没有作如此之规定。被告人只要对一审判决不服，就可以向上一级法院要求二审，这种程序启动权不受证据、理由的限制，目的在于保障刑事案件被告人的合法权益，即便启动二审程序在一定程度上会造成诉讼资源的浪费、诉讼程序的拖沓等司法成本浪费。同时，检察院的抗诉也能够启动二审程序，但抗诉必须以一审法院的判决“确有错误”为依据，该抗诉是否合理并不由法院进行审查，而是由出庭支持一审检察院的上级检察院进行，如果在经过审查之后，上级检察院认为抗诉理由确实能够成立，则会作为二审中支持公诉的检察院。一审判决确有错误之依据，究竟是基于原有证据还是新发现的证据，在所不问。笔者认为，在对证据合法性的证明活动中，检察院承担着证明证据合法性的责任，应当收集相关的证据对该问题进行举证，如果在一审过程中已经收集到了相关证据，就应当及时提出，而不应该在作出排除证据判决之后再以这些证据启动二审。因此，在法律设置上，对于不利于被告人的二审申请，也应当设立“新证据”的概念，而且此处的“新证据”应当局限在“一审结束后发现的新证据”，而不包括在一审中已经发现但没有提出的控方证据，主要理由如下：

首先，检察院有义务在一审非法证据调查程序当中按照法律规定的方式对证据合法性进行举证。《高检规则》第70条[①]规定了八种调查核实的方式，在本案的一审当中，检察院手中就已经有录音录像、被告人的悔过书等证据材料，尽管辩方和法院多次要求当庭播放该份录音录像，但公诉方却始终没有选择全程进行播放。这种选择已经体现出了检察院在证据选择上的倾向性。我国法律并没有赋予检察院在诉讼过程中对证据的选择适用权利，与此相反，检察机关的客观公正义务决定了其不仅要收集被告人有罪、罪重的证据，还必须要收集罪轻和无罪的证据，在法庭上进行展示和提供。既然证据在一审当中没有被出示不是基于控方意志以外的因素，而是检察院对证据考量的结果，那么检察院就应当接受此种行为所带来的后果。刑事案件涉及公民的出刑入罪问题，较民事案件而言应当更加谨慎，因此检察院的选择应当被视为是具有法律约束力的行为，不能因为法院作出了不利于控方的裁判而“反悔”，又将这些本已获得的证据在二审中提出。

其次，基于诉讼效率原则也不应赞成二审提出此类控方证据。

---

① 《高检规则》第70条规定：“人民检察院可以采取以下方式对非法取证行为进行调查核实：（一）讯问犯罪嫌疑人；（二）询问办案人员；（三）询问在场人员及证人；（四）听取辩护律师意见；（五）调取讯问笔录、讯问录音、录像；（六）调取、查询犯罪嫌疑人出入看守所的身体检查记录及相关材料；（七）进行伤情、病情检查或者鉴定；（八）其他调查核实方式。”

刑事证明活动在法庭上进行，在这种仪式化的情景下，审判应当被认为是庄严和神圣的，为了便于事实裁判者准确、及时地查明案件事实，控辩双方应当将相关证据材料在法庭上进行举证和质证。检察院作为公权力机关，应当积极地推动案件真相的发现而不是阻碍该过程。如果立法允许检察机关保留某种证据，留待二审当中再进行使用，一审程序的价值就会大打折扣，只要一审判决与公诉方之预期不符，便可以该份证据作为二审抗诉的依据，二审法院出于“查明真相”的需要又不得不启动二审程序，对证据进行调查、核实与认证，这会使诉讼程序过于拖沓，让被告人久陷诉讼之虞。久而久之，也会使检察机关在一审证据合法性的证明活动中怠于行使相关调查手段或者蓄意不提供证据，而根据法院之判决情况再决定是否收集和使用相关证据，这并不能体现法律所预设的行为导向作用。刑事诉讼法之所以设定审判活动的各种阶段，其目的在于促进控辩双方能够积极地提出证据对待证事实予以证明。为了保证证据的充分性和事实认定的真实性，法律不仅没有证据失权和举证期限，反而规定了若干程序倒流机制以及休庭调取新证据，重新鉴定、勘验、检查等程序，就是为了能够让控辩双方在一审程序当中将其所掌握的信息提供给法院。在一审程序后，应当被视为穷尽了控辩双方的所有证据，否则法庭调查阶段就会持续进行。

再次，禁止性规范能够起到最佳的威慑作用。为了避免检察机关在证明证据合法性时“消极怠工”或者蓄意有所保留，法律也应当明确规定，对于应当获取但没有获取，或者已经获取但没有在一审中提交的相关证据，不得以其为理由作为二审抗诉的依据。司法实践表明，仅从正面设定相关行为准则的效力十分有限，正如非法证据排除规则，各国法律均规定了侦查人员应当遵守宪法和刑事诉讼法的相关规定合法取证，但采用刑讯逼供或者非法搜查、扣押行为却没有因此而减少，必须从法律上否定此种行为的效果，才能够产生真正的威慑作用。同样的道理，为了保障检察机关能够积极地行使法律规定的证据合法性调查核实义务，也必须设定相应的禁止性后果，如果由于检察机关的原因而没有收集相关证据或者不提交相关证据，一审判决作出后该份证据就已经“失效”，不得在二审程序当中用作证明取证合法的依据。

最后，认识能力的有限性决定了检察机关能够提交一审判决后发现和收集的新证据。由于检察院意志以外的原因而导致证据没能够在一审中提交，在判决作出之后而依职权取得了相关证据，是否能够在二审中提出呢？尽管法律中没有明确规定，但是从条文间的逻辑关系可以推出肯定的答案。司法解释在再审程序中明确规定了检察院能够提交新证据启动再审抗诉，《高法解释》第 380 条规定：“对人民检察院依照审判监督程序提出抗诉的案件，人民法院应当在收到抗诉书后一个月内立案……（三）以有新的证据为由提出抗诉……”第 381 条规定：“对人民检察院依照审判监督程序提出抗诉的案件，接受抗诉的人民法院应当组成合议庭审理。对原判事实不清、证据不足，包括有新的证据证明原判可能有错误……”上述条文都使用了“新证据”的表达方式，此处的“新证据”应当是判决生效以后检察院收集的证据材料。在我国，二审和再审程序中检察机关的定位均为“纠错”，即一审或者生效判决确有错误，检察院方可启动抗诉。顺着这个思路往下分析，既然判决已经产生法律效力，检察机关都能以“新证据”而提起再审抗诉，那么对于尚未生效的一审判决，自然也能够以相同理由启动二审抗诉。因此，在一审法院对非法证据排除问题作出处理后，检察院仍旧可以收集新的证据来证明取证的合法性。

二、证人证言能否成为非法证据排除对象

在本案中，无论是在一审还是在二审，检察官均使用了关键证人史建党的证人证言。实际上，章国锡案是从史建党的案件中引发出来的。辩方律师通过查阅、核对讯问笔录，观看录音录像，对史建党的证人证言的真实性提出了异议，认为该份证据为虚构后补，且与录音录像反映的内容不一致，申请非法证据排除。

我国《刑事诉讼法》第 54 条规定："采用暴力、威胁等非法方法取得的证人证言、被害人陈述，应当予以排除。"将证人证言纳入非法证据排除规则的范围，也是我国非法证据排除规则的一大"特色"。[①] 从比较法的视角进行分析，国外以及联合国相关刑事司法准则当中的非法证据并不包括证人证言和被害人陈述，[②] 被告人及其辩护人仅能以警察侵犯本人权利的行为为由而申请非法证据排除，如果证据是通过侵犯第三人的利益所取得的，那么被告人并没有申请排除的资格（standing）。[③] 近两年来，笔者对江苏、湖南、北京等地非法证据排除规则的实施情况进行了调研，各地也鲜有排除证人证言和被害人陈述的案例。

在本案中，尽管辩护律师向法院提出要求排除证人证言的申请，但从律师所提出的理由来看，这种排除并不是非法证据排除规则语境中的"排除"，而是对该份证言证明力的否定；律师并不是以证人证言的取得存在暴力、威胁或者其他非法方法使得证人违背意愿作出证言为由，而是以证言的真实性存疑作为申请排除的要求。证言的真伪与"证据三性"中的客观性而非合法性相联系。因此，律师提出排除证言的要求，只是排除该证据作为"定案根据"的资格，而非在法庭上出示的资格。证人证言是否能够成为非法证据排除的对象呢？如果可以，究竟应当由谁提起排除之申请呢？如果不可以，其理由又何在呢？对于这些问题，笔者倾向于将证人证言和被害人陈述排除在非法言词证据的范围之外，主要基于以下几方面的考量：

---

① 顾永忠：《我国司法体制下非法证据排除规则的本土化研究》，载《政治与法律》2013 年第 2 期。

② 在国外法律，特别是英美法系的证据制度当中，也不存在"被害人陈述"这种概念，如果被害人在刑事案件中出庭，那么他的身份是证人，所作出的陈述则是证人证言。

③ 在 Jone v. United States 案中，美国联邦最高法院就指出，被告人在申请排除非法证据时，仅提出证据是非法取得的是不够的，他自己还必须是这种搜查扣押行为的被害人。参见 Jone v. United States, 362 U.S. 257, 80 S.Ct. 725, 4. L. Ed. 2d 687（1960）。

1. 暴力、威胁等非法方法不是直接指向被告人，被告人没有资格提出排除证人证言的申请。从诉讼基本理论上来分析，争讼双方必须与争议事实存在利害关系才能够将此争议提交至法院请求裁决，这在民事诉讼中被称为“当事人适格”制度，[①] 如果起诉的当事人与争议并无关系，法院对其诉求则会裁定不予受理或者驳回起诉。在侦查人员收集证人证言和被害人陈述的过程中，倘若当真采用了暴力、威胁等手段，这种行为并不是直接指向犯罪嫌疑人、被告人，而是通过违背证人、被害人的意志迫使他们作出证言，被告人无权对此行为提出排除的申请。当然，有论者可能会指出，采用非法方法获取证人证言的目的就是要指控犯罪嫌疑人，因此，犯罪嫌疑人与非法取证之间存在利害关系，自然有资格要求排除此份证据。笔者并不否认证言与犯罪嫌疑人之间存在利害关系，但取证行为并非直接作用于犯罪嫌疑人，证人证言将会在法庭上用作证明被告人有罪的证据，此时辩方则可以对该证言的真实性提出质疑，以削弱证据的证明力。只要该证言不是用来指控证人，证人也不能够以“不得强迫自证其罪”为依据在刑事诉讼程序中要求排除证言，但也并非没有任何救济。如果警察询问证人的行为非法，证人可以向侦查机关的有关部门或同级人民检察院进行投诉；如果造成了一定的人身伤害，可以提起民事诉讼，情节严重的，也可以被害人的身份请求进入刑事诉讼程序。

2. 侦查机关对证人和被害人并无采取暴力、威胁手段获取证据的动机。根据我国刑事诉讼法的规定，任何知道案件事实的人均有义务作证，证人作证既是权利，也是义务。侦查人员究竟采用何种方式从证人处获得相关证据，辩方律师很难知晓。从理论上来讲，被害人对被告人在心态上最为“憎恶”，其在通常情况下是案件的报案、控告人，是他们的陈述才启动了刑事诉讼的侦查程序，他们与被告人之间本身就存在利益冲突，面对询问不“添油加醋”

---

① 肖建华：《正当当事人理论的现代阐释》，载《比较法研究》2000年第6期。

做到如实陈述已属不易，侦查人员无须对被害人施加相关手段便可轻易取得相关证据。证人是指除当事人以外知晓案件情况的人。证人又可以分为两种：其一是与案件没有利害关系的人，这类证人多为围观群众，目睹了案情的发生经过，面对警察的询问自然也无保留的必要，侦查人员也无须对其采用暴力、威胁等手段；其二是与案件有利害关系的证人，最常见的是犯罪嫌疑人在侦查人员讯问的过程中交代出来另一起刑事案件的相关情况，此时犯罪嫌疑人的供述在指控该起刑事案件中就成为了证人证言。这种证人证言在通常情况下是犯罪嫌疑人自身出于立功的需要将侦查人员尚未了解的其他人员犯罪的信息交代清楚，即便在讯问时侦查人员对该名犯罪嫌疑人采用了刑讯逼供等非法方法，但指向他人犯罪的证词却并非刑讯逼供的结果，因此也不适用排除规则。理论上还应当存在另外一种情况，即将同案犯的供述作为证言，但从本质上来讲，无论是并案审理还是分案审理，同案犯的身份都是被告人而非证人，即便其在供述中讲述了其他被告人的作案经过，也不能作为证人证言。

3. 传闻证据规则的建立将会消除“非法”取得证言的可能。传闻证据规则，简言之，即如无法律规定，证人应当亲自在法庭上作出证言，否则该证言将不具有可采性。传闻证据规则与证人出庭制度联系密切。2012 年《刑事诉讼法》修改后，第 187 条规定了有限证人出庭，即“公诉人、当事人或者辩护人、诉讼代理人对证人证言有异议，且该证人证言对定罪量刑有重大影响，人民法院认为有必要出庭作证的，证人应当出庭作证”。笔者先提出一个小小的问题，供各位思考：在证人出庭的情况下，是否存在证人证言作为非法证据排除的可能？如果答案是否定的，那么笔者也能够得出一个大胆的结论：在传闻规则的情况下，证人证言不会成为非法证据排除规则的适用对象。首先，证人证言如果不是在法庭上作出的，除非符合法律设定的相关条件，否则不具有可采性，不能在证据名单中出现。如果控方试图将其作为指控被告人有罪的证据，那么辩方律师则可以援引传闻证据规则而非非法证据排除规则将其排除。其次，证人如果选择出庭作证，在法庭之上的证言应当被推定为是证人自愿并如实作出的，不存在暴力、威胁，特别是侦查人员、公诉人通过暴力威胁手段以获取证言的可能，非法证据排除规则也没有适用的空间，辩方如果对证言存在异议，也只能从真实性、证人的可信性等角度进行弹劾，以削弱证据的证明力。

三、疲劳讯问的界定问题

在章国锡案件的二审过程中，检察院终于向法院出示了讯问章国锡的全程同步录音录像，其认为录像反映出在侦查讯问过程中并不存在刑讯逼供的现象，并再三重申，录音录像时间过长，且涉及国家机密。而辩护人姜建高律师则认为："录像中，刑讯逼供的事实基本成立。正如斯伟江律师所说，这是以犯罪的方式打击'犯罪'。"①

就是否存在"刑讯逼供"问题，公诉人和辩护人存在两种截然不同的观点，这主要是基于对"刑讯逼供等非法方法"的不同理解。《非法证据排除规定》第1条对于非法证据的界定为："采用刑讯逼供等非法手段取得的犯罪嫌疑人、被告人供述和采用暴力、威胁等非法手段取得的证人证言、被害人陈述，属于非法言词证据。"《死刑案件证据规定》第12条、第19条也作出了类似的规定。笔者揣测，公诉人当时可能认为"刑讯逼供"主要是指施加肉刑或者变相肉刑对被告人肉体或者精神造成剧烈痛苦；而辩护方则认为，尽管录音录像中没有显示讯问人员对章国锡采用了非正常的暴力手段，但"章国锡坐在那里，四天三夜，五六个人轮流审讯他，他已经是昏昏沉沉，精神压力很大，身体早已吃不消了"，② 这应当属于刑讯逼供的一种方式。

---

① 陈霄、焦红艳：《以程序正义的名义——非法证据排除典型案例研讨会》，载《法治周末》2011年9月7日。

② 陈霄、焦红艳：《以程序正义的名义——非法证据排除典型案例研讨会》，载《法治周末》2011年9月7日。

在司法实践中，疲劳讯问是获得口供的一种惯用方式，这种方式取得的口供可信度低、证明力不高，也极容易引发冤假错案。为此，最高人民法院发布了《关于建立健全防范刑事冤假错案工作机制的意见》，其中第 8 条明确指出："采用刑讯逼供或者冻、饿、晒、烤、疲劳审讯等非法方法收集的被告人供述，应当排除。"可见，疲劳讯问虽然不属于刑讯逼供，但是在危害程度上与刑讯逼供相类似，用此种方法收集的被告人供述应当予以排除。从最新的规定来看，侦查机关对章国锡两次四天三夜的连续讯问所获得的供述，应当被认为是非法证据予以排除。本案的这种"四天三夜"讯问方式较为极端，因此认定为"疲劳讯问"并不会存在太大的争议，但还需要从理论上对"疲劳讯问"作出探讨。

最高人民法院在意见当中仅列出了"疲劳讯问"可以作为非法方法，但没有对何种强度的讯问能够构成疲劳讯问作出界定。在笔者参加的陈光中教授主办的非法证据排除规则研讨会上，与会的专家学者的见解不一。有学者认为，疲劳讯问应当综合具体情况进行分析，如案件的严重程度，犯罪嫌疑人、被告人的身体状况等因素，不宜作出统一的规定，而应当交由法院在审理认定过程中行使一定的自由裁量权。也有学者认为，在我国不存在判例法渊源以及法院办案还未彻底独立的情况下，宜设定讯问逼供的最低标准，以方便法官依法办案。在具体标准的讨论上，又存在不同的分歧：有观点认为，一次讯问的时间不得超过 12 小时，并要保证必要的饮食和休息时间；也有观点指出，两次讯问之间也必须存在一定的间隔；等等。笔者认为，就目前的司法状况和司法体制而言，宜在规范性文件中对疲劳讯问设定一个最低的限度和标准，并辅以法官的自由裁量。这个最低限度可以根据案件的严重情况，分别设定为 12 小时或者 24 小时，[①] 法官可以在个案当中运用自由裁量权以提

---

① 郭旭：《我国非法证据排除规则实施相关问题之探讨》，载《行政与法》2014 年第 7 期。

高对被告人的人权保护，如对年迈或者身体有疾病之人涉嫌可能判处缓刑或者独立适用附加刑的案件，或者3年以下有期徒刑的案件，24小时的讯问就有可能构成疲劳讯问。

第三节　郭宗奎贩毒案中的非法证据排除

2012年9月13日，北京市第一中级人民法院开庭审理了郭宗奎贩毒案。在审理过程中，辩护人认为侦查人员有违法行为，并申请进行非法证据排除。[①] 本案被称为“新刑诉法预热第一案”，主要涉及案件当中被告人郭宗奎的供述是否能够被认定为是非法证据以及如何排除的问题。从媒体的报道来看，该案发生在2011年8月，并于2012年9月由北京市第一中级人民法院开庭审理。2012年《刑事诉讼法》是从2013年1月1日开始生效实施的。从人权保障的角度出发，非法证据排除规则应当在本案当中得到适用。非法证据排除规则的实施可能会对打击犯罪造成一定的影响，而以“尊重和保证人权”为基本原则之一的刑事诉讼法是否能够得到充分的执行，与非法证据排除规则的实施情况存在紧密的联系。在郭宗奎贩毒案件的审理过程中，北京市一中院对于被告人及其辩护人指称由于侦查人员违法而要求排除有罪供述的申请之处理，具有较为典型的意义，值得进行探讨和分析。

一、庭前会议中的证据展示和非法证据排除申请

郭宗奎贩毒案启动了庭前会议，北京市一中院召集公诉人、辩护人以及被告人在庭前交换了证据材料，并就证据问题听取了双方的意见。同时，针对被告人郭宗奎提出的在侦查活动中的首次供述系非法取证产生的申请，法官在庭前会议上建议公诉人对该份供述的合法性进行调查核实。

---

① 袁婷：《非法证据“风光不再”》，载《民主与法制时报》2013年1月7日。

庭前会议也是2012年《刑事诉讼法》修改以后新增加的制度。从法律条文上看,[①] 我国法律并没有要求在庭前会议中实现证据的开示与交换，但本案法院的处理显然更为先进，在庭前会议当中要求控辩双方将所有证据向对方和法官出示，笔者认为此种做法符合刑事诉讼活动的规律和基本要求。这对辩方而言具有更加重要的意义：如果辩方不了解公诉人将会用何种证据指控被告人，非法证据排除的申请也就无从谈起。出于胜诉的考虑，公诉人完全有可能将存在瑕疵或者涉嫌违法取证的证据在向法庭提交之前予以“剔除”，那么辩护方再对这些证据提出非法证据排除的申请不仅没有必要，反倒使得此类证据进入法官的视野，影响自由心证的形成，对于刑事辩护而言也会产生一定的不利影响。

在郭宗奎案件当中，北京市一中院虽然在庭前会议当中实现了证据开示，并就非法取证的问题进行了三方意见的交换，但并未真正对被告人郭宗奎的供述是否系非法取得进行调查，而是将其移至正式开庭中进行，这意味着北京市一中院在处理非法证据排除问题时已经认识到应当将证据合法性问题予以解决后，再对案件的事实问题进行法庭调查。这种思路有利于节省司法资源，提高诉讼效率，其理由在于：如果优先认定案件事实，再对是否存在非法证据进行调查核实，而之前认定的事实又在很大程度上依附于该份或者几份非法证据，那么此种事实就应当被推翻，这显然是没有效率的行为。北京市一中院选择在公诉人宣读完起诉书之后进行非法证据的调查活动，一方面能够让辩方充分地了解检察院将要指控其犯罪的相关证据，另一方面，可以在处理实体问题之前优先解决程序问题。

---

① 该法第182条第2款规定：“在开庭以前，审判人员可以召集公诉人、当事人和辩护人、诉讼代理人，对回避、出庭证人名单、非法证据排除等与审判相关的问题，了解情况，听取意见。”

二、威胁能否作为排除有罪供述的理由

被告人郭宗奎要求排除其有罪供述的理由并非是受到了来自侦查人员的刑讯逼供，而是基于侦查人员的语言威胁。威胁是否能够成为排除供述的事由呢？《刑事诉讼法》第50条规定的“严禁刑讯逼供和以威胁、引诱、欺骗以及其他非法方法收集证据”，是否能够必然得出采用威胁这种非法方法所获取的被告人供述应当予以排除？从文本上来看，第50条中规定的并不是一个完整的禁止性规范，因为禁止性规范是由“禁止行为”加“违反后果”所形成的，第50条仅指出了“严禁”威胁的行为，并没有规定威胁之后所取得的证据应当排除。这一点在随后的第54条似乎也得到了印证。①

从法条和司法解释来看，我国目前针对犯罪嫌疑人、被告人的供述主要是排除以刑讯逼供即肉刑或者变相肉刑为主要特征的非法手段，而“威胁”被用于排除证人证言及被害人陈述，这体现了立法者抓主要矛盾的哲学智慧，但并不意味着法律就应当容许对被追诉人采用威胁的手段和方式。非法证据排除规则属于证据排除规则，其功能之一就是防止不可采的、虚假的证据作为裁判者认定事实的依据。在威胁状态下所作出的供述，其真实性本身就存在疑问，如果轻易采信会导致冤假错案发生的恶劣后果，势必会对刑事

---

① 请注意，第54条虽然规定了刑讯逼供、暴力、威胁属于非法方法，但是适用的对象并不相同。刑讯逼供等非法方法的适用对象是犯罪嫌疑人、被告人，而暴力、威胁等非法方法的适用对象是证人以及被害人。这似乎传递出一个“信号”，即对犯罪嫌疑人、被告人采用威胁的方法取得的供述，并不需要排除。这并不是笔者的妄加揣测，在2013年国家司法考试卷二第68题就涉及了此种观点：在法庭审理过程中，被告人屠某、沈某和证人朱某提出在侦查期间遭到非法取证，要求确认其审前供述或证言不具备证据能力。下列哪些情形下应当根据法律规定排除上述证据？A. 将屠某“大”字形吊铐在窗户的铁栏杆上，双脚离地；B. 对沈某进行引诱，说“讲了就可以回去”；C. 对沈某进行威胁，说“不讲就把你老婆一起抓进来”；D. 对朱某进行威胁，说“不配合我们的工作就把你关进来”。司法部给出的参考答案是B、D两个选项。

司法的公正性、权威性造成极大的负面影响。然而，在目前的侦查条件下，特别是在毒品犯罪此类极其依靠口供定案的特殊案件当中，在一定限度内的威胁、引诱、欺骗仍旧是可以作为侦查策略或者侦查方式的，现结合郭宗奎贩毒案中警察的行为试析如下：

郭宗奎在法庭上论述道："刚才出去的王警官，拿我家孩子威胁我，说我不认罪，就别想见孩子。"① 如果没有上下文语境的结合，是很难将此种话术认定为威胁的。刑事侦查具有及时性和秘密性的特点，同时也有可能对犯罪嫌疑人的人身自由进行一定程度的限制和剥夺，这种限制是在法律允许的范围内进行的。如果在郭宗奎被拘传、拘留乃至逮捕的情况下，其与孩子的会见就应当受到一定的限制，如拘传至多可以 24 小时，拘留至多 14 天，逮捕时间就更长了。如果仅从这点来看，这种话术可以被认为是法律规定结果的告知。

根据我国刑事诉讼法和相关司法解释的规定，犯罪嫌疑人在拘传过程中显然无法会见家属，而如果被拘留或者逮捕，在涉嫌毒品犯罪的情况下，郭宗奎委托的辩护律师可以与其会见，其家属的确没有会见的权利。在没有咨询律师和不熟悉刑事诉讼法的情况下，警察的此种表述会让人产生一种"不交代就不让走"的暗示，给被讯问者的心理造成了压力。郭宗奎又说道："我的孩子刚出生 40 多天就碰上车祸，差点儿死了，警察用孩子威胁我，我就非常害怕。"② 在这种情况下，不让见孩子的话术就能够产生格外的效果。身为人父，孩子出生不久遇上车祸，生死未知，想了解孩子情况的急迫心情再加上对孩子处境的担忧，本身就给犯罪嫌疑人郭宗奎带来了极大的压力，此时警察看似告知法律规定的一句轻描淡写的话"不认罪，就别想见孩子"，可以推测会让郭宗奎造成精神上的巨

① 李佳：《法官：不排除审讯有违法行为》，载《北京晚报》2012 年 9 月 13 日第 8 版。

② 李佳：《法官：不排除审讯有违法行为》，载《北京晚报》2012 年 9 月 13 日第 8 版。

大痛苦，这就已经超出了通常意义上的作为侦查策略或者手段的威胁，从人权保障的角度出发，在此种精神强制的情境下所作出的供述应当予以排除。北京市一中院在经过合议庭讨论之后，认为郭宗奎于该日所作的首次有罪供述，应当予以排除，不得在法庭上用作指控其有罪的证据。

三、侦查人员出庭作证效果亟待提高

侦查人员出庭作证，也是本案当中应当关注和讨论的重点。无论是2010年“两个证据规定”还是2012年《刑事诉讼法》及相关司法解释，均规定了侦查人员出庭以证明取证合法性的方式。根据这些规范性司法文件，侦查人员出庭可以通过三种途径实现：第一，公诉人在无法证明取证合法性时，可以要求法院通知侦查人员出庭；第二，人民法院可以根据需要依职权通知侦查人员作证；第三，侦查人员也可以向法院提出申请，要求出庭作证，证明自己的取证行为符合法律规定。侦查人员出庭接受控辩双方的质询，远比出具一份情况说明的效果要好。侦查人员是否能够出庭作证以及以何种身份出庭作证，理论界对该问题也进行了探讨。笔者认为，非法证据排除程序实际上是对侦查人员取证合法性的调查程序，实乃刑事案件的“审中之审”，不同的是，刑事案件的被告人在向法庭提交了相关线索或者材料之后，在使合议庭对取证合法性产生怀疑继而启动的调查程序中，被告人处于控告方的地位，而侦查人员则成为了调查程序中的被告方。被告方应当出庭参与法庭的审判活动。

尽管法律和司法解释均规定了侦查人员出庭作证的制度，但是侦查人员应当如何出庭，如何应对法庭中控辩双方的质证，又如何将侦查讯问中的实际情况在法庭当中真实再现，显然是非法证据排除规则在实施过程中应当考虑并深入研究的问题。中国人民公安大学李玉华教授对警察出庭作证进行了深入研究，并于2014年出版了《警察出庭作证指南》一书，其中就摘录了本案中侦查人员出

庭作证的法庭实录：①

对侦查人员王警官的法庭质证

公诉人：郭某某是在什么状态下作出不利于本人的供述的？

证人：被带到派出所以后，郭某某非常紧张，后来经过言语上的教育，他是在很平静、自然的状态下供述的。

公诉人：审讯过程中你是否对郭某某有过威胁？

证人：没有。

公诉人：参与审讯的其他人员对郭某某有言语威胁吗？

证人：没有。

公诉人：审讯之外是否还有威胁行为？

证人：整个过程当中都没有。

辩护人：在京华市，你们对郭某某进行了几次讯问？

证人：派出所一次，禁毒支队一次，一共两次。

辩护人：是否都有讯问笔录？

证人：突审的时候没有，在禁毒支队审讯的时候有。

辩护人：两次讯问中郭某某的供述是否一致？

证人：对犯罪事实的供述是一致的。

辩护人：在京华市公安局接受讯问时是什么状态？

证人：很自然。

辩护人：在整个讯问过程中，郭某某是什么态度？

证人：很诚恳，回答问题很流利，非常配合。

审判长：侦查人员在派出所对郭某某讯问时，是否有讯问笔录？

证人：没有，因为当时是突审。

---

① 李玉华：《警察出庭作证指南》，中国人民公安大学出版社2014年版，第117~127页。

审判长：是否有讯问录像？

证人：当时用执法记录仪进行了录像，但是后来断电了。

审判长：也就是说这次的讯问没有笔录，有录像，可是不完整？

证人：是的。

审判长：你们在京华市公安局禁毒支队讯问郭某某时，有讯问笔录吗？

证人：有的。

审判长：有讯问录像吗？

证人：没有。

对侦查人员李警官的法庭质证

公诉人：主要由谁审讯？

证人：我和王警官。抓获当天晚上7点多在派出所突审的。

公诉人：郭某某是否如实交代了犯罪事实？

证人：是。

公诉人：交代的状态是否自然？

证人：自然。

公诉人：你陈述一下详细经过。

证人：开始讯问时他基本不回答问题，后来我们对他进行教育，他考虑了一会儿，供认了犯罪事实。

公诉人：制作讯问笔录了吗？

证人：没有，因为我们这次主要对他进行突审，核实真实身份，确认没有抓错人。对简单的犯罪事实进行确认，郭某某也承认了。审讯刚刚开始的时候，派出所停电了，我们决定连夜将郭某某带到京华市公安局禁毒支队进行审讯。

公诉人：在京华市公安局交代了吗？

证人：交代了，也制作笔录了。

公诉人：你是否对郭某某进行过威胁、恐吓？

证人：没有。

公诉人：其他参与审讯的人对郭某某是否有威胁行为？

证人：没有。

从上述摘录的两位警官出庭作证的证词来看，证人对于取证合法性的表述基本上全是依靠公诉人提问的形式表现，而面对是否存在以威胁、恐吓的方式获取犯罪嫌疑人口供的问题，两人都是非常简单、直接地进行了否定，侦查人员的出庭效果不甚理想。笔者认为，单纯地否定非法取证行为不存在并非侦查人员出庭作证的目的，如果仅是各执一词，那么法官也无法断其真伪。侦查人员在作证时应当更加详细地描述讯问过程中的相关情况，而不是一味地对指控进行否定。再比如说，侦查人员均提到，本案被告人在初步讯问时十分紧张，也不配合讯问工作，经过“教育”之后，被告人平静下来，作出了有罪供述。这种表达方式自然也会让人产生疑虑，侦查人员是如何教育的？什么样的教育能够使得惶恐的犯罪嫌疑人平静下来并作出供述？法官心中也会有此疑问。侦查人员应当对此种“教育”方式作出说明，公诉人在法庭上也应引导侦查人员将此内容阐释清楚，好消除法官的疑虑。辩护人正是抓住了这个关键要素，提出侦查人员在讯问时存在威胁被告人郭宗奎的情况，而侦查人员的两次讯问，要么是缺乏讯问笔录，要么是缺乏同步录音录像，使得法官不能排除讯问过程中存在非法取证的行为。最终，合议庭决定：“公诉人不得当庭宣读被告人郭宗奎在 2011 年 8 月 21 日的供述。”

四、排除非法证据并非宣告无罪

非法证据排除规则产生于 19 世纪初期的美国，直到今天该规则的价值和作用仍旧在美国受到广泛的讨论，在主张废止或者限制非法证据排除规则的阵营当中，最主要的理由便是：警察错误行为的后果应当由其自己来承担，如采用行政的、民事的甚至刑事的惩罚措施，而不应当转嫁给国家司法，这种由于警察（侦查人员）行为的违法而导致的罪犯逃脱惩罚缺乏正当性。这种观点乍看之下不无道理，但若仔细思考便会发现，该主张是建立在排除非法证据必然会导致有罪的人逃脱惩罚的基础上。笔者认为，至少存在以下两个可以驳斥之处：第一，刑事诉讼法存在的价值就是规范国家公权力的刑事追诉行为，它绝对不是为了为公权力提供“方便”而预设的，如果纯粹地从打击犯罪的层面进行考虑，恐怕刑事诉讼法中的大部分程序均可以废止，如不得强迫自证其罪、辩护权、拒证权等，这些权利的行使也会给发现案件真相带来一定的难度，有些甚至并不亚于非法证据排除规则。第二，排除非法证据并不等同于无罪甚至放纵犯罪，两者之间并不存在必然的因果关系。一方面，无罪推定原则是国际刑事司法准则，任何人在被法院判决有罪之前都应当享有无罪之人的待遇，尽管我国刑事诉讼法并未明确规定该项原则，但是吸收了无罪推定原则的相关精神，第 12 条规定：“未经人民法院依法判决，对任何人均不得确定有罪。”此人是否有罪并不以侦查机关的意志为转移，而是由法院在综合全案证据材料的基础上作出的判断，这也符合审判中心主义的基本要求。另外，排除了非法证据并不一定导致犯罪嫌疑人、被告人被无罪释放，“孤证不能定案”是刑事诉讼证据理论的基本要求，即便法庭真正排除了某一份或几份非法证据，如果其他证据能够相互印证，并达到刑事案件有罪的证明标准，也可以径行定罪量刑。

在郭宗奎等四人贩毒案件中，合议庭以不能排除警察在讯问活动中存在非法取证行为为理由，排除了郭宗奎所作的首次有罪供述，这可以被认为是一种程序性处理，尽管也有可能会对实体问题的认定造成一定的影响。在司法实务中，对被追诉人的讯问通常要进行多次，一方面是为了固定口供稳定证据，另一方面还可以起到互相印证、甄别真伪的作用。在郭宗奎贩毒案件中，法庭排除的是郭宗奎的首次有罪供述，在定罪量刑的过程中，还有其他口供以及同案犯的供述、被查获的毒品等证据进行证明，最终郭宗奎被认定有罪。该案一审已经结案，控辩双方均未抗诉、上诉，这与法庭对非法证据排除规则的正确认识和处理是分不开的。从控方检察院的角度分析，在指控的证据有可能因非法取证行为而导致丧失证据资格时，根据非法证据排除规则的基本原理，该项证据就不能再作为法院定罪裁判的依据，检察院在提起公诉时也应当对证据的合法性进行考察，避免使用非法证据作为起诉书之依据。从辩方的角度分析，在法庭审理过程中必须恰当地处理和认识辩方所提出的异议及辩护理由，对于涉嫌刑事犯罪的被告人而言，其总会寻求减轻、免除刑罚的途径，如果认为法庭没有正视且妥当地处理他们的诉求，他们就很有可能会以此为理由提出上诉。

根据我国刑事诉讼法的规定，上诉权是被告人的基本诉讼权利，并不需要以一审判决“有错”为理由。“两个证据规则”发布之后，基于非法证据排除规则而要求排除证据的案件逐渐增多，[①] 如上文所述，非法证据的认定主要采用的是“非法方法”，这些非法方法直接对犯罪嫌疑人、被告人的肉体或者精神造成了巨大的痛苦，在诉讼程序中被追诉人必然要诉诸法庭，希望得到法庭的肯定性回复，如果他们对处理结果并不满意，自然会寻求进一步的救济，继续要求向上一级法院反映，上诉也就被认为是理所当然的了。在本案中，一审判决作出之后，被告人郭宗奎并没有上诉，可见至少他认可了法庭对于非法证据的处理。由此观之，非法证据排除规则对于正确认定案件事实，充分表达控辩双方诉求，降低不合理上诉造成的司法压力和资源浪费，能够起到一定的促进作用。

---

① 这是笔者在江苏、湖南以及北京市司法系统调研时得知的检察人员和法官们的直观感受。

第四节　梁献省合同诈骗案中的非法证据排除

梁献省因涉嫌合同诈骗罪被起诉至河南省许昌市中级人民法院，本案于2013年9月11日正式开庭审理。在本案开庭审理前，被告人、辩护人曾向法院提出非法证据排除的请求，但由于辩护人没有提供线索，法院并未启动非法证据排除程序。公诉人宣读完起诉书后，梁献省的辩护律师再次要求法庭启动非法证据排除程序，法官认为应当优先进行法庭调查，再启动非法证据排除程序。在法庭调查过程中，辩护人三次提出申请，要求优先排除非法证据，主要理由包括指定管辖侦查主体不合法、侦查讯问笔录存在瑕疵，并认为被告人供述是在极大的心理压力下作出的，不是真实意愿的表示，要求法庭排除有罪供述。[①] 2014年12月3日，河南省许昌市中级人民法院对梁献省被控合同诈骗案作出一审判决，宣告梁献省无罪。一审宣判后，检察院旋即提出抗诉。在二审过程中，河南省人民检察院认为本案不符合抗诉条件，决定撤回抗诉。河南省高级人民法院作出终审裁定，“准许河南省人民检察院撤回抗诉”。许昌市中级人民法院一审无罪判决书发生法律效力。尽管这是一个无罪判决，但无论是法院还是律师，在对非法证据排除规则的理解上仍存在一些问题，值得进一步研究探讨。

一、非法证据的法庭调查应优先于实体调查

在法庭审理阶段的非法证据排除，目前我国采用的仍是一种混合型的排除模式。2010年《非法证据排除规定》第5条指出：“被告人及其辩护人在开庭审理前或者庭审中，提出被告人审判前供述是非法取得的，法庭在公诉人宣读起诉书之后，应当先行当庭调

---

① 杜萌：《“河南非法证据排除第一大案”庭审纪实》，载《法制日报》2013年10月14日。

查。法庭辩论结束前，被告人及其辩护人提出被告人审判前供述是非法取得的，法庭也应当进行调查。”该规定要求，无论是在开庭审理前还是庭审中提出非法取证的问题，法庭都应当在起诉书宣读完毕之后就该问题进行先行调查。这种处理方式虽然较庭前排除非法证据稍有不足，但也坚持了程序问题优先于实体问题的观念。从“两个证据规定”出台的时间和背景上来看，这确实具有一定的积极意义。

2012年《刑事诉讼法》修改后，正式确立了非法证据排除规则，但法典本身的条款比较简单，相关部门也相继发布或者联合发布了一些规范性的法律法规。通过仔细比对可以发现，非法证据的调查程序已经进行了较大的修改，非法证据的法条调查顺序被交给法官进行自由裁量，并非要先行完成。

在梁献省合同诈骗案中，辩护方在开庭审理前和法庭审理过程中均提出了非法证据排除的申请。对于庭前的申请，法院认为辩护人没有提供相关的线索和材料，所以并没有启动非法证据排除的调查程序，此种做法是符合法律规定的。非法证据调查程序可以被认为是“审中之审”，是一个相对独立的程序。根据刑事诉讼法的基本理论“谁主张谁举证”原则，辩方提出证据是通过刑讯逼供等非法手段获取的，本来应当承担相应的证明责任，同时考虑到在刑事诉讼过程中，特别是在侦查阶段的讯问程序下，被告人本身就处于一种绝对弱势的环境，要其证明侦查人员非法取证行为的发生存在一定的困难，甚至可能会架空非法证据排除规则，因此，法律设置了一种倒置的证明责任，即控诉方必须证明其用来指控被告人的证据是合法的，而辩护方则需要提供相关的线索或材料。显然，本案的辩护方在庭前只是提出了排除非法证据的申请，并没有提出相关线索。辩护人的理由是：“相关证据和线索基本上都在侦查卷里，没有提交法庭。”笔者认为此种理由并不充分，即便证据在检察院移交给法院的侦查卷宗当中，辩护律师也可以行使法律规定的阅卷权，对相关的卷宗材料进行查阅、复制、拍录，并作为证据材料提交给法庭。为何在本案当中不采取此类做法呢？在司法实践当中，有部分辩护律师并不希望在庭前就将非法证据的细节和线索提交给法庭，而仅提示法庭就该问题展开辩护，原因在于两方面：其一，庭前透露非法证据排除的太多细节会使控诉方有所防备，而导致非法证据被及时“补正”；其二，庭前活动并不对外公开，律师更愿意在法庭上展示自己的辩护技巧和辩护策略，让被告人及其家属真真切切地看到、体会到律师在案件辩护中所发挥的作用。在我国目前法律框架中并没有规定庭前程序排除非法证据的情况下，辩护律师更加倾向于在庭审活动中出示非法证据排除的线索、材料和证据。

在本案中，公诉人宣读完起诉书后，辩护人旋即要求法庭启动非法证据调查程序，合议庭则认为应当先对事实问题进行调查，辩护人在法庭调查过程中又多次主张先行启动排除程序，均被合议庭拒绝。法庭的此种处理方式确实让人费解。法庭调查最主要的环节就是对案件证据的举证、质证和认证活动，并以此来认定案件的基本事实。事实认定的正确性基于证据的客观性、关联性以及合法性。如果证据本身就不具有真实性（刑讯逼供等非法方法取得的供述真实性本身就存在疑问），或者违背了相关证据规则而不具有可采性，在此基础上得来的案件事实就会与真实情况相背离。因此，从逻辑上来分析，应当先解决本案的证据性问题，然后才能对实体性问题进行认证，合议庭在非法证据排除调查顺序的选择上存在本末倒置的现象。事实上，尽管审判长一再强调非法证据调查核实在法庭调查之后另行进行，但从上文的法庭纪实可以看出，不管承认与否，控辩双方在法庭调查中对口供等证据的质证，实际上就是围绕被告人梁献省的供述是否非法取得所展开的，将非法证据排除程序与事实调查程序完全割裂，甚至将其列于事实调查之后，这是不符合诉讼规律的。

二、指定管辖中的非法证据排除

在对梁献省口供的质证过程中，其辩护律师提出，由于该案已经由河南省公安厅于2012年2月6日指定焦作市公安局管辖办理，又于同年9月12日指定许昌市公安局管辖办理，河南省公安厅在指定管辖后所进行讯问并提供的被告人供述，存在取证主体不适格的情况，该供述应当予以排除。指定管辖之后，原侦查机关是否丧失了对案件的管辖权，我国刑事诉讼法和相关的司法解释并没有作出规定，①然而，即便真的存在取证主体不适格的情况，是否能够要求排除非法证据呢？我国非法证据排除规则采用的是基于痛苦规则的“非法方法”界定模式，非法证据排除的是公权力机关由于严重侵犯公民的人身权利或者财产权利而获取的证据，取证主体的适格问题并不与非法证据排除规则相联系。②

根据我国刑事诉讼法的规定，指定管辖可以分为两种情况，即管辖权不明时由上级机关予以明确的指定管辖，以及有管辖权的机关因存在客观因素导致不宜行使管辖权时，由上级机关指定其他机关予以管辖。此处主要探讨的是第二种情况的指定管辖。《公安机关办理刑事案件程序规定》（以下简称《公安部规定》）第21条规定：“县级公安机关负责侦查发生在本辖区内的刑事案件。设区的市一级以上公安机关负责重大的危害国家安全犯罪、恐怖活动犯罪、涉外犯罪、经济犯罪、集团犯罪案件的侦查。上级公安机关认为有必要的，可以侦查下级公安机关管辖的刑事案件；下级公安机

① 我国学者对指定管辖制度的现状、存在的问题及其完善的建议作出了较为充分的论证，参见龙宗智：《刑事诉讼指定管辖制度之完善》，载《法学研究》2012年第4期。

② 当然，在对非法证据排除规则的讨论中，有学者认为“非法”一词应当采用广义的观点，即包括取证主体非法、证据内容非法、证据形式非法和取证行为非法。参见李学宽：《论刑事诉讼中的非法证据》，载《政法论坛》1995年第2期。但现在的主流观点是对非法证据采取狭义的定义，即以违反法律规定的手段或方法取得的证据。

关认为案情重大需要上级公安机关侦查的刑事案件，可以请求上一级公安机关管辖。”对于案件的管辖，通常情况下与审判管辖的范围相一致，以犯罪地、犯罪嫌疑人居住地的公安机关管辖为主。同时，考虑到案件的性质及其严重程度，也可以由上一级公安机关进行侦查。上一级公安机关也可以根据具体情况，将案件交给其他的下级公安机关进行侦查。① 在本案当中，案件先后由河南省公安厅指定管辖给了焦作市公安局和许昌市公安局，此二者在指定管辖的期间内可以对梁献省等 3 名犯罪嫌疑人展开侦查活动。辩护人以《公安部规定》第 20 条第 2 款“原受理案件的公安机关，在收到上级公安机关指定其他公安机关管辖的决定书后，不再行使管辖权”为由，认为河南省公安厅在指定管辖之后就已经失去了对该案的侦查权，继而要求排除公安厅讯问时制作的有罪供述，这种见解值得商榷。

《公安部规定》第 20 条第 2 款在本案当中仅适用于焦作市公安局，而不能适用于河南省公安厅，理由在于该条规范的是上级公安机关指定管辖以后侦查权的处理问题。本案于 2012 年 2 月 6 日指定由焦作市公安局管辖办理，又于同年 9 月 12 日指定由许昌市公安局管辖办理，那么根据《公安部规定》的精神，在 2012 年 9 月 12 日以后，焦作市公安局无权再对该案行使管辖权。辩护人以此为依据推导出公安厅也无权管辖，这在逻辑上缺乏因果关系。公安机关虽然在刑事案件当中承担侦查的职权，但在性质上仍应当定位为行政机关。行政机关上下级是领导与被领导的关系，公安厅将该案件先后指定给焦作市、许昌市公安局，并不意味着就丧失了对

① 公安部的规定并没有对此内容予以明确规定，但是《高检规则》第 18 条规定：“上级人民检察院可以指定下级人民检察院立案侦查管辖不明或者需要改变管辖的案件……分、州、市人民检察院办理直接立案侦查的案件，需要将属于本院管辖的案件指定下级人民检察院管辖的，应当报请上一级人民检察院批准。”由此可见，虽然刑事案件的审判不得违背级别管辖的要求，但上级侦查机关可以把案件交由下级侦查机关进行侦查。

案件的管辖权，否则公安厅的第二次指定管辖岂不是同样没有权力基础？因此，侦查管辖与审判管辖并不相同，审判管辖具有排他性，因为法院上下级之间是独立的，而侦查管辖基于上下级领导与被领导的关系，即便上级侦查机关将案件指定给了下级侦查机关管辖，出于办理案件的效率等方面的考虑，仍旧可以对该案行使管辖权。

三、讯问笔录不规范能否作为排除供述的理由

对于公诉人在法庭上出示的梁献省 7 次有罪供述，辩护人也要求予以排除，其理由在于该“7 份口供中有的有提讯记录但无讯问笔录，有的有讯问笔录但无提讯记录等情形”。同时，辩护人还要求公诉人出示梁献省在侦查阶段 22 次讯问的所有供述，公诉人以“其中有些是有罪事实，有些是无罪辩解，有些是程序性的，与案件事实关联不大的供述可以排除”为由，并没有出示。这一过程中牵涉两个在非法证据排除规则适用中的错误理解，即将形式上不合法的证据当作非法证据予以排除和基于与案件事实关联性不大而排除。

提讯记录是看守所记载的侦查机关在看守所中对犯罪嫌疑人进行讯问的情况，根据我国刑事诉讼法和相关司法解释的规定，讯问犯罪嫌疑人必须制作笔录并需要交本人核对。辩护人提出的“有提讯记录但无讯问笔录”的情况，确实不符合法律的规定，但没有讯问笔录，如何证明被告人在接受讯问时是否作出了有罪供述呢？因此，该理由与排除供述并没有直接关系。辩护人还提出了“有讯问笔录但无提讯记录”，该点确实可以用来质疑讯问笔录的真伪，但仍旧不属于非法证据排除规则的适用范围，只能认为此份讯问笔录存在瑕疵。最高人民法院在《高法解释》第 21 条专门规定了对讯问笔录的审查，指出：“讯问笔录有下列瑕疵，通过有关办案人员的补正或者作出合理解释的，可以采用：（一）笔录填写的讯问时间、讯问人、记录人、法定代理人等有误或者存在矛盾

的……”因此，对于有讯问笔录但是看守所却无相应的提讯记录的记载被告人有罪供述的笔录证据，在公诉人能够作出合理解释或者补正的情况下，可以作为证据使用。

本案当中另外一个有意思的地方在于，辩护人要求公诉人出示被告人梁献省在侦查阶段讯问的22次笔录证据，而公诉人仅出示了其中的7份，并认为其他的供述与案件关系不大，可以排除适用。此处的排除并不是基于非法证据排除规则，从检察官的角度而言，是基于关联性规则。[①] 在庭审中，公诉人提到剩下的15份口供要么是程序性的，要么是无罪的辩解，并以此为理由不予在法庭上展示，笔者认为颇为不妥。正如辩方律师所称，检察官应当在法庭上全面展示被告人有罪、无罪或者罪轻、罪重的证据，不能因为被告人的供述与检察官“预设”的案件事实不相符，就认为该份供述是虚假的；也不能认为被告人的无罪辩解可能会对刑事指控成立造成不利影响而拒不出示。检察官在法庭当中的角色定位不应该如民事诉讼的一方当事人那样为了胜诉而不择手段，其肩负着客观公正的义务。供述的真伪并不由公诉人决定，公诉人指控的犯罪事实也并不一定是法院最终定罪量刑所依据的事实，因此，应当将所有的讯问笔录提交法院并质证。但如果被告人供述内容基本相同，重复提交并不会增加证明效果反而会浪费司法资源，可以不再提交其他讯问笔录。

四、基于不真实的意思表示而要求排除供述

在申请排除非法证据的线索和材料当中，还有辩护方出示的一份梁献省在看守所内与案外人梁某某、被害人杨某某签订多份涉及煤矿及啤酒厂的股权转让协议、补充协议及出资转让协议等的书

---

① 证据排除规则是上位概念，主要关系到证据是否能够在法庭上展示并作为证据使用的问题，非法证据排除规则只是其中的内容之一，其他还包括传闻证据规则、意见证据规则、最佳证据规则等。从某种意义上讲，证据规则主要是证据排除规则，其次才是证据使用规则。

证。辩护方认为，“这组证据印证了梁献省在无法见到律师的情形下，面对被害人杨某某可以频繁、任意地进出看守所，在心理上产生了极大压力，其签订上述协议及相关口供均不是他真实意思的表示，都是违法形成的”，要求排除被告人梁献省的有罪供述。

证据必须与案件的某一待证事实存在关联才能够作为证据使用，否则大量不相干的证据进入事实裁判者的视野，会分散其对事实问题的认定，也会降低诉讼效率。本案当中辩护方出具的被告人在看守所与被害人签订的多份转让协议与排除被告人有罪供述之间的关联性为何，乍看之下似乎并不清楚。辩护方认为，被告人梁献省身处看守所中，而被害人可以多次、自由地出入看守所与其进行股权协议、出资转让协议等其他协议的协商，本身就存在着身份不对等的情况。从民商法的角度来分析，由于两者所处的状况不同，一人为犯罪嫌疑人，在多地看守所被长时间羁押、人身自由受到限制，另外一人可以自由出入看守所，在此种情形下此二人所形成协议中的自愿性值得质疑。同样的道理，辩护方认为这种情况也给被告人的心理造成了极大的压力，迫使其在不自愿的情况下作出有罪供述。

笔者认为，此种观点确有一定道理，但这也不属于目前我国非法证据排除规则的适用范围，理由在于：非法证据排除规则的核心要素在于“非法”取证，法律明确规定采用刑讯逼供等非法方法获取的犯罪嫌疑人、被告人供述需要排除，而本案辩护方提出的由于被害人自由出入看守所而对被告人造成的心理压力或者精神强制，并非由侦查人员直接作用于被告人梁献省，这也不存在什么非法的问题。从另一个方面来讲，出于寻求宽缓刑罚的考虑，被告人也有动力积极与被害人达成某种协议，以获得被害人的谅解或者实现刑事附带民事赔偿。因此，在看守所中形成的多份股权协议等，并不能证明被告人受到了剧烈的精神痛苦。非法证据排除规则强调的是证据能力，而辩护方提出的由于被告人、被害人所处的状况不同而导致被告人梁献省在看守所中作出了一系列的虚假意思表示，包括上述协议和有罪供述，当然是一种分析思路和辩护策略，但说到底与证据资格并没有关系，主要牵涉的是证据证明力的大小问题，应当交由法官来自由裁量，而不是由非法证据排除规则来予以调整。

第五节　陆武非法持有毒品案中的非法证据排除

毒品犯罪是我国目前打击力度较大的严重犯罪。从毒品犯罪的侦查活动角度来看，毒品犯罪的侦破过程主要以抓获犯罪嫌疑人、起获涉案毒品为主，同时出于定罪的需要，侦查人员还必须从犯罪嫌疑人处取得相关的口供。由于毒品犯罪具有秘密性的特点，犯罪嫌疑人的口供在毒品犯罪案件的处理过程中就起着至关重要的作用。根据我国刑法的规定，与毒品相关的犯罪可以分为非法持有毒品罪，非法运输、贩卖、制造毒品罪，这些罪名在主观要求和客观行为上均有不同，相应的，刑期也会存在较大的不同。通常情况下，犯罪嫌疑人究竟是出于何种目的持有一定数量的毒品，需要结合其口供作出认定。

在本案中，陆武及其同伙被抓获时持有冰毒 50.54 克，这个行为本身已经触犯了我国刑法中非法持有毒品罪的相关规定，而该罪名仅为兜底性条款，刑期较轻。为了充分实现我国刑法准确打击犯罪的要求，侦查人员会对犯罪嫌疑人持有毒品的目的进行讯问，以便掌握和了解是否构成其他毒品类犯罪。从检察院起诉的情况可以了解，被告人陆武在侦查及审查起诉阶段均作出有罪供述，承认其持有毒品是以“运输”为目的。但是当案件进行到法庭审判阶段时，被告人当庭声称由于受到刑讯逼供，要求排除庭前有罪供述。

非法证据排除的证明标准是“确认”或者“不能排除存在非法取证可能”。江苏省无锡市高新技术产业开发区人民法院综合上述证据以及在庭审中的举证、质证、认证情况，认为被告人陆武在侦查阶段作出的供述，不能排除受到了来自侦查人员刑讯逼供的可能；被告人在检察院再次作出的有罪供述，不能解释为对侦查讯问合法性的确认，不排除其受到了先前有罪供述的影响而作出虚假供述的可能。因此，法院对陆武的庭前供述予以排除，并认为检察院指控的“运输毒品罪”并不成立，根据现有的证据，仅以“非法持有毒品罪”对被告人陆武定罪量刑。①

一、录音录像质量和保管规范问题

在陆武贩毒案中，被告人陆武声称在侦查讯问时受到了刑讯逼供，并要求公诉人当庭出示侦查讯问时的录音录像。同步录音录像能够较为全面地反映讯问的全部过程，在非法证据排除规则的适用过程中能起到重要的证明效果。本案公诉人没有在法庭上展示讯问时的录音录像，理由在于“虽然讯问时进行了同步录音录像，但由于办案人员调动且电脑报废，目前该录像已经灭失”。侦查讯问同步录音录像是2012年《刑事诉讼法》修改新增加的重要内容，讯问时录音录像制度的确立不仅可以规范侦查机关的讯问行为，而且其对非法证据的排除也具有重大意义。本次刑事诉讼法的修改，在全国人大基本法的层面上确立了具有中国特色的非法证据排除规则。讯问时制作的录音录像，成为对证据，特别是犯罪嫌疑人供述的取得是否合法这一关键问题的最佳证据。②

讯问时制作的录音录像作为重要的证据材料，本身具有双重属性，既可以作为犯罪嫌疑人、被告人供述，也可以作为讯问时刑讯逼供等非法取证行为是否存在的视听资料，应当进行妥善保管。在本案当中，公诉人声称本案确有录音录像，但基于办案人员调动和电脑报废两个原因，导致无法向法庭提供。这样的理由并不充分，同时也存在极大的隐患：首先，办案人员调动与否与录音录像并无

① 本案源自《人民法院报》2014年9月7日。

② 杨宇冠、郭旭：《录音录像制度与非法证据排除》，载《人民检察》2012年第19期。

关系，同步录音录像一方面是固定犯罪嫌疑人、被告人供述的载体，另一方面也对侦查人员的讯问活动起到了监督和规范的效果，此份录音录像不能由侦查人员来保管，否则就很容易存在“监守自盗”的嫌疑，可能会人为篡改录音录像或者将其毁坏。其次，录音录像存放在电脑之中，这种保管方式也让人费解。通常情况下，讯问时的录音录像应当制作成光盘予以存档备查，这与看守所内平时的监控不同，监控录像是保存在电脑中的，通常在 24 小时之后会被新的录音录像所覆盖，但监控只是为了观察和了解看守所内的实际情形，而讯问时的同步录音录像是对侦查讯问活动的全面反映，应由专门人员、专业设备、专门材质予以保管。

侦查讯问同步录音录像制度要发挥其在非法证据排除规则中的重要作用，必须要关注录音录像的质量和保管问题，在司法实践当中，有些录音录像的效果极差，有画面无声音或者有声音无画面，在本案当中甚至还出现了录音录像灭失的情况。公安、司法机关也对此相继发布了一些规范性法律文件。[①] 在陆武案中，公安机关的同步录音录像确实存在一定的问题，从录制人员到保管程序都存在极大的漏洞，导致在法庭审理过程中无法当庭展示录音录像，这不免使得录音录像制度形同虚设，无法起到应有的效果。尽管公诉人认为被告人陆武的供述能够与其他证据相印证，但正如笔者多次强调的，证据印证规则主要探讨的是证据的真伪问题，与证据合法取得之间没有必然的联系，因此侦查阶段讯问的合法性存在疑问，合议庭审理后认为“根据现有的证据及线索，不能排除公安机关存在以非法方法收集证据情形，故对陆武在公安机关所做的供述笔录予以排除”，此种处理结果是符合法律规定的。

---

① 例如，最高人民检察院早在 2006 年就发布了《人民检察院讯问职务犯罪嫌疑人实行全程同步录音录像技术工作流程（试行）》和《人民检察院讯问职务犯罪嫌疑人实行全程同步录音录像系统建设规范（试行）》，公安部于 2014 年 9 月 24 日发布了《公安机关讯问犯罪嫌疑人录音录像工作规定》的通知，等等。

二、重复供述的认定及效力问题

法庭排除了陆武在侦查阶段的有罪供述之后，公诉人又以被告人陆武在审查起诉阶段的有罪供述作为指控其非法运输毒品的证据。这就牵涉到非法证据排除规则在实施中一个非常重要的理论问题——重复供述的认定及其效力。我国刑事诉讼法及其相关司法解释当中并没有对重复供述予以阐述，在司法实践当中的处理情况也不相同，但多数案件倾向于认可重复自白的效力。[①] 在本案中，法院认为“检察机关的二次取证并不符合足以排除第一次取证违法性的条件，且陆武在检察机关的供述未形成多次稳定供述，其当庭供述的犯罪事实与在检察机关的供述仍存在反复，故其在审判前的所有供述都应予以排除”。

根据我国目前法律中关于非法言词证据的规定，在司法实践当中很难直接将之纳入“非法”证据的范围，因为毕竟不是由刑讯逼供等非法行为直接所获取。但笔者始终主张，非法言词证据的范围应当进一步扩大，将违背犯罪嫌疑人、被告人意志所获得的有罪供述纳入其中。这种界定无论在事实认定上还是从保障人权的角度而言，都具有一定的积极意义。被追诉人的供述应当以在法庭审理过程中进行的为准，公开的、仪式化的法庭审判活动被推定能够确保被告人供述的自愿性，但刑事诉讼法并不仅仅着眼于人权的保障，认为在打击犯罪方面也应当发挥应有的作用。因此，如果被告人在法庭审理过程中翻供，特别是以“重复自白”为理由翻供，

---

① 例如，在张峰受贿、贪污案中，二审法院认为张峰在滕州市人民检察院办案工作区所作的两份贪污供述，不得作为定案的根据。对在滕州市看守所羁押期间所作的两份贪污供述，张峰没有提供检察机关非法取证线索，且在卷所附讯问同步录音录像能够证实，侦查人员在讯问过程中程序合法、正当，没有侵犯张峰的合法权益，张峰对讯问笔录内容亦签字认可，故张峰在滕州市看守所所作的两份贪污供述可以作为定案的根据。案件来源于“北大法宝”，http://www.pkulaw.cn/fulltext_form.aspx? Db=pfnl&Gid=120724995&keyword=%e9%9d%9e%e6%b3%95%e8%af%81%e6%8d%ae&EncodingName=&Search_Mode=accurate，访问时间 2014 年 9 月 20 日。

此时法官应当审核庭前供述的稳定性、一致性，以及供述与实物证据之间的互相印证关系。

当然，从另一个方面来分析，目前在司法实践当中也存在一定程度的非法取证行为，有的犯罪嫌疑人在侦查阶段作出供述之后在审查起诉阶段仍作出相同的供述，或者在派出所作出供述后在看守所也作出类似的有罪供述，而先前的供述确实系侦查人员采用非法方法取得，在判断后续有罪供述时应当作出区分。如果两次供述内容基本相同，而后续讯问又不能保证被追诉人供述作出的自愿性，那么可以推定后续供述仍是非法取证行为效果的延续，这样的重复自白应当排除。自愿性的判断方法有多种，如律师的介入、被追诉人的悔过及其他相关表现等。如果两次均为有罪供述，但后续供述更加具体、详细，甚至陈述了一些只有实施犯罪行为之人才了解的相关线索和证据，如杀人的凶器、尸体的位置等，在保证后续讯问没有受到非法行为侵犯的情况下，重复自白宜作为证据使用。

三、“疑罪从无”还需“刑疑从轻”

在毒品犯罪案件当中，特别是在犯罪嫌疑人、被告人持有毒品的目的无法通过其他方式进行证明的情况下，即究竟是运输、贩卖、持有还是自行吸食，还需被追诉人的口供予以证明。在本案中，法院合议庭虽然排除了陆武的庭前全部有罪供述，但并不能因为检察机关指控的运输毒品罪存在疑问而作出无罪判决。最高人民法院在《关于建立健全防范刑事冤假错案工作机制的意见》第6条就提出了“疑罪从无”的要求：“定罪证据不足的案件，应当坚持疑罪从无原则，依法宣告被告人无罪，不得降格作出‘留有余地’的判决。定罪证据确实、充分，但影响量刑的证据存疑的，应当在量刑时作出有利于被告人的处理。”①

① 更多关于疑罪从无的论述，参见沈德咏：《论疑罪从无》，载《中国法学》2013年第5期。

从刑法条文对于“运输毒品”和“持有毒品”规定的不同刑期[①]可以看出，陆武的审前供述对于本案的定罪量刑起着至关重要的作用，如果“运输”的目的成立，那么刑期就会从 7 年以上有期徒刑升至 15 年。由于合议庭之前已经排除了陆武在侦查阶段和审查起诉阶段所作的有罪供述，公诉人无法用其他证据来证明抓获被告人陆武时从其身上缴获的 50 克甲基苯丙胺的用途，因此运输毒品罪是否能够成立存在疑问。“疑罪从无”原则的经典表述是“罪疑从无，刑疑从轻”，但这并不意味着定罪存在疑问就一定要作出无罪判决。在轻罪与重罪之间存在疑问的，可以从轻作出判决。在本案当中，在排除庭前供述之后，“运输”这一主观目的存疑，而陆武持有毒品是一个事实状态，可予以认定，因此法院以非法持有毒品罪对陆武进行了定罪量刑。

根据《高法解释》第 241 条第 2 款规定：“起诉指控的事实清楚，证据确实、充分，指控的罪名与审理认定的罪名不一致的，应当按照审理认定的罪名作出有罪判决。”公诉人指控被告人陆武犯有运输毒品罪，而法院通过综合全案证据材料，认为陆武持有毒品的目的尚存疑问，可以按照审理认定的罪名即持有毒品罪予以定罪量刑，这并不与法院奉行的“不告不理”原则相矛盾。“不告不理”是指没有合适的告诉，则法院不能自行启动审判程序。检察院已经将陆武以运输为目的持有毒品的事实起诉至法院，法院因而可以对该案行使管辖权，并在此基础上根据法庭调查所认定的事实作出判决。在陆武贩毒案件的处理中，法院一方面正确实施了非法证据排除规则，妥善处理了被告人陆武提出的因刑讯逼供而要求排除有罪供述的申请，另一方面也恰当地理解和把握了“疑罪从无”

---

① 我国《刑法》第 347 条第 2 款规定：“走私、贩卖、运输、制造毒品，有下列情形之一的，处十五年有期徒刑、无期徒刑或者死刑，并处没收财产：（一）走私、贩卖、运输、制造鸦片一千克以上、海洛因或者甲基苯丙胺五十克以上或者其他毒品数量大的……”第 348 条规定：“非法持有鸦片一千克以上、海洛因或者甲基苯丙胺五十克以上或者其他毒品数量大的，处七年以上有期徒刑、或者无期徒刑，并处罚金……”

原则的内涵和要求，准确地对被告人予以定罪量刑。本案一审结束后，当事人既没有上诉，也没有抗诉，判决已经发生效力。

第六节 其他典型案例分析

非法证据排除规则自 2010 年施行以来，涉及案件数量相对而言比较少，真正排除的案件数量也不多，在一些案件当中即便排除了非法证据，对最后的定罪量刑影响也不是太大。司法实践中的典型案例为理论研究提供了丰富的基础素材，在下文两个案例当中，主要涉及申请非法证据排除的时间以及申请排除非法证据的权利告知问题，角度颇为新颖，因此选作一节，试析一二。

一、金玉山职务侵占、非国家工作人员受贿、合同诈骗案

在金玉山职务侵占、非国家工作人员受贿、合同诈骗案①的二审上诉中，上诉人金玉山及其辩护人提出对怀远县公安机关在 2012 年 4 月 16 日讯问上诉人的两份笔录进行非法证据排除的意见，二审法院审查后认为“上诉人及其辩护人在一审法院审理过程中，未提出非法证据排除申请，在二审期间提供的相关线索或材料的形成时间均在一审审理结束前”，与《高法解释》第 103 条第 3 款的规定②相违背，二审法院决定不启动非法证据排除程序，依法当庭驳回了辩护人要求排除笔录的申请。

本案反映出来的问题是，非法证据排除的申请是否必须要经过

---

① 参见金玉山职务侵占、非国家工作人员受贿、合同诈骗案二审裁定书，http://www.pkulaw.cn/fulltext_form.aspx? Db = pfnl&Gid = 120804650&keyword = %e9%9d%9e%e6%b3%95%e8%af%81%e6%8d%ae&EncodingName = &Search_Mode = accurate，访问时间 2014 年 9 月 30 日。

② “具有下列情形之一的，第二审人民法院应当对证据收集的合法性进行审查，并根据刑事诉讼法和本解释的有关规定作出处理：……（三）当事人及其辩护人、诉讼代理人在第一审结束后才发现相关线索或者材料，申请人民法院排除非法证据的。”

一审处理之后才能在二审中提出，即辩护方在一审中如果已经掌握相关的线索、材料而未提出非法证据排除的申请，在二审中是否可以继续启动非法证据排除调查程序。本案二审法院对此持否定态度，认为辩护方在一审时本可提出非法证据排除的申请而没有提出，就已经丧失了在二审当中对此内容进行申请的权利。但笔者却持不同的观点，主要有以下几点理由：

我国刑事诉讼法的任务是“保证准确、及时地查明犯罪事实，正确应用法律，惩罚犯罪分子，保障无罪的人不受刑事追究”，非法证据的存在对准确认定案件事实造成了一定的影响。同时，刑事诉讼法除了保障实体法实施的工具价值外，还有独立的程序价值，这就要求公安、司法机关在具体办案过程中应当遵循法律的相关规定，不能以侵犯被追诉人人权的方式取得有罪证据。根据相关法律的规定，非法证据的调查程序既可以在一审中启动，也可以在二审中启动，虽然法律设定了在二审中提出非法证据申请的要件之一是“在一审后才取得相关线索和材料”，但笔者认为这并不能剥夺本案被告人金玉山在二审中提出非法证据排除的申请。从法律的设定来看，并没有任何条文规定对于非法证据排除的认定和处理要经过两次，因此在二审当中首次处理非法证据排除并不会变相剥夺当事人的上诉权，① 而《高法解释》第 103 条第 3 款②的规定本身也反映出非法证据可以只经过一次处理就予以结案。

我国刑事二审程序的设计并非采用西方国家式的“法律审”模式，仅对一审判决中适用法律问题而不对事实问题进行处理，而

---

① 有些内容就不能在二审中提出，否则就会变相地剥夺当事人的上诉权。例如，在二审审理过程中，被害人提出附带民事诉讼或者要求反诉，此时，法院会启动先行调解程序，如果经过调解无法达成协议，则会告知当事人另行起诉。

② 第 103 条第 3 款规定：“具有下列情形之一的，第二审人民法院应当对证据收集的合法性进行审查，并根据刑事诉讼法和本解释的有关规定作出处理：……（三）当事人及其辩护人、诉讼代理人在第一审结束后才发现相关线索或者材料，申请人民法院排除非法证据的。”

是遵循“全面审查原则”，即《刑事诉讼法》第222条所规定的：“第二审人民法院应当就第一审判决认定的事实和适用法律进行全面审查，不受上诉或者抗诉范围的限制。”《高法解释》第315条对二审重点审查的内容进行了细化，其中就包括：“……（三）在侦查、审查起诉、第一审程序中，有无违反法定诉讼程序的情形；（四）上诉、抗诉是否提出新的事实、证据；（五）被告人供述、辩解情况……”非法证据排除在二审程序当中也应当得到高度的重视，对一审判决结果的全面审查要求对诉讼活动，特别是侦查讯问活动中是否存在非法行为进行处理，还必须对被告人在上诉过程中提出的新证据予以重点关注，出于查明案件事实、纠正判决可能存在的潜在错误的考虑，这种新证据不应当局限于“一审判决作出后才发现的证据”。我国刑事诉讼与民事诉讼的另一个不同在于，在刑事案件审理活动中并没有举证期限或者证据失权的概念，只要某一证据能够对事实认定起到一定的促进作用，即便在法庭调查结束后，甚至在被告人最后陈述时，均可实现程序倒流，重新质证、认证该份证据。同样的道理，尽管在本案二审中辩护方提出的排除非法证据申请的线索和材料均形成在一审审理结束前，但只要能够引发合议庭对非法取证行为的存在之怀疑，那么二审法院就应当启动非法证据调查程序。

二、董铭杰抢劫案

在董铭杰抢劫案件①一审判决作出后，检察院以“一审存在程序问题”为由提出抗诉。二审法院在审理时查明，一审法院没有依法告知被告人有申请非法证据排除的权利，认为抗诉意见和支持抗诉意见于法有据，予以采纳。经二审庭审讯问，原审被告人董铭

① 参见董铭杰抢劫案件一审、二审判决书，http://www.pkulaw.cn/fulltext_form.aspx? Db=pfnl&Gid=120731364&keyword=%e9%9d%9e%e6%b3%95%e8%af%81%e6%8d%ae&EncodingName=&Search_Mode=accurate，访问时间2014年9月30日。

杰对证据没有意见，不需要申请非法证据排除，故该程序问题不影响本案的公正审理，因此裁定维持原判。

本案值得关注的是检察院的二审抗诉理由。董铭杰抢劫案件在一审判决作出后，被告人并没有上诉，可以推定其比较满意法院对该案的处理结果。相反的，检察院却以“一审法院没有告知被告人有申请排除非法证据的权利”为由认为程序存在问题，继而提出了抗诉。那么，非法证据排除的权利是否应当告知，如果不予告知会引发什么样的法律后果，就必须从理论上予以进一步探讨。

（一）申请排除非法证据的权利告知

2012年《刑事诉讼法》援引了1996年《刑事诉讼法》的规定，在第185条指出：“开庭的时候，审判长……告知当事人有权对合议庭组成人员、书记员、公诉人、鉴定人和翻译人员申请回避；告知被告人有权享有辩护的权利。”从该法条可以看出，法院对于被告人程序性权利的告知仅包括申请回避的权利和进行辩护的权利，非法证据排除并不在权利告知的范围内。

事实上，犯罪嫌疑人、被告人对非法证据排除规则的“启蒙”或者认知，并不是由法院完成的。刑事诉讼法和相关的司法解释当中并没有出现所谓的“告知有权申请排除非法证据”，被追诉人对于排除非法证据的了解主要来源于检察机关和他们的辩护律师。这也直接形成了我国非法证据排除的两种模式：依职权排除和依申请排除。公安机关、人民检察院和人民法院都有排除非法证据的义务和责任，《刑事诉讼法》第54条第2款就明确规定：“在侦查、审查起诉、审判时发现有应当排除的证据的，应当依法排除，不得作为起诉意见、起诉决定和判决的依据。”从依职权排除的效果来看，侦查机关鲜有自行排除的案件，因为刑讯逼供等非法取证行为通常是出于侦查人员的违规操作，自我监督机制发挥的作用十分有限。之所以认为检察机关在犯罪嫌疑人了解非法证据排除规则中起到了重要的启蒙作用，原因在于检察院的活动贯彻整个刑事诉讼的始终，在侦查阶段检察机关批准决定逮捕讯问犯罪嫌疑人时，必须要了解“侦查活动是否存在重大违法行为”。在审查起诉阶段，根据《高检规则》第 363 条第 5 款的规定，“人民检察院审查移送起诉的案件，应当查明：……（五）证据是否确实、充分，是否依法收集，有无应当排除非法证据的情形”。为了充分实现这一要求，在司法实践当中，公诉人均会在提讯犯罪嫌疑人时询问在侦查阶段是否对其采用过刑讯逼供等非法取证行为，并制作成笔录交给犯罪嫌疑人签字。检察机关在侦查和审查起诉阶段的种种依职权排除非法证据的义务和责任，至少会让被追诉人了解到存在非法取证的后果，即将会导致其中的某份证据被排除。

除此之外，在有辩护律师的情况下，非法证据排除规则将会成为犯罪嫌疑人、被告人进行程序性抗辩的主要理由。刑事诉讼法修改之后，律师可以在侦查阶段以辩护人的身份介入刑事诉讼，并能够在不同的阶段行使相关的辩护权利。即使是在相对秘密的侦查阶段，对于普通刑事案件，律师也能够持“三证”到看守所要求会见，而且这种会见不需要经过侦查机关的许可或者同意，也不能被监听。辩护律师可以与犯罪嫌疑人进行交流，并向侦查机关了解案件情况以及他的当事人所涉嫌的罪名，在这一系列的权利当中，与非法证据排除相关的应当是辩护律师的控告、申诉权。《刑事诉讼法》第 36 条对该权利进行了规定，律师在刑事辩护过程中如果发现犯罪嫌疑人的人身权、财产权、辩护权等其他权利受到了来自公权力的不法侵害，有权代理当事人对此行为提出控告或者申诉，特别是在受到刑讯逼供等非法取证行为时，要求排除非法证据的申请会在侦查、审查起诉和审判阶段中不断地被提出。

在刑事案件进行到审判阶段时，法院是否有义务告知被告人有权申请排除非法证据？这个问题如果是在当事人主义模式下的美国刑事程序当中，答案是否定的。对于排除证据的动议（motion），是在审前由辩方提出的，如果在庭审过程中控方提出了某种不具有可采性的证据，辩方律师就必须立刻表示抗议（objection）并简要说明理由，如果辩护律师并没有作出如此表示，则等于默认了该项证据，事后也不能因为该证据的可采性而提出上诉。法官在这个过程中只属于中立裁判者，并不会暗示或者明示律师在何处可以提出此种反对意见。但在我国，非法证据排除规则有着自身的特点，并且诉讼模式与美国相比也存在较大的不同，法院不仅承担着排除非法证据的责任和义务，还必须要着力于还原案件情况，“以事实为依据，以法律为准绳”。因此，笔者认为，在审判阶段法院应当告知被告人有申请排除非法证据的权利。这种告知义务可以从刑事诉讼法关于庭前会议的设计中窥得一二，如第 182 条第 2 款规定：“在开庭以前，审判人员可以召集公诉人、当事人和辩护人、诉讼代理人，对……非法证据排除等与审判相关的问题，了解情况，听取意见”。有读者可能会产生疑问，法律规定的仅是在庭前会议当中，但并不是所有的刑事案件都需要进行庭前会议，对于那些没有召开庭前会议的案件，是否也应当由法院告知被告人排除证据的权利呢？答案应当也是肯定的。非法证据排除规则在 2010 年方为我国司法机关所设定，直到 2012 年才正式写入刑事诉讼法，在司法实践过程中存在着许多不同的理解和争议，需要法院在审理的时候进行释明。即便侦查机关、人民检察院和辩护律师已经将该权利告知被告人，甚至被告人已经熟知了该项规则，法院仍有告知的义务。① 这种告知义务一方面能够充分保障被告人的合法权益，对侦查中的不法行为进行规范和限制，同时也有利于法院依职权实现非法证据的排除。因此，有必要在下次修法时将申请排除非法证据的权利作为法院的一项明示告知义务予以规定。

---

① 例如，刑事侦查活动中著名的米兰达规则，已经通过一些美剧和 TVB（香港电视广播有限公司）的刑侦电视剧为人所熟知。在抓获犯罪嫌疑人的过程中，警察不得以米兰达规则推定其已知晓而不告知该规则的具体内容。同样的道理，非法证据排除申请作为被告人的一项重要权利，即便在审前已经有相关的机关和人员告知，法院仍应当予以说明。辩护权的行使也是如此，在侦查、审查起诉和审判阶段，公安、司法人员都必须告知犯罪嫌疑人、被告人有权聘请律师，行使辩护的权利。

（二）检察院的程序性抗诉

在论证了法院有义务告知被告人有权申请排除非法证据之后，还需要对违背此义务的后果展开分析。在董铭杰抢劫案中，检察院以法院没有履行告知义务为由而启动抗诉，针对的是一审法院的程序问题，理论上被称为程序性抗诉。在 2001 年 3 月 2 日最高人民检察院颁发的《关于刑事抗诉工作的若干意见》中，规定了七种人民检察院应当提出抗诉和支持抗诉的情形。[①] 尽管该意见并未指明法院违反非法证据排除规则的告知义务可以予以抗诉，但是从其他条款中能够推出这种抗诉也是检察院的职权之一，因为这可能会“剥夺或者限制当事人法定诉讼权利”，也可以被认为是“其他严重违反法律规定的诉讼程序，影响公正判决或裁定的”情形。

对于一审判决的程序性违法，《刑事诉讼法》第 227 条第 3 款、第 5 款规定：“第二审人民法院发现第一审人民法院的审理有下列违反法律规定的诉讼程序的情形之一的，应当裁定撤销原判，发回原审人民法院重新审判：……（三）剥夺或者限制了当事人的法定诉讼权利，可能影响公正审判的；……（五）其他违反法律规定的诉讼程序，可能影响公正审判的。”在本案中，二审法院赞同检察院的抗诉理由，认为一审法院没有告知被告人申请排除非法证据的权利属于程序性违法，然而并没有撤销原判，发回重审。这主要是因为发回重审还需有“可能影响公正审判”的限制。在二审过程中，被告人董铭杰明确表示不存在非法证据，二审法院认为一审法院尽管没有告知其申请排除非法证据的权利，但对案件的定罪量刑乃至公正审判没有太大的影响，因此裁定维持原判。

① 这七种情形分别是：“违反有关回避规定的；审判组织的组成严重不合法的；没有按照规定对证据进行质证、认证的；剥夺或者限制当事人法定诉讼权利的；具备应当中止审理的情形而作出有罪判决的；当庭宣判的案件，合议庭不经过评议直接宣判的；其他严重违反法律规定的诉讼程序，影响公正判决或裁定的。”

第三章 非法证据排除规则在实施中存在的问题

根据媒体报道和实地调研的情况，笔者发现非法证据排除规则在我国的实施不如预期，这一方面是基于该规则在立法上有值得进一步完善的空间，另一方面也受到来自我国司法体制以及其他相关制度的制约。如果仅就非法证据排除规则本身而谈论其在实施中的问题，那么不免会让人产生通过对规则的修补就能一劳永逸的错误观念。事物是联系的，非法证据排除规则的实施也离不开其他制度的配合。反言之，该规则在我国实施中存在的问题，也与我国刑事司法的现状有关，主要包括公检法三家的分工负责、互相配合、互相制约，现行的绩效考评机制，侦查中心主义以及诉讼过程中的卷宗移送主义。

第一节 公检法分工负责、互相配合、互相制约

2012 年《刑事诉讼法》第 7 条援引了 1996 年、1979 年《刑事诉讼法》的规定，延续了具有中国特色的公检法三机关分工负责、制约配合原则：“人民法院、人民检察院和公安机关进行刑事诉讼，应当分工负责，互相配合，互相制约，以保证准确有效地执行法律。”然而，这种分工配合制约机制，在司法实践当中却出现了异化，分工和配合成为刑事追诉中的主导原则，相互制约却渐渐地退居“二线”，整体上呈现出一种“配合有余而制约不足”的局面。

根据我国非法证据排除规则之要求，法院、检察院可以通过对

前一阶段中取证合法性的调查以起到相应的监督作用，但从实际效果来看，即便在犯罪嫌疑人、被告人及其辩护律师提出申请的情况下，排除非法证据的案例也很少，依职权主动进行监督审查而排除的案例就更加少之又少了，这与三机关的“互相配合”关系密切。

一、分工负责、互相配合、互相制约的解读

刑事诉讼活动涉及案件的侦查、审查起诉、审判等众多阶段，如果将这些权力全部交由一个部门进行处理，不免会对被追诉人的公民权利造成重大的影响，并使得社会上每个人都处在不特定的恐惧状态当中。因此，权力应当被有效地分散，这就是孟德斯鸠的分权思想。权力分立之后还必须呈现出互相制约的状态，权力之间的制约是防止滥用的有力手段。“一切有权力的人都容易滥用权力，这是万古不易的一条经验。有权力的人们使用权力一直到遇有界限的地方才休止。”①“分权制衡”是英美法系国家在谈论国家权力运作时最经典的理论和实践样态。我国刑事诉讼中也存在分工制约的相关规定，除此之外，相互配合也作为基本原则之一被写入了刑事诉讼法。

（一）分工负责

国家追诉犯罪的权力通常都被分为了三部分，分别是侦查、起诉和审判。侦查活动通过查获犯罪嫌疑人、收集证据来查明案件事实；起诉则是在侦查环节的基础上，对犯罪嫌疑人是否应当被追究刑事责任以及应当处于何种刑事责任进行判断；审判是中立的、不偏不倚的有权机关在控辩双方举证、质证、认证的基础上，对刑事案件作出的具有强制力、确定力和执行力的判决。通览各国刑事诉讼法，起诉活动和审判活动必须由两个不同的机关来主导，这是古老的自然正义“自己不能做自己法官”之基本要求，在公诉案件的情况下，检察院作为起诉的一方，法院则居中裁判。至于侦查活

① ［法］孟德斯鸠：《论法的精神》（上卷），商务印书馆 1963 年版，第 154 页。

动和起诉活动，一些国家采取了“检警一体制”模式，尽管在设置上有检察官和警察的分立，但实际上警察人员是在检察官的指导下展开侦查活动的。我国根据不同的案件类型采用了不同的模式：对于自侦案件而言，检察机关既要负责侦查活动，也要进行审查起诉，虽是由同一检察院进行，但也是由不同的工作人员来完成，这属于内部的分工；对于其他刑事案件而言，则主要由公安机关来主导侦查，侦查终结后交由检察机关审查起诉。

（二）互相配合

我国法律还要求公检法三机关在刑事诉讼活动中实现互相配合，其基础在于尽管权力被分配给了不同的部门，但是这些部门的活动目的具有同向性，即“及时查明案件事实，准确打击犯罪，保障无罪的人不受刑事追诉”，因此，互相配合是指各权力机关各司其职，及时、准确地完成刑事诉讼的各项任务。

如前所述，诉讼活动是阶段性推进的，在某一阶段完成之后，机关之间应当配合完成阶段的交接工作，而不应当无故拖延或者消极怠工，主要包括案卷的移转，证据材料和其他诉讼文书的交接，犯罪嫌疑人、被告人的换押等。这些诉讼活动的实现离不开公安机关、人民检察院和人民法院的相互配合，但是这种配合是依据法律进行的，而不是法律之外的配合。从整体上来讲，相互配合有利于充分发挥公权力机关在刑事司法中的重要作用，在惩罚犯罪方面也起到了推动作用。“该原则长期以来一直为指导、处理公检法三机关在刑事诉讼中相互关系的一项极为重要的原则。它反映了我国犯罪控制的诉讼价值观，反映了国家刑事司法权力的运行所追求的惩罚犯罪和保障人权的价值取向以及价值平衡问题。”①

（三）互相制约

分工是实现刑事诉讼目的的重要方式，互相制约则是保障目的

① 聂洪勇：《分工负责、互相配合、互相制约原则的检讨与重构》，载《法律适用》2007年第1期。

实现的重要手段。我国刑事诉讼采用的是阶段型递进式诉讼流程，后一个阶段构成对先前阶段的限制，但这种限制是“相互”的，即双向进行的。从法律的规定上来分析，具体包括警检之间的限制和检法之间的限制，具体如下：

1. 警检之间的限制。检察院对警察的限制主要体现在审查批准逮捕和审查起诉中对侦查活动合法性的调查上，对于一些重大的案件，检察机关还能够事先介入侦查活动，列席参加该案的讨论情况；通过退回补充侦查的方式，让公安机关收集新的证据证明尚未清楚的待证事实。同时，在审查起诉对非法证据排除的处理中，检察机关可以要求侦查人员就证据来源的合法性进行解释说明，并提交相关证据。公安机关对检察院的处理决定，如撤销案件、不批准逮捕、不起诉等行为，均有提起复议，并向上一级要求复核的权利。

2. 检法之间的限制。法院作为审判活动的主持者，可以要求检察院出具证据证明其指控被告人的罪名已经达到了“事实清楚，证据确实、充分，排除合理怀疑”的程度，法院可以根据审理认定的事实对检察院的指控罪名进行修正。在对非法证据的调查程序中，检察院必须向法院证明证据来源的合法性，法院确认系采用非法方法所得或者不能排除证据系非法取得的，该证据就不能作为指控被告人有罪的依据。反过来，检察院对法院的审判活动也能够起到一定的约束作用，没有检察院的起诉，法院就不能对案件进行处理，这是“不告不理”原则的基本要求；法院必须将定罪量刑的依据和理由在判决书中予以明示，检察院能以判决结果“确有错误”为由提出抗诉，进而使得审判结果归于无效。

二、互相配合制度的异化

法律设置的初衷是好的，但是分工负责、互相配合、互相制约原则在司法实践中已经逐渐发生了异化。[①] 对于一些刑事案件，特别是重大疑难案件的处理，三机关通常都是配合的多，制约的少。刑事诉讼成为了一道产品流水线，经过三车间的相互配合，一个个可能“劣质”的产品被生产加工出来。近些年来，媒体曝光了一系列的冤假错案，无疑引发了对我国刑事司法制度的反思。这些案件通常都经过了多次审判，受到了当地政法委的“协调”，对被告人提出的受到刑讯逼供而屈打成招的诉求视而不见，非法证据通过证据印证规则成为了指控被告人有罪的重要来源。

如果三机关之间存在彻底的互相制约关系，恐怕这些案件发生的可能性就会极大地降低。冤假错案在任何时代、任何制度当中均有可能发生，司法体制所能够做的就是尽量地减少其中的人为因素。在特别重大的刑事案件（主要是涉及杀人、抢劫、强奸等的案件）中，侦查机关基于破案压力或者对犯罪行为人的憎恶，可能会采用法律所禁止的手段取得有罪供述。检察院和法院具有审查证据合法性的义务，同时能够起到对侦查行为进行监督的作用，但是在相互配合的要求之下，查明案件事实才是最重要的，其他的程序性问题，如取证手段、搜查扣押方式是否符合法律之规定等，就显得不是那么急切和需要了。辩护方本来期待审判阶段法院能够对侦查活动中侵犯公民合法权利以获取证据的行为作出公正的处理，并提出排除非法证据的申请，然而在“互相配合”的要求之下，法院又如何能够正视侦查和审查起诉阶段存在的问题而予以积极解决？采用刑讯逼供等手段所获取的口供真实性存在很大的问题，有些甚至是为了与其他事物证据相印证而编造出来，这种相互配合的处理模式人为地提高了冤假错案发生的可能性。

实际上，从认识论的角度来进行分析，公安机关、人民检察院和人民法院在不同的诉讼阶段对案件有不同的理解和把握是正常的

① 该原则在司法实践当中存在的一些问题，更多请参见龙宗智：《论配合制约原则中的某些“负效应”及其防治》，载《中外法学》1991 年第 3 期。

司法现象，三机关对案件的处理存在分歧也并非就是存在“错误”。在司法实践当中被过分强调的“互相配合”，已经超越了法律程序的限制。这种“配合”或曰“协调”究竟是什么一种什么样的程序，谁也说不清楚，却大行其道。三机关依据法律的规定分别享有侦查、审查起诉和审判的权力，各机关在权力的行使过程中应当坚定对法律负责而并非对其他公安司法机关负责的信念。但是在“配合”或者“协调”之下，各机关之间的关系却显得比较暧昧，如果产生意见分歧，要么是按照下一环节机关的意见，对案件进行处理，要么是寻求其他司法机关以外的救济，以达成所谓的“一致意见”。“结果因一怕分歧，意见被下一诉讼环节主管机关否定而左顾右盼，对自感把握不大的案件‘透风’、‘通气’，看眼色行事，你批捕我就报，你判我就起诉，不敢依职权坚持己见。”①

在我国目前非法证据排除规则的模式下，证据排除可以分为主动排除和依申请排除两大类。在主动排除的情况下，又能够细分为内部排除和其他机构排除。具体说来，侦查机关能够自行排除侦查人员通过非法方法取得的证据，而检察院、法院则主要是依职权排除侦查活动中收集的非法证据。“互相配合”原则对非法证据排除规则实施的重大影响体现在检察院、法院对证据合法性的审查活动中。如果说侦查机关依靠内部制度自行排除非法证据显得动力不足的话，那么在“配合”、“协调”之下要求检察院和法院排除非法证据就更是左顾右盼，疲软无力。从检察院的角度来分析，排除非法证据可能就意味着案件无法诉出去，要么是退回侦查机关进行补充侦查，要么是作出不起诉的决定，无论作出哪种决定，均会给检察工作带来很大的麻烦。对于法院而言，证据是否属于非法取得，是否应当排除，在检察院移送审判之间通常已经进行了前期的“接洽”，在能够认定有罪的前提下，证据是不会被排除的。如果

---

① 徐纯科:《评“司法机关分工负责、互相配合、互相制约原则”》，载《法学研究》1991 年第 3 期。

法院确实对取证合法性产生了疑问，也会让检察机关事先或者在审理过程中进行合理解释或者补正，或者选择要求让侦查人员出庭作证。在“互相配合”的影响下，非法证据排除规则的实施存在着相当大的难度。

三、实现彻底的相互制约——依法独立行使职权

互相配合追求的是在法律层面上的诉讼阶段和活动的衔接，是从整体的角度为公检法三机关设定的义务，这种配合的目的更多的应当是在准确适用法律基础上的追求诉讼效率，而并非个案具体细节的沟通和协调。倘若是从具体案件中公检法三家的关系来看，笔者认为互相制约应当占据主导地位，不仅应对实体法的认识和判断形成制约，对程序法中尤其是取证行为的合法性也要形成合理的制约。后一诉讼阶段或者诉讼环节应当要对前一阶段的诉讼行为起到监督和制约的作用，并在此基础上推动诉讼进程的发展。从法律文本中也可以看出，诉讼阶段是具有递进性的特点的。

检察机关肩负着客观公正的义务，要全面收集犯罪嫌疑人、被告人有罪、无罪、罪轻或者罪重的相关证据，在审查起诉阶段要充分听取其本人及其辩护人的辩护意见，并了解在侦查活动当中是否可能产生非法证据。尽管法律对检察院审查证据的行为也视为排除非法证据的一种方式，但在笔者看来，这仅是检察机关对证据的选择适用，对于能够进行合理解释和补正的相关证据，也会用来指控犯罪嫌疑人，对于那些无法进行补救的证据，自然就“剔除”出起诉书之外。对于被告人而言，在审查起诉阶段排除了那些证据，并不是其关注的重点，非法证据排除规则的适用应当主要集中在审判阶段，即检察院究竟采用了哪些证据用来指控被告人有罪。

在司法实践中，如果检察院对证据是否会排除拿捏不准，往往

会事先跟审判法官“通气”，并根据法官的意见采取不同的处理方式，[①] 此种“配合”已经超出了法律规定的范围，成为刑事诉讼中的潜规则。笔者认为，切实贯彻落实非法证据排除规则，应当实现彻底的相互制约，而彻底性则来源于司法的独立性。在审判阶段证据合法性的调查程序中，法院应当改变那种与检察院进行“私下交流”的“配合协调”模式，而应在听取控辩双方意见的基础上，根据现有的证据材料作出处理。排除非法证据并不等于宣布被告人无罪，也不等于法院违背了相互配合的司法原则，阻碍了案件真实的发现，这是个案当中制约原则的应有之义。

从审判阶段中检察机关的义务和职责来看，检察院作为控方，应当承担起证明被告人有罪的证明责任，勤勉义务要求在选择证据时应当更加谨慎，刑事案件涉及公民的出刑入罪，因此有罪证据最起码要有相应的证据资格，法院启动的证据合法性调查程序，能够对检察院的起诉活动作起到一定的监督和制约作用，使得其在起诉前能对证据合法性进行充分的论证和准备，而不敢存在懈怠或者侥幸心理。

从刑事诉讼法目的和任务的角度来看，法院严格适用非法证据排除规则在一定程度上是促进而非阻碍了真相的发现。根据笔者的调研，目前我国非法证据排除案例非常少，且主要集中在非法言词证据上，排除非法实物证据的案例十分罕见，这是由很多的因素综合导致的。言词证据较实物证据而言，如果系采用肉刑或者变相肉刑的方式获得，其真实性值得怀疑，并不能起到促进案件真相发现的作用。从现今已经被曝光的冤假错案中可以发现，侦查人员总是能够从犯罪嫌疑人、被告人处获得所谓的“有罪供述”，而这些供述总是能够与其他证据相互印证，在公检法三家“互相配合”而缺乏制约的情境下，准确查明案件事实的任务落空了。倘若法院在

① 笔者参加“非法证据排除规则在中国的实施问题”研讨会时，有来自检察部门的同志对司法实践中证据合法性存疑的处理方式进行了如上论述。

审判活动中能够依照法律的规定，对确定系使用非法方法取得的证据或者不能排除存在非法取证可能的证据采取严格排除的态度，冤案或许就不会发生，这或许不能保证及时地查明案件事实，但至少能够保障无罪的人不受到刑事追诉。

司法权应当是依法独立行使的。学界对于“司法”一词的界定有许多种。从最广义的角度上来讲，司法活动可以包括立法、执法以及法律监督等与法律的制定、施行乃至救济与监督等相关的内容；从狭义的角度上来定义，司法主要指的是与审判相关的一系列诉讼活动。与非法证据排除规则相关的依法独立行使职权，采用的是狭义的司法概念，即审判活动应当是独立的。在法院接受检察机关提起公诉并审查完毕后，两机关之间的衔接（即“互相配合”）关系就应当结束。在接下来的审判活动中，法院应当中立地、不偏不倚地根据事实和法律对包括证据合法性在内的待证事实进行处理和认定，这一审判过程是独立的，不受前一机关对相关内容处理决定的影响，否则审判活动就会成为对侦查、检察行为的确认，平等对抗就会成为一纸空文，被告人的辩护权被架空，在庭审模式下的对质查明案件事实立法设计也将归于无效。

第二节 绩效考评机制

绩效考评（performance appraisal）原本是指经济领域中公司或企业根据员工的表现进行考评，是根据预设标准和目标对个体职员的工作表现及生产力进行系统的、周期性的评价。[①] 近些年来，绩效考评机制被引入公安、司法机关，成为上级机关对下级机关进行考核的重要量化指标，同时也成为被考评单位公安、司法人员奖惩

① Manasa, K. & Reddy, N. (2009). Role of Training in Improving Performance. *The IUP Journal of Soft Skills*, 3, 72-80. Abu-Doleh, J. & Weir, D. (2007). Dimensions of performance appraisal systems in Jordanian private and public organizations. *International Journal of Human Resource Management*, 18(1), 75-84.

的主要依据。据笔者调研了解，地方公安、司法机关均会出台一些细化规定，来评价本机关人员的工作情况，以提高在年终考评中所占的分数和排名，这种做法在一定程度上能够形成对相关人员的激励作用，推动工作积极性和工作效果。但在另一方面，其在司法实践当中也出现了异化的现象，公安、司法人员在处理刑事案件过程中，由于受到考评量化评分的影响，对于案件的处理不再以事实和法律作为根本依据，而是考虑如何减少在考评过程中扣分的可能性，这也限制了司法机关作用的发挥，给非法证据排除规则的实施带来了负面影响。①

一、检察机关的考评指标及其问题

通过对某直辖市（以下简称 C 市）检察院发布的对基层检察院长达 3 万多字的考核办法和考核指标进行仔细阅读，笔者发现，检察系统以年作为考核时间，从上年的 12 月 26 日至本年的 12 月 25 日作为考察周期，分为优秀、良好、合格、不合格 4 个等级，根据考核总分和排名来确定不同奖励和惩罚措施。对于“年度考核为不合格等次的，检察长应到市院作检讨，并限期整改；连续两年为不合格等次的，检察长应自行引咎辞职”。以下因素可能在一定程度上会影响到非法证据排除规则的实施。

（一）侦查监督工作

检察院侦查监督部门主要承担两部分的工作，一是负责对公安机关移送申请批准逮捕的案件进行最长不得超过 7 天的审查（在未被羁押的情况下为 15 天，最长不得超过 20 天），通过查阅案卷材料、讯问犯罪嫌疑人等方式，判断案件当中是否有证据证明该人实施了犯罪行为，可能判处有期徒刑以上刑罚以及具有人身危险性或社会危险性；二是对侦查活动，特别是公安机关的侦查活动进行

① 由于笔者没有获得该市公安机关的具体考核文件，因此在此外没有对公安机关考评指标进行展开论述，甚是遗憾。

监督，如果发现存在刑讯逼供、暴力取证等违法犯罪行为，需要及时指出并予以纠正。因此，考核指标可以分为办案质量和履行法律监督职能两部分。

1. 办案质量（审查批捕）考核。在审查批捕环节可能出现的问题，主要包括错捕和错放两种类型。从理论上来分析，当代刑事司法价值倾向于宁愿错放而不愿错抓，表1也体现了此种政策导向：错抓1人减5分，错放1人减3分，然而对错抓扣分的考核指标成为了限制检察机关实施非法证据排除规则的最重要的因素。

表1 C市检察院侦监部门办案质量考核指标

考核项目	考核指标	评分标准
办案质量	审查逮捕无错案和质量高	1. 批准或决定逮捕后作撤案、绝对不诉、判无罪的1人减5分。 2. 错不捕的1人减3分。 3. 批准或决定逮捕后作存疑不诉或根据《刑事诉讼法》第162条第（三）项作无罪判决的（主要证据发生变化的除外），1人减0.5分

评分标准1规定：“批准或决定逮捕后作撤案、绝对不诉、判无罪的1人减5分。”撤案、绝对不起诉和无罪判决被认为是错抓的判定标准，评分标准3中的“存疑不诉”以及由于证据不足、指控的罪名无法成立的无罪判决也会被扣除相应的考评分值。笔者认为，错抓不应当以案件的处理结果作为评判导向，而应当关注对审查批准或者决定逮捕行为的评价：如果侦监部门工作人员根据当时的证据材料并谨慎作出了批捕决定，即便案件处理结果与最后的事实认定不符，也不能认为是错抓；如果工作人员出于故意或者重大过失作出了错误逮捕的决定，才应当进行扣分处理。

由于考评机制最后考评的是检察院的整体情况，因此所有的指标之间都是有关系的。在当前的评分模式下，根据笔者的调研，对于公安机关而言，某一刑事案件犯罪嫌疑人一旦被批准逮捕，那么该案就已经进入了“保险箱”，非法证据如果没有能够在审查批捕中被“剔除”，在后续程序中就很难被排除了。例如，犯罪嫌疑人被逮捕后，出于避免错抓扣分的可能，检察院侦查监督部门会和公诉部门进行积极沟通，尽量把案件诉出去。下文中也会谈到，诉后无罪也是考察公诉部门的重要指标之一，届时公诉部门也会和法院、主审法官进行私下的沟通和交流，确保被告人能够被判有罪。这种以考核指标为导向的行为模式，在一定程度上绕过了国家法律所规定的正式诉讼程序，使得案件最后的判决结果不是完全基于对事实和法律的判断，而是受到了相关利益方的案外因素影响。司法中立性要求司法机关工作人员必须与案件没有利害关系，否则当事人就可以其为理由要求回避，但在目前考核指标的作用下，公安、司法人员的直接利益与案件的处理结果密切相关，无论人员如何更换，总会形成新的利益关系。

2. 法律监督职能考核。人民检察院侦查监督部门还承担着对侦查行为合法性进行法律监督的重要职能，从表 2 的考核标准中可以看出，C 市设置的考核指标也关注侦监部门对侦查阶段存在非法取证行为的监督和纠正，而且根据纠正不同严重程度的违法行为，设定了不同的加分分值。通过调研，笔者了解到，办案人员在处理案件中通常奉行“不求有功，但求无过”的心态，加分项对工作人员的激励效果远远不如减分指标，尽管纠正刑讯逼供并使得相关人员被追究刑事责任将会在最后的考核中增加 8 分。

表 2　C 市检察院侦监部门办案质量考核指标

考核项目	考核指标	评分标准
履行法律监督职能	侦查活动监督	6. 纠正刑讯逼供、暴力取证等违法犯罪行为，建议得到采纳的，1 人加 2 分；对违法取证工作人员进行行政警告以上处分的，1 人加 4 分；被追究刑事责任的，1 人加 8 分。 7. 纠正侦查机关违法搜查、查封、扣押、冻结等强制性措施，1 件加 1 分。 8. 纠正侦查机关违法讯问、询问、辨认的，1 件加 1 分

另外还需要指出的是，侦监部门通常是通过审查批准逮捕活动实现对侦查行为合法性的监督的，公安机关会将案卷材料和相关证据移送给侦监部门，审查批捕人员将会通过阅卷和讯问犯罪嫌疑人等方式，了解侦查活动是否存在重大违法行为，但是，这在司法实践当中也存在一定的问题。我国法律规定的审查批捕仅有 7 天时间，7 天当中又必然包括 2 天的周末休息日，因此真正可用的时间仅有 5 天。如果在此期间犯罪嫌疑人提出排除非法证据的申请，侦监部门工作人员是很难对证据合法性问题进行调查核实的，因为每个人都很有可能在同时处理多个案件。在证据合法性无法及时判断之时，工作人员通常都会查看其他证据材料，通过所谓的证据印证规则来判断犯罪嫌疑人要求排除的证据是否真实，在能够与其他证据进行相互印证的情况下，证据排除的可能性就被大大降低了。这又回到了最开始的与逮捕相关的考核指标问题上，目前我国对于逮捕决定是否错误采用的是最终结果标准，即被告人如果被认定为有罪，那么逮捕行为不管当时的证据是否充足，都是可以容忍的。这使得对侦查活动合法性的监督行为存在一定的难度，也对审查批捕阶段的排除非法证据造成了阻碍。

同时，笔者还发现，在该考核指标当中，并没有设立专门的非法证据排除加分项。实际上，纠正刑讯逼供、暴力取证或者违法搜查、查封、讯问、询问、辨认与排除非法证据之间并不能够画上等号。我国非法证据排除的证明标准是确认或者不能排除存在非法取证的可能，因此，排除非法证据并不意味着侦查活动就一定存在上述违法行为，在非法证据排除加分项缺失的情况下，侦查监督部门工作人员排除非法证据的动力就更加缺乏了。

（二）公诉部门

公诉部门主要对侦查机关移送的案件进行审查，来判断其是否应当进入法庭审判程序，以实现案件的初步分流。通过表3可以发现，对公诉部门的考评指标主要包括无罪判决和撤回起诉案件、不起诉案件正确率以及自侦案件不起诉率等，并且在与侦监部门的减分项对比之下，案件一旦起诉至人民法院，如果该被告人被判无罪或者检察院自行撤回起诉，在考评中将会被扣除大量的分值。

根据现行刑事诉讼法和相关的司法解释，人民检察院在审查起诉阶段承担排除非法证据的职责，但如上文所述，在案件被批捕以及对于性质上属于自侦的案件，公诉部门迫于检察院整体考核的需要，必须要将案件诉至法院。从考核标准来看，只要被告人被法院确定有罪，检察机关就可以不被扣分，无须考虑最后的量刑是缓刑、拘役还是管制。这种指标设置也不甚合理，起诉与审判活动是刑事诉讼的两个不同阶段，有不同的处理程序和形式，片面追求起诉结果与审判结果相一致，对公诉部门提出了过高的要求。诉讼活动是一个循序渐进的过程，考核指标设得过高，可能会导致司法实践中出现两种极端的现象：要么架空了人民法院的定罪权，特别是作出无罪判决的权利，法院的审判功能被检察机关部分剥夺，因为所有移送审判案件的被告人都是有罪的；要么检察院为了取得有罪判决，会在法律规定的程序之外寻求个人的或者非正式的程序，以求影响案件的最终判决。无论出现哪种结果，都对非法证据排除规则的实施非常不利。排除非法证据在很大程度上会对被告人的顺利定罪造成负面影响，这是公诉部门所不愿意看到的，法律设定由人民检察院在证据合法性的调查程序中承担证明责任，符合公诉部门利益驱动的要求。从笔者实地调研考察的情况来看，在司法实践当中，非法证据排除的案件非常少。①

表 3　C 市检察院公诉部门考核标准

案件质量	1. 无罪判决和撤回起诉案件 2. 不起诉案件正确率达 100% 3. 自侦案件不起诉率低于 8%	1. 对起诉确有错误的无罪判决案件，出现 1 人减 20 分。 2. 对起诉确有错误的撤回起诉案件，出现 1 人减 12 分

二、人民法院的考评指标及其问题

笔者还收集了 C 市人民法院的考评指标，该市法院的考核自上一年度 12 月 20 日起至本年 12 月 19 日止，分为优秀、达标、不达标三等，并规定："年度考核不达标的法院，要针对相关指标数据认真总结，作出书面整改报告。对考核不达标的中、基层人民法院的院长，由上一级人民法院党组派员谈话，督促其采取整改措施。对考核不达标法院的院领导班子成员，在当年度考核中不得评为优秀，不得嘉奖和记功。"在法院的考评分值当中，最重要的指标就是案件判决的正确程度，这就涉及案件的二审和再审的发回重审率和改判率。表 4 和表 5 分别为 C 市中级人民法院和 C 市基层人民法院关于发回率和改判率及相应扣分情况的设定：

① 在笔者参加的一次座谈会中，北京市人民检察院第二分院科研室主任孙春雨认为，如果将非法证据排除情况纳入检察机关工作人员的考核指标当中，能够极大地提高检察人员排除非法证据的动力和积极性。

表4　C市中级人民法院发回率和改判率及相应扣分情况

<table>
<tr><th>考核类别</th><th>考核项目</th><th colspan="2">考核指标</th><th>计算公式、指标要求或减分内容</th><th>标准</th><th>指标评分方法</th></tr>
<tr><td rowspan="4">审判执行工作（53分）</td><td rowspan="4">审判质量（16分）</td><td>1</td><td>上诉发回重审率（2分）</td><td>上诉发回重审案件数/一审案件总数</td><td>4‰</td><td>每超过0.1‰，减0.05分</td></tr>
<tr><td>2</td><td>上诉改判率（4分）</td><td>上诉改判案件数/一审案件总数</td><td>50‰</td><td>每超过1‰，减0.1分</td></tr>
<tr><td>3</td><td>生效案件发回重审率（2分）</td><td>再审后上诉的案件被发回重审数/生效案件总数</td><td>0.2‰</td><td>每超过0.1‰，减0.2分</td></tr>
<tr><td>4</td><td>生效案件改判率（3分）</td><td>再审后上诉的案件被改判数/生效案件总数</td><td>2‰</td><td>每超过0.1‰，减0.02分</td></tr>
</table>

表5　C市基层人民法院发回率和改判率及相应扣分情况

<table>
<tr><th>考核类别</th><th>考核项目</th><th colspan="2">考核指标</th><th>计算公式、指标要求或减分内容</th><th>标准</th><th>指标评分方法</th></tr>
<tr><td rowspan="4">审判执行工作（53分）</td><td rowspan="4">审判质量（16分）</td><td>1</td><td>上诉发回重审率（2分）</td><td>上诉发回重审案件数/一审案件总数</td><td>1‰</td><td>每超过0.1‰，减0.05分</td></tr>
<tr><td>2</td><td>上诉改判率（4分）</td><td>上诉改判案件数/一审案件总数</td><td>10‰</td><td>每超过1‰，减0.1分</td></tr>
<tr><td>3</td><td>生效案件发回重审率（2分）</td><td>再审后上诉的案件被发回重审数/生效案件总数</td><td>0.2‰</td><td>每超过0.1‰，减0.2分</td></tr>
<tr><td>4</td><td>生效案件改判率（3分）</td><td>再审后上诉的案件被改判数/生效案件总数</td><td>1‰</td><td>每超过0.1‰，减0.02分</td></tr>
</table>

通过表 4 和表 5 可以发现，C 市高级人民法院对中级人民法院和基层人民法院分别设定了不同的发改率。如果按照级别越高处理的刑事案件就越重大复杂的逻辑进行分析，那么中级人民法院应当能够集中力量确保案件的审判工作，实现以“事实为依据、以法律为准绳”，在考评过程中的发改率基准应当低于基层法院。但通过对比反映出来的是，就上诉案件的发改率而言，中级人民法院分别是基层法院的 4 倍和 5 倍。换言之，在考评工作当中，中级人民法院允许有较基层人民法院更多的上诉发回重审和改判的案件（尽管在案件数量上也很少）。

笔者认为，设置刑事案件发改率的做法是违背诉讼和司法规律的，在 C 市高级人民法院的考核指标中也没有对这些比例的来源进行详细的论证，可以推测出是根据历年案件处理情况总结出来的数据，然而，每年的刑事案件千差万别，为不同的刑事案件及其处理程序设定统一的考核基准，是没有意义和价值的。在以考核指标为导向的模式下，容易在司法实践中被异化，形成以下畸形局面：一方面，法院特别是基层人民法院为了降低案件的发改率，在一审判决作出前会通过一些法外途径向上级法院进行“汇报”，并寻求相关的批示，学界称之为“请示汇报制度”。如此一来，一审法院判决实际上反映的是二审法院的意志，不仅使被告人的上诉权形同虚设，还严重影响了法院的司法独立性。另一方面，法院在法庭调查中将会更加注重对案件实体事实的认定和把握，忽视诉讼中的程序性问题，极容易形成能够证明案件事实的证据即具有可采性的认识，将属于判断证据证明力问题的证据印证规则作为判断取证手段是否合法的重要方式和途径。

我国在刑事诉讼法和相关的司法解释中设定了发回重审和改判的条件，前者为事实不清、证据不足或者程序重大违法，后者通常为事实认定正确，但适用法律错误的案件。由于事实认定是法律适用的前提和基础，因此，我国刑事审判制度是以“准确认定案件事实”为核心的。这种认定标准还突出地体现在《国家赔偿法》

对于错案的界定上，与 C 市的考核指标类似，案件经过一审判处有罪，但在二审程序当中被改判为无罪，就与一审错判画上了等号。在该模式下，法院在庭审过程中会更加积极地去寻求支持认定案件事实的证据，而不是去否定或者排除相关证据。特别是在被告人是否有罪以及应当判处何种刑罚还没有确认的情形下，法官通常不会积极地就非法证据问题进行调查核实，而是待所有的实体性问题全部处理完毕之后，再根据涉嫌非法取证的证据与其他证据的印证关系以及在整个证据链条当中的作用，在判决书中分析证据的合法性以及是否排除问题。这实际上严重削弱了非法证据排除规则的效果，非法证据不仅进入了法官的视野，甚至还会在法官对案件事实的认定过程中起到一定的负面作用。

第三节　侦查中心主义

刑事诉讼活动主要可以分为侦查、审查起诉和审判三个阶段，在不同的诉讼模式之下，侧重点可能就各不相同。如果刑事追诉偏重于侦查，法庭审理成为对侦查结果的确认，那么就是侦查中心主义；如果刑事侦查仅是为审判活动服务，待证事实需要在法庭上根据直接言词和集中审理原则进行中立判断，则属于审判中心主义。

我国诉讼法学界主张应当实现审判在刑事诉讼中的主导地位，但在司法实践当中，侦查被认为是最重要的过程，“破案”等于“结案”，随之而来的媒体宣传、庆功会等众多形式的活动，淡化了后续诉讼程序的重要性。在侦查中心主义的影响下，法院想要排除侦查机关获取的证据，不仅存在体制上的难题，也存在心理上的障碍。因此，非法证据排除规则的贯彻落实，还必须实现从侦查中心主义向审判中心主义的转变。

一、司法实践中的侦查中心主义

长期以来，如果某地发生了一起大案要案，当地侦查机关会以案件发生的时间及罪行来命名此案，考虑到案件的重大社会影响，在侦查终结后，通常会以某某案告破为名义，召开庆功会，对侦查人员、分管领导等人进行嘉奖，① 新闻媒体也会进行报道和宣传。笔者在网上搜索到了一例十分具有典型性的“12·3”绑架案庆功表彰大会报道，并将根据此报道对我国目前司法实践中的侦查中心主义特征试析一二。

2008年12月18日，焦作沁阳市侦破“12·3”绑架案庆功表彰大会在该市法院大会议室隆重召开。沁阳市市长，市委副书记，市委常委、政法委书记，市政协主席，市委常委、市人武部政委，市人大副主任，市政府副市长等领导出席了会议，焦作市公安局党委委员、副局长应邀出席会议，沁阳市公检法司负责同志、沁阳市直各单位、各乡、镇、办事处党委书记、综治主任、公检法司民警代表共400余人参加会议。会议由沁阳市委常委、政法委书记主持。②

从该报道当中可以发现，此起绑架案件发生在12月3日，时隔半个月之后犯罪嫌疑人被抓案件宣布破获，旋即召开庆功宴。从发现犯罪事实到查获犯罪嫌疑人，这一系列的行为均发生在侦查阶段，新闻媒体对案件的关注也仅止于侦查阶段，该案是如何进行审

① 这类庆功会通常也会在网上进行宣传，如《市公安局召开抢劫杀人案告破庆功会》，http://www.jznews.com.cn/comnews/system/2008/12/15/000175003.shtml，访问时间2014年12月9日；《泗水县公安局召开侦破“10·23”故意杀人案庆功表彰大会》，http://jining.sdnews.com.cn/jngd/201411/t20141117_1782820.htm，访问时间2014年12月9日；《敖汉旗公安局破获“9·15”金矿特大抢劫案 中金集团金陶公司为参战民警举行庆功大会》，http://www.cfsgaj.gov.cn/xwdt/jqtb/2014-10-11/3546.html，访问时间2014年12月9日；《侦破“9·21”特大命案庆功表彰大会召开》，http://news.idoican.com.cn/chsrb/html/2008-11/26/content_20224862.htm，访问时间2014年12月9日。

② 《焦作沁阳：保民安不辱使命 破大案再建奇功——焦作沁阳市隆重召开侦破“12·3”绑架案庆功表彰大会》，载焦作公安网资讯中心，http://www.jzga.gov.cn/news/newsdetail.aspx?id=23882，访问时间2014年9月30日。

查起诉、最终的判决结果如何，并没有后续的跟进报道。[①] 这种报道方式也不是个案，在中国的法律题材的电视剧中，导演和编剧最为关心的是案件的侦破过程，并以犯罪嫌疑人被抓获作为最终的结尾；恰好相反，英美法系国家的法律剧则更倾向于在庭审过程中控辩双方对证人的交叉讯问，对证据的质证以及法官的裁断，甚至陪审团的表决等。影视作品和媒体报道都是以观众的喜好为导向的，因此，这从一个侧面反映出，我国社会大众更加关心的是侦查人员如何与犯罪嫌疑人斗智斗勇，并将其绳之以法的过程。此处的“绳之以法”仅指犯罪嫌疑人被抓获后送往看守所羁押，国内电视剧也往往在此处就戛然而止，并未对后续的程序进行过多的渲染，仿佛之后的审查起诉和审判活动都是顺理成章一般。

视角再回到“12·3”绑架案庆功表彰大会上，该庆功会召开地址在市法院，并有众多的市领导主持、参与，除此之外，公检法司工作人员代表也参与其中。庆功会地点的选择具有多样性，主要是在破获案件的公安机关进行，也有部分是在法院。但该案中对于侦查人员进行的嘉奖表彰却选择在法院进行，实在让人觉得有点不伦不类。首先，案件尚未进入审判阶段，甚至侦查还未终结，没有移送检察院审查起诉，法院对此案应当保持适当的距离，而不是积极地参与其中；其次，在相关的联合国刑事司法准则当中早已明确规定，“在判定对任何人提出的任何刑事指控或确定其在一件诉讼案中的权利和义务时，人人有资格由一个依法设立的合格的、独立的和无偏倚的法庭进行公正的和公开的审讯”，法院还没有受理案件并对其作出任何判决，就对侦查人员进行表彰，难免会让人产生“先定后审”的忧虑。可以预计，随后的审判活动将会成为对侦查结果的确认，法庭的独立性和无偏倚性被大大削弱了。

当然，法院可能也并非心甘情愿。事实上，读者还应该关注究竟是谁主持和决定召开了这场庆功会。从报道中可以发现，包括市

① 笔者在网站上找不到任何关于该案的后续消息。

委书记、市长以及政法委书记在内的主要市领导均参加或者主持了本次活动，人员众多，规模很大。政府掌握着地方法院的人身任免和财务权力，而政法委能够“研究和讨论有争议的重大疑难案件”，“组织推动社会治安综合治理”，并“研究、指导政法队伍建设和政法各部门领导班子建设”①，在这种情况下，法院在审判案件过程中，对犯罪嫌疑人、被告人诉讼权利被侵犯的事实可能就会“视而不见”，对提出的非法证据排除申请“无动于衷”。侦查的结果也就成为了审判的结果，侦查活动完结即可以被视为整个案件就已经“盖棺定论”，犯罪嫌疑人、被告人的诉讼权利被忽视，要法院适用非法证据排除规则并作出被告人可能被判无罪的结果，是存在一定难度的。

二、侦查中心主义的特征以及弊端

上述报道所反映的只不过是我国刑事诉讼司法实践当中侦查中心主义的众多表现之一，立法者也逐渐意识到了侦查中心主义对刑事案件的处理可能带来的弊端，然而，即便是在我国最新的刑事诉讼立法和司法解释当中，也可以找到侦查中心主义的特征。

（一）侦查活动缺乏司法控制

根据我国法律的规定，公检法三家在刑事诉讼中是分工负责、互相配合、互相制约的关系，侦查活动缺乏必要的司法控制。公安机关、人民检察院和人民法院并不存在一种位阶或者递进关系，正如有学者所言，更像是“制造流水线”上的三道工序，这种模式也能够从法律的规定当中得以窥知。刑事诉讼程序根据不同的诉讼目的、任务和要求被划分为不同的阶段，但从文本的表述上来看，侦查终结、审查起诉和定罪量刑的标准均为“事实清楚，证据确实、充分”，这一方面体现出我国证明标准中存在的“同一性”问题，也从另一方面反映了侦查与审判活动的并列。

---

① 周永坤：《政法委的历史与演变》，载《炎黄春秋》2012 年第 9 期。

人的认识因受到时空条件的限制而具有局限性，公安、司法人员的诉讼认知也应当随着诉讼活动的开展而逐渐深入，虽然不能说审判人员对案件的理性认识总是正确的，但是至少从阶段上来讲应当高于侦查人员。侦查阶段由侦查人员单方面收集证据，这种具有强烈追诉性的职业定式，再加上限期办案的压力，可能会使他们对案件事实的认定存在一定的偏差；审判人员相对而言具有较强的中立性，其结论是在听取控辩双方特别是辩方意见基础上得出的，在一定程度上是可以被认为高于侦查人员的。这种不分阶段地统一证明标准的做法，笔者揣测是出于“实事求是”的需要，但这不仅违背了客观认识规律，还混淆了侦查与审判的关系，不免让人产生一种“侦查结果即审判结果”的错觉。

我国法律还规定了五种强制措施，从内容上来看，这五种强制措施又可以分为两类：限制人身自由型和剥夺人身自由型，前者包括拘传、取保候审、监视居住，后者包括拘留和逮捕。对于限制型的强制措施，公安机关、人民检察院和人民法院均可自行决定。而拘留主要面对的是现行犯或者重大嫌疑分子，因此侦查机关方有权决定并执行。逮捕是最为严厉的强制措施，公安机关必须向检察机关提出申请方可执行，而检察院、法院尽管具有逮捕的决定权，但只能交由公安机关执行。从强制措施的体系当中可以发现，公安机关能够执行所有的强制措施，即便是在需要批准的逮捕活动中，法院与侦查机关也并不产生直接联系。

在外国，侦查机关如果要对犯罪嫌疑人采取逮捕措施，通常必须要有中立的预审法官或者治安法官颁发相关的令状方可执行，除非存在可以无证逮捕的例外情况，如情势危急等。在逮捕之后，警察还必须将犯罪嫌疑人毫不迟延地带至令状签发的法官处，来判断是否需要审前羁押或者是否可以被保释。由于缺乏必要的司法控制，我国侦查机关如果得到检察院的批准，其进行的逮捕活动则包含着“抓捕”和“羁押”的双重含义，而这种从侦查阶段开始的羁押活动很可能会一直延续到审判阶段，这也是我国超期羁押比较严重的原因之一。不仅如此，正是由于逮捕活动是由检察院审查批准的，如上文在谈绩效考核指标中所提到的那样，检察院捕后不诉是要扣分的，诉后被判无罪更会对考评造成重大的负面影响，因此，在这种环环相扣的制约之下，审判活动对侦查行为的司法控制就显得捉襟见肘了。

（二）诉讼程序可以倒流

根据刑事诉讼法的规定，诉讼程序并不是严格层层递进的，其中也存在着一定的程序倒流现象，这种程序倒流一方面降低了诉讼效率，另一方面也使得侦查行为介入审判活动之中，审判结果成为对侦查行为所查事实的再次确认。程序倒流的现象突出表现为退回补充侦查制度。

退回补充侦查在两种情况①下均可发生，一是在审查起诉阶段，如果案件承办人认为侦查机关移送的案件事实或者证据存在遗漏，需要进行补充或者补正的，可以将案件退回侦查机关，让其针对特定的问题再进行侦查，此活动可以进行两次，每次时间为一个月，且补充侦查完毕再次移送审查起诉后，检察院的审查起诉期间将会重新计算；二是在审判阶段，人民检察院可以向法院申请补充侦查，人民法院也可以建议检察院进行补充侦查，此种退回补充侦查活动仅能由检察院来进行，但是法律也留了一道口子——“必要时可以由公安机关予以配合”，从效果上来看，也是两次为限，每次一个月，补充侦查完毕之后，重新计算一审审限。

退回补充侦查制度，特别是在审判阶段的退回补充侦查，使得侦查活动重新出现在审判环节，冲淡了审判行为的正式性。刑事案件在经过侦查终结和审查起诉行为之后，本应达到“事实清楚，

① 有读者可能会认为在审查批捕阶段也可能会存在“退回补充侦查”的问题，但需要予以明确的是，侦查机关申请检察院批准逮捕，检察机关只能作出“批准逮捕”和“不批准逮捕”两种决定，只有在不批准逮捕的情况下，才可以通知侦查机关补充侦查，且此种补充侦查并不是本书所谈的“退回”补充侦查，因为案件仍处在侦查阶段，并不存在所谓的“退回”问题。

证据确实、充分”的要求，从某种程度上来讲，侦查机关和公诉机关在追诉犯罪行为上具有一致性，在经过两个机关核实确认之后的证据材料，一旦提交至法庭，就应当被视为具有确定力，并以之作为指控被告人有罪的证据。审判过程中的多次补充侦查，意在强化侦查结果对法院判决的作用力，并不符合诉讼原理的基本要求。除非是有新的证据或者有利于被告人的证据没有提交，否则不应当存在所谓的退回补充侦查。

在司法实践当中，程序倒流行为还削弱了法院作出无罪判决的权力。侦查终结认为犯罪嫌疑人有罪进而移送审查起诉，检察机关也在认为有罪的情况下才会将案件移送审判，而此两种移送行为均具有单方决定的行政主义色彩，辩方意见没有能够很好地表达，难免会忽视了相关的无罪证据或者其他程序性抗辩。在法庭审理过程中，在控辩双方证据出示、质证的情况下，如果检察机关认为案件在事实认定或者证据上确实存在问题，向法院要求补充侦查，合议庭“应当同意”。实际上，这种补充侦查也不可能发现任何有力的证据支持控诉，在补充侦查的一个月期限届满后，检察机关通常选择不再移送审判，案件由此“不了了之”，法院作出无罪判决的权力也受到了削弱。

（三）书面质证

侦查中心主义对审判活动的最大影响还表现在庭审过程中对于证据的质证上。在我国刑事审判活动当中证人的出庭率不高，公诉人通常在法庭上主要采用宣读证人证言的方式，辩方无法对证据进行质证或者交叉讯问，这种状况并不利于真相的发现。联合国《公民权利及政治权利国际公约》第 14 条第 3 款（戊）项规定：“在判定对他提出的任何刑事指控时，人人完全平等地有资格享受以下的最低限度的保证：讯问或业已讯问对他不利的证人，并使对他有利的证人在与对他不利的证人相同的条件下出庭和受讯问。”在证人不出庭的情况下，书面证人证言无法得到充分质证，法庭审理过程也就成为了对此种证据的确认过程。这些书面证言是侦查机关在侦查活动中取得的，换言之，审判阶段并没有让控辩双方将案件的真相通过交叉讯问的方式真实地展现在法官面前，而是沦为了对侦查阶段取得证据的确认，即通过庭审活动将侦查证据转化成为定罪量刑证据而已，此种活动的形式作用大于实质作用，使审判沦为确认侦查的“橡皮图章”。

事实上，我国法律也注意到了这方面存在的问题，在2012年《刑事诉讼法》中，新增加了强制证人出庭作证制度，意在提高证人出庭的比例，实现真相在法庭当中通过直接言词的形式得以展现的目的。然而遗憾的是，法律的规定似乎与理想的状态相去甚远。在证据理论当中，证人只有在法庭上所作的证言才能够作为证据使用，否则就不具有可采性，除非有法律规定的例外情况，这就是传闻证据规则的要求。我国虽然确立了强制证人出庭作证制度，但却与传闻证据规则的要求相反，以证人不出庭为原则。[①]

特别需要指出的是，在适用非法证据排除规则的庭审活动中，相关的司法解释认可了由侦查机关所出具情况说明的证据效力，这也突出体现了侦查对审判的制约和影响。情况说明是侦查机关用来证明侦查人员取证合法的材料，主要内容通常为“某某警官在某某案件的处理过程中，严格按照法律规定的程序规范地调查取证，不存在任何违法行为，特此证明”。司法解释将实践当中的情况说明纳入法院证明取证合法性的证据材料，实际上剥夺了辩方对于此种证据的质证权，法庭除了认可之外也没有其他的方式对证据本身进行质疑，除非辩方能够提供证据推翻情况说明所记载的内容，但如此所导致的后果就是直接将证据合法与否的证明责任转嫁至辩方，与法律之规定大相径庭。

---

① 根据刑事诉讼法的规定，只有在控辩双方对证人证言提出异议，证人证言对定罪量刑有影响，人民法院认为有必要的情况下，证人才会被要求强制出庭。

三、从侦查中心主义转向审判中心主义

党的十八届三中全会中明确指出，要“切实施行非法证据排除规则”。为了保障该规则的贯彻落实，必须实现从侦查中心主义向审判中心主义的转变。审判活动不仅要对被告人进行定罪量刑，还应当对侦查活动的合法性进行审查，这种审查突出地表现在非法证据排除规则的适用上，具体来说主要包括以下几方面：

（一）强制性侦查行为的司法审查和救济

根据侦查活动对犯罪嫌疑人的公民权利是否产生实质性影响，侦查行为可以分为强行性侦查行为和任意性侦查行为。理论通说认为，任意性侦查行为是基于犯罪嫌疑人的同意而进行的侦查活动，最主要的表现形式为敲门谈话以了解相关的案件情况。强行性侦查行为通常指的就是逮捕、搜查、扣押等众多可能对犯罪嫌疑人的隐私权、住宅权、财产权等一系列宪法性核心权利造成一定侵犯的侦查活动。正式基于此点的考虑，强行性侦查活动必须要经过司法机关的审查。审查包括事前审查和事后审查两种类型，事前审查通常指的是强行性侦查行为的执行必须要经过有权机关（通常是法官）签发代表合法性的令状方可进行，即令状主义；事后审查则是对该侦查行为违法性的救济，如果存在违背相关法律程序或者手段而取得证据的情形，这些证据就应当被排除。

侦查活动是收集犯罪嫌疑人、被告人有罪证据的最佳、最主要阶段，也是最容易产生非法证据的阶段。特别是对于强行性侦查行为，在强大的国家权力面前，公民个人权利极有可能受到侵犯，通过侵犯公民权利收集到的证据不能用作指控其有罪的证据，这就是非法证据排除规则的基本要求。因此，对侦查活动的司法审查和救济，不仅能够规范侦查人员的依法取证行为，还能够通过事后排除的方式及时将不具有可采性的证据剔除在证据目录之外。这体现了司法机关对侦查机关的制约，也有利于实现审判中心主义的要求。

（二）起诉案件的分流审查

根据我国目前的刑事诉讼法，当检察机关将案件移送法院审判之后，法院不能作出不予受理或者驳回起诉的裁定。法院在受理案件后会有一个初步的程序性审查，如果认为存在犯罪事实需要追究刑事责任，那么法院就必须对该案件进行开庭审理，不存在对案件的分流机制。实际上，在我国法律当中对案件是否应当进入审判程序是由检察机关作出决定的，在审查起诉阶段实现了案件的分流，对于不起诉的案件，包括法定不起诉、酌定不起诉、存疑不诉和附条件不起诉，诉讼程序就会终止在审查起诉阶段；对于检察院起诉的案件，则会启动法院的审理程序。

笔者认为，审判中心主义的突出表现之一在于审判机关可以对检察院移送审判的案件进行再次分流，此观点并非“空中花园”遥不可及。2012 年《刑事诉讼法》确立了庭前会议制度，并试图通过庭前会议解决一些包括非法证据排除在内的程序性问题。如果在庭前会议当中辩方对指控被告人有罪的关键证据提出了非法证据排除的申请，而控方又无法举证证明取证来源的合法性，在此种情况下，案件再进入庭审程序就显得毫无必要，不仅浪费了司法资源，还使得当事人再次陷入诉讼之虞。既然审判活动在整个诉讼阶段处于中心的环节和地位，就应当有权根据案件的具体情况对不同的案件进行分流，及时地排除非法证据。

（三）中立、不偏不倚地处理排除申请

审判中心主义还要求法庭在庭审过程中必须中立、不偏不倚地处理包括非法证据排除在内的程序性和实体性问题。审判活动不能成为对侦查行为的确认，特别是在证据合法性的调查程序当中，有学者将此种程序称为“审中审”、“案中案”，取证机关成为事实上的被告人，而刑事案件被告人成为控诉方，法院在案件的处理中应当始终保持中立的地位，独立对事实和证据进行调查核实。

法庭对非法证据排除的审理应当严格遵循直接言词原则和证据裁判原则。前者要求对案件作出裁判的法官必须亲自参与到案件的处理程序当中，证人必须在法庭上亲自说出证言并接受控辩双方的质证；后者要求法庭必须依据在庭审过程中进行举证、质证继而对认证的证据材料作出判断，而不能考虑其他的无关因素，特别是案外因素。这种中立性还体现在裁判文书的说理过程中。审判人员的心理活动总是需要通过一定的途径外化为人们可以感知的方式，因此，裁判文书必须对提出排除申请的证据进行论证：如果认为确认系非法取得的，应当明确非法取证的方式、人员、时间、地点；如果认为不能排除存在非法取证可能的，则需写明哪些内容使得审判人员存在对取证合法性的合理怀疑；如果认为不存在非法取证行为的，则必须对确认合法的证据材料进行细致分析，相互印证，以便形成完整的证据锁链。

第四节　卷宗移送主义

我国刑事诉讼程序的重要特点还在于，案件进入不同的诉讼阶段会实现相关卷宗材料在前后不同机关或者部门之间的移送，有学者将其称为“卷宗移送主义”。我国刑事诉讼法的两次修改，使得案件卷宗在检察院和法院间的移送经历了“全案移送主义”到“复印件主义”再到“全案移送主义”的反复。尽管卷宗移送在处理刑事案件的过程中确实提供了一定的便利，但也对非法证据排除规则的贯彻落实造成了一些负面影响。

一、卷宗移送主义的不同模式

在案件经过人民检察院审查并决定向法院提起公诉时，检察院必须向法院提交一定的卷宗材料以证明起诉行为的正当性。根据对移送材料不同范围的规定，卷宗移送又可以分为全案移送主义、起诉书一本主义和复印件主义。

（一）全案移送主义

大陆法系职权主义国家多采用全案移送主义的方式，即将与案件有关的所有卷宗材料移交给法院，并由一名职业法官对这些材料进行阅卷，了解案件中存在的争点，非职业法官和其他合议庭组成人员不得参与阅卷过程，以减少事前阅卷可能对法官心证形成带来的不利影响。此种做法的前提是，法官作为受过职业训练的法律专业人士，尽管事前可能接触到了相关案卷材料，却能够在随后的庭审中根据法庭上所展示并质证的证据材料，形成公正的判决。当然，这种减少前期干扰的制度并不局限于对法官自身能力的依赖，还有一系列的措施来保证判决的正当性，如真正的多数决表决机制、裁判文书说理制度等。全案移送所带来的益处也是显而易见的，在职权主义模式下，法官需要掌控庭审活动的全部流程，实现阅卷可以让其全面掌握案件争点和证据情况为目的，在一定程度上能够提高庭审的效率。

（二）起诉书一本主义

起诉书一本主义主要是英美法系以及一些混合法系国家的做法。公诉部门在向法院提起控诉时，仅需要移送载有犯罪事实的起诉书，证据及其他相关附带材料在法庭审理时再展示给法官和其他事实裁判者。对抗制的基本诉讼模式是“沉默的法官，争斗的当事人”，① 在采用陪审团进行审判的刑事案件当中，如果陪审员事先接触到了案件材料或者对案件形成了先入为主的认识，那么控辩双方就能够对此人提出回避的要求。陪审员必须根据在法庭审理时控辩双方对证据的交叉询问来形成对案件事实的认定，并在此基础上对被告人是否有罪进行表决。当然，起诉书一本主义也会带来一定的弊端，其对辩方的诉讼能力提出了很高的要求，必须时刻准备应对庭审过程中出现的“证据突袭”现象。起诉书一本主义必须与完善的证据开示制度相联系，辩方需要充分了解控方的证据才能在庭审过程中形成真正的对抗。

① 张泽涛：《我国起诉书撰写方式之缺陷及其弥补——以诉因制度与起诉书一本主义为参照系》，载《法商研究》2007 年第 3 期。

(三) 复印件主义

我国1996年对《刑事诉讼法》进行了修改，将案卷材料的移送方式改为了“复印件主义”，即对于提起公诉的案件，检察院只需将“有明确指控犯罪事实的起诉书，证据目录、证人名单和主要证据复印件或者照片”移送至法院即可。从移送材料的范围上来看，1996年《刑事诉讼法》采用了一个折中的方式，既非移送案件的全部材料，也非仅移送起诉书，改革的目的在于减少法官对案件形成预断，切断审判与阅读案卷材料的联系。这种改革的出发点是好的，但是在司法实践中又产生了一些问题。首先，律师对控方证据无法进行全面的了解和掌握。法律仅规定公诉机关移交主要证据的复印件，而究竟哪些证据属于主要证据，则由检察院进行自由裁量，不排除其对一些关键性证据进行隐瞒并在法庭审理中进行提交和展示的可能，在辩方本来就处于弱势地位的情况下，有效辩护难以实质开展。其次，复印件主义也难以真正隔断阅卷与审判的关系，法官的办案工作主要还是依靠对案件材料的审查，在仅移送主要证据复印件的情况下，这些证据多为指控被告人有罪的证据，法官在阅卷之后更加容易形成其有罪的先入为主的认识。再次，“根据当时司法解释的规定，审判长宣布休庭后，公诉机关应当在休庭后三日内将当庭出示以外的其他案卷和证据材料移送人民法院”，[①] 这主要与宣判制度相联系，特别是在定期宣判的情况下，法官对案件的处理结果主要依赖于庭审后对卷宗材料的审查，这样庭审过程就不免成为了“走过场”。

二、全案卷宗移送与非法证据排除

2012年《刑事诉讼法》对1996《刑事诉讼法》的规定进行了扬弃，前者在第172条明确要求人民检察院在向人民法院提起公诉

① 刘根菊:《恢复“卷宗移送主义”是一种倒退》，载《检察日报》2006年2月16日。

时应当将案卷材料、证据移送人民法院，将复印件主义回归至全案卷宗主义，但对于公诉案件的庭前审查程序主要是程序性审查的立场没有改变。① 尽管如此，全案卷宗移送还是对非法证据排除规则的实施造成了一定的影响。

（一）公诉机关将排除的证据随案移送

在目前全案移送主义的背景下，即便证据在先前的程序当中已经被认定为通过非法方法取得，但在庭前对卷宗材料的审查活动中，其还是能够进入法官的视野。“排除证据需要法官从他们的头脑中删除特定的事实，但是法官事先已经接触了某种事实，事后又需要遵照法律完全排除这一事实，实际上是面临心理难题的。”②非法证据排除规则排除的是采用非法方法取得的证据的证据资格，避免使证据影响事实裁判者的心证。我国非法证据排除规则的主要特点是在侦查、审查起诉和审判阶段均可以依职权或依申请排除非法证据，但是在被排除的证据仍旧随案移送的模式下，非法证据并没有得到真正的排除，就如同“幽灵”一般附随着卷宗材料，随着法官的阅卷而被其感知。笔者认为，公安机关和人民检察院作出的排除非法证据的决定属于程序性处理，应当具有终局性的特点，在被依法认定为采用非法方法取证或者不能排除存在非法取证的情况下，此份证据就应当被“剔除”出证据名单，不得以任何形式出现在后续的诉讼程序当中。

（二）全案卷宗移送影响非法证据排除效果

在事先阅读全案案卷材料的情况下，法官对案件的判决结果会受到公诉机关意见的影响而形成大致预判，这在一定程度上使庭审成为“走过场”的活动。笔者在调研过程中了解到，在一些司法实践中，如果遇到犯罪嫌疑人、被告人及其辩护人申请非法证据排

① 江必新主编：《最高人民法院关于适用〈中华人民共和国刑事诉讼法〉的解释》，中国法制出版社 2013 年版，第 181 页。

② 宋英辉、叶衍艳：《我国审判阶段非法证据排除启动程序问题——基于〈刑事诉讼法〉及相关司法解释的分析》，载《法学杂志》2013 年第 9 期。

除的情况，检察院会将案卷材料送给法官，并在法官阅卷的基础上征询法官意见。倘若法官在查阅卷宗材料之后，认为取证的合法性存在疑问，检察机关就可能会根据不同情况采用三种不同的方式：一是通过补充收集其他证据以证明取证合法，再次在起诉前与法官进行沟通，确保该证据能够被采用；二是进一步向法官咨询，在排除非法证据后，该犯罪嫌疑人、被告人是否还能够被定罪；三是在无法补正或者作出合理解释的情况下，检察院不会将此份证据提交到法院，如果该证据属于核心性证据，排除以后无法定罪，则会选择作出不起诉决定，不让案件进入审判阶段。无论采取哪一种做法，法院排除非法证据的功能均受到了极大的削弱。

有论者可能会认为，这种司法实践当中的检法“沟通协调”途径，在一定程度上也发挥着排除非法证据的作用，但笔者认为，这种排除的效果十分有限。首先，法官对证据合法性的判断依据是检察院单方移送的案卷材料，通过阅卷很难发现证据取得方式的合法性问题。事实上，卷宗材料中鲜有对取证行为的详细证明，如针对犯罪嫌疑人的讯问笔录仅是以问答的方式记录双方的谈话，并不能反映出其他取证经过，而且多份讯问笔录之间存在复制、粘贴的现象，对于犯罪经过等有罪供述记载得比较详细，而辩解可能就被忽略或者一笔带过。因此，阅卷本身并不是发现或者排除非法证据的重要途径。其次，在非法证据难以发现的情况下，检法两家在达成协议的基础上，使案件起诉到法院，此时被告人及其辩护人再提出排除非法证据的申请，就不再是法条所规定的那样简单。根据刑事诉讼法的规定，申请人只要提出了非法取证行为的线索或者材料，就可以启动证据合法性的调查程序，但经过协调的法官已经形成了一个先入为主的观念，要想使其产生合理怀疑，恐怕辩方就应当承担较大的证明责任，证明非法取证行为存在的可能大于不存在的可能，这提高了程序启动的门槛，使得一些本应启动调查程序的案件无法启动。再次，在通过沟通协调认为即使排除某一证据也不影响定罪量刑的情况下，非法证据调查程序更是“走过场”的活动，不管排除不排除，最后的结果都已经基本事先确定，法官参与调查程序的积极性不高，对于辩方要求侦查人员或者其他证人出庭的申请，通常也不会采纳。

三、降低卷宗移送对非法证据排除的负面影响

非法证据排除规则要得到切实有效的实施，必须消除查阅卷宗材料对证据排除的负面影响，确立实质的证据合法性调查程序。根据我国司法制度的现状，笔者认为可以从以下几方面加以改进：

（一）保障辩方意见附卷权

2012年《刑事诉讼法》的修改，增加了辩方意见附卷的规定。在此之前，卷宗材料均由公安、司法机关制作，在材料的选取上主要反映了这些机关的意志，法官在阅卷的过程中，不免会形成对被追诉人的负面印象。新法修改以后，明确规定在侦查终结、审查起诉和死刑复核阶段，辩护律师提出书面意见的，应当附卷。这种修改使得卷宗材料在内容上就呈现出了一种对抗的模式，法官在查阅全案卷宗材料时，既可以看到检察机关的指控意见和有罪证据，也能够了解辩方的程序性抗辩（主要是非法证据排除）和无罪或者罪轻的辩护意见，从而实现某种程度上的“兼听则明”。

尽管刑事诉讼法对卷宗移送进行了修改和完善，但辩方意见附卷权还需要在立法上和实践中予以积极保障，这主要表现在：在立法上，进一步扩大附卷权的提出主体范围，目前我国法律中规定的仅是“辩护人”和“辩护律师”（根据不同阶段），但我国目前刑事案件的律师辩护率相对较低，在没有律师帮助的情况下，这些犯罪嫌疑人、被告人的辩护权利就更加应当得到尊重和保障，因此，宜将被追诉人的辩护意见也纳入附卷的范围。有论者可能会提出，侦查机关和审查起诉机关均会制作讯问笔录，其中就已经载明犯罪嫌疑人、被告人的辩护意见，但笔者对此种实践方式存在不同的看法。案件如果经过审查起诉阶段决定移送审判，那么至少对于控诉机关而言被告人是有罪的，在讯问笔录中更多的是被告人有罪的记

录、证据和线索，无罪或者罪轻的辩解将会“淹没”在大量的讯问笔录中。另一方面，被告人作为刑事诉讼的当事人，应当享有自行辩护、提出辩护意见并被听取的权利，其不应当被视为追诉客体。另外，在司法实践中，法官还必须保证对卷宗材料中的控辩双方意见予以同样的重视，不能对辩方的附卷意见视而不见或者不加重视，这是法官中立性的基本要求，即应当与控辩双方保持同样的距离，在对书面卷宗材料审阅时也应当做到不偏不倚。

（二）确立实质的证据合法性调查程序

非法证据排除应当在专门的证据合法性调查程序中进行，庭前对卷宗材料的审阅最多只能了解证据合法性的争议，并不能允许实现作出结论或者单独与其中一方进行“沟通”。证据合法性调查程序应当具有实质的庭审模式，以证据裁判原则、直接言词原则作为保障和支撑，法官必须以在调查程序中形成的心证来确认证据是否合法，是否需要排除某一证据。

这种实质的调查程序还表现在法庭应当当庭或者在休庭后的合理时间内作出关于是否排除证据的处理决定，在证据合法性问题没有得到解决之前，对案件的实体性审理不得开展或继续进行。法庭必须对是否采纳该证据及其理由进行详细的说明，并对之后的诉讼活动起到约束的作用和效果。如果控辩双方对一审法院就证据合法性问题的处理不满意，则可以在二审当中继续提出要求再次启动证据合法性的调查程序，根据我国目前的法律规定，这种申请在一审判决后才能提出。若从长远发展来看，证据合法性问题应当优先于实体性问题得到解决，笔者认为，可以考虑建立一个类似于中间上诉程序之类的专门针对证据合法性的救济程序，待二审法院对证据问题作出最终裁量之后，再对被告人是否有罪的实体性问题进行定罪量刑，以保障证据合法性的调查程序不被虚置和架空。具体的程序设计将在第六章中论述。

第四章　非法证据的范围问题

非法证据排除规则可以具体分为实体性规则和程序性规则。其中，实体性规则探讨的是非法证据的界定问题，我国非法证据的范围包括犯罪嫌疑人、被告人供述和辩解，证人证言，被害人陈述以及书证、物证；程序性规则主要是证明问题以及程序问题，包括证明责任、证明标准、证明方式以及程序的设计与安排。因此，在探讨我国非法证据排除规则的完善时，笔者也将遵循此种路径展开论述。

2012 年《刑事诉讼法》和相关的司法解释已经对非法证据进行了界定，建立起了以“痛苦规则”为要素的口供排除规则和以裁量排除为基础的书证、物证排除规则，但其在司法实践过程中仍面对着一些问题，这种排除的界定方式并不能够体现出刑事诉讼法尊重与保障人权的价值目标。从最近发布的相关规范性文件来看，我国非法证据的范围呈现出一种扩大的趋势。“痛苦规则”已经难以概括非法言词证据的属性。随着搜查、扣押制度的完善，书证、物证的排除体系也会更加具体和精细化。同时，我国的证据类型有八种，包括鉴定意见、电子数据、视听资料在内的证据类型是否也能够被认为是非法证据，是否应当受到非法证据排除规则的调整和限制，也需要在理论上进行探讨。

第一节　非法言词证据的范围

现行刑事诉讼法和相关司法解释将口供排除判断的落脚点放在侦查人员是否采用了使犯罪嫌疑人、被告人剧烈痛苦的方法而获取口供上。笔者认为，自愿性应当是判断庭前供述是否合法的首要标准。以“痛苦规则”为内涵的刑讯逼供、暴力、威胁等非法方法，主要也是通过对犯罪嫌疑人、被告人的肉体或精神造成剧烈痛苦来迫使其作出有罪供述。此种界定方式存在一定的弊端，它缩小了非法自白的范围，会导致原本不具有可采性的供述成为证据，在法庭指控被告人有罪。

根据笔者的调研，理论界和实务界对此问题的见解均有所不同。在将“痛苦规则”作为判断取证非法的前提下，恐怕引诱、欺骗的方式难以被纳入非法证据排除规则的调整范围，因为此两种方法与刑讯逼供等暴力手段相比较，还是显得“温柔”多了，至少在犯罪嫌疑人的供述作出之时并没有让其感受到肉体上或者精神上的剧烈痛苦。之所以存在此种争议，笔者认为，最关键的因素在于我国法律在对非法言词证据进行界定时选择了实施起来较为艰难的“参照系”，立法者一方面认识到了刑讯逼供等非法方法给被追诉人人身权利造成的重大损害，由此取得的供述可信性低，另一方面却又采用了“头痛医头，脚痛医脚”的方法，并没有探究为什么以刑讯逼供、暴力、威胁等非法方法获取的供述不应当具有可采性。

一、“自白任意规则”探析

（一）自白任意规则在英美法系国家的发展

自白任意规则，又称为非任意自白排除规则，即自白只有在自愿的情况下作出才具有可采性，自白任意性应当是可采性的必要条件。[①] 根据早先的英国普通法传统，犯罪嫌疑人所作出的供述，即使这些供述是由刑讯逼供所致，也具有可采性。这种规则直到 17

① 张建伟：《自白任意性规则的法律价值》，载《法学研究》2012 年第 6 期。

世纪末期才得以改变。[1] 英国于1726年就已经确立了非任意性自白由于其不可靠而不具可采性的原则。自白任意规则在国王诉沃里克希尔案（The King v. Warickshall）[2] 中予以明确，法庭认为“出于希望的谄媚或者对刑讯的恐惧所作出的供述，并不值得相信”。该原则在刑事诉讼案件中得到了严格的适用。英国普通法中排除非任意自白的理由在于，如果警察的取证行为可能会导致虚假供述并使得无罪之人被错误定罪，那么该自白就应当被排除。因此，英国法庭在对案件进行判决时，自白的自愿性就成为了考虑的主要因素，甚至在大多数情况下，供述不是自愿作出本身就构成了排除的事由，而对供述真假性在所不问。[3]

美国联邦法院、州法院乃至最高法院，沿袭了英国普通法传统。在霍普特诉犹他州案（Hopt v. Utah）[4]中，联邦最高法院阐述了联邦层面的自白任意规则，并指出：“自白如果是在自愿的情况下作出，则是令人满意的最佳证据；但如果是威胁或者许诺，使得被告人产生某种恐惧或者希望，使得其失去了自由的意愿或者自控能力，此种自白就不具有可采性了。”自白任意规则在1897年布拉姆诉合众国案（Bram v. United States）[5] 中实现了与联邦宪法第五修正案“不得强迫自证其罪”的结合，自此以后任意自白规则就作为联邦宪法的应有之义，在联邦法院中不得将非任意性自白作为证据使用。在各州刑事程序当中并没有如此强制性的规定，法院可以依据本州之法律自由评价违反自愿性而作出的供述，这种情况直到1936年联邦最高法院在布朗诉密西西比州案（Brown v. Missis-

① Laurence A. Benner, Requiem for Miranda: The Rehnquist Court's Voluntariness Doctrine in Historical Perspective, 67 Wash. U. L.Q. 59, 94 (1988).

② The King v. Warickshall, 168 Eng. Rep. 234 (K.B. 1783).

③ Welsh S. White, What is an involunray confession now? 50 Rutgers L. Rev. 2001 (1998).

④ 110 U.S. 574 (1884).

⑤ 168 U.S. 532 (1897).

sippi)[1] 的判决中通过联邦宪法第十四修正案“正当程序”而将自白任意规则平等适用到州法院层面，才得以改变。

根据正当程序条款，警方从被告人处取得的非自愿性供述是不具有可采性的。自愿性的判断需要综合考虑所有的因素，在自愿与非自愿之间也并非会时常存在明显的界限。美国主要是通过案例的形式逐渐发展出了一整套的自白任意规则体系。正当程序当中的自白任意性体现了多重价值：第一，在非自愿的情况下供述虚假的可能性极高，如果在法庭上可以将其用作指控被告人有罪的证据，则会容易使无辜之人被定罪量刑；第二，即便在有其他证据对此份口供的真实性予以佐证、造成冤案可能性降低的情形下，该份供述也不可采，“任意自白规则并不是为了排除潜在的虚假证据，而是为了使用证据的公正性”，[2] 即警察在执行法律之时也必须遵守法律；第三，采用刑讯或者其他骇人听闻的方式取得供述，与文明社会刑事司法制度的基本理念相冲突；[3] 第四，自白任意规则还与不同的诉讼模式有关，在对抗制诉讼模式之下，控辩双方在诉讼过程中应当被视为平等的主体，“被告人的自由意志不应当受到政府的压迫，乃至成为对付自己的工具”，[4] 通过强迫的方式取得供述，这对参讼双方而言无疑是极大的不平等；第五，人的尊严、个人自治以及自由意志，使得公民不能成为公权力滥用获取自愿供述的对象；第六，从功利主义的角度进行分析，该原则还能够对警察的非法行为形成威慑作用，减少将来同种行为发生的可能性。

在众多案例中，最具代表性的是米兰达诉亚利桑那州案（Miranda v. Arizona），[5] 联邦最高法院通过该案创立了米兰达规则，作

---

① 297 U.S. 278 (1936).

② Lisenba v. California, 314 U.S.219, 236 (1941).

③ Mill v. Fenton, 474 U.S. 104, 109 (1985).

④ H. Richard Uviller, *Evidence from the Mind of the Criminal Suspect: A Reconsideration of the Current Rules of Access and Restraint*, 87 Colum. L. Rev. 1137, 1146 (1987).

⑤ 384 U.S. 436 (1966).

为犯罪嫌疑人“不得强迫自证其罪”这一宪法性权利的保障，也成了判断供述是否自愿的重要标准。在该案中，法庭指出：“被监禁之人在受到讯问前，必须被清楚地告知其有权保持沉默，所作的一切供述将会用作在法庭上指控他的证据；他必须被清楚地告知有权聘请律师，并在讯问时有该名律师在场；如果他经济困难，那么将会为其免费提供代理律师。”① 如果控方将被告人的庭前供述作为证据使用，则必须证明该被告人在“自愿”、“明知”且“明智”的情况下放弃了不得强迫自证其罪的权利。

（二）从身体强制到心理强制

随着刑事司法对程序正义以及人权保障要求的日益高涨，侦查人员获取被告人口供的方式也逐渐从刑讯逼供等身体强制方式转变为采用许诺、引诱等方法的心理强制。心理强制措施能否被视为违反了自白任意规则而将有罪供述予以排除，在理论中也有争论，从美国法院的判例情况上来看，法官们也没有设定明确的界限。

早在1960年的布莱克本诉亚拉巴马州案（Blackburn v. Alabama）中，法院就指出：“被告人鲜血淋漓、皮开肉绽并不是鉴别非法讯问的唯一途径，强制供述不仅可以作用于身体，还能够作用于精神。”通常用来判断心理强制是否存在的因素包括但不限于：监禁时间的长短、讯问的长短以及发生时间、讯问过程是否与外界隔绝，以及被告人的个体因素（如年龄、智力、受教育程度以及心理状况等）。如果有其他心理强制因素的加入，如不给水喝、不给东西吃，那么无疑会增加供述非自愿的可能。对于许诺（promise of leniency），判决则呈现出了一种从严格到宽松的趋势：

---

① 原文为“The person in custody must, prior to interrogation, be clearly informed that he/she has the right to remain silent, and that anything the person says will be used against that person in court; the person must be clearly informed that he/she has the right to consult with an attorney and to have that attorney present during questioning, and that, if he/she is indigent, an attorney will be provided at no cost to represent him/her”。

布拉姆诉合众国案[①]判决认为，供述的作出如果是出于直接或间接的许诺，那么不管多么微小，都应该认为是强迫。在林娜姆诉伊利诺伊州案（Lynumn v. Illinois）中，警察告知犯罪嫌疑人如果不交代罪行将会失去社会福利金，失去孩子的监护权，并会被判处十年的监禁；如果她肯与警察合作，那么警方将会申请减轻量刑并帮助她照顾孩子。联邦最高法院一致排除了被告人的有罪供述。在当时的解读是，警察的许诺行为导致了供述的非自愿性。但在1987年，最高法院在科罗拉多州诉斯普林案（Colorado v. Spring）中的见解是，警察夸大了不供述可能带来的不利后果，才是判断供述非自愿性的最主要原因。根据韦恩·拉费弗（Wayne Lafave）教授的调研，“地方法院通常认为，通过下列许诺而获取的供述不具有自愿性：不起诉、撤销若干指控、药物治疗或者减少量刑。尽管如此，现在法院已经倾向于减少基于许诺而排除有罪供述的情况，其还需要结合案件的其他情况进行分析”。[②]

许诺只是警察通过讯问进行心理强制的方法之一，随着美国联邦法院和司法部对采用暴力和刑讯行为的严格禁止，警察的讯问方式变得越来越“狡猾”，欺骗也成为最常用的“技巧”。尽管在米兰达诉亚利桑那州案件中，联邦最高法院严厉地批评了警察在讯问中的欺骗行为，但是越来越多的案例显示，法院对欺骗似乎也采用了一种容忍的态度：仅是向犯罪嫌疑人撒谎并不足以导致供述被排除。如果警察只是欺骗犯罪嫌疑人，告知他同案犯已经全部交代罪行并已经有足够的证据证明其罪名成立，尽管此行为是判断供述自愿性的重要因素，但不足以促使法院作出排除供述的裁决。[③] 不仅如此，法院还通过判例确认了警察化装成为犯罪嫌疑人的同监室友进而获取该人的有罪陈述的方式能够取得证据的合法性，[④] 而地方

① 168 U.S. 532 (1897).

② Wayne LaFave&Jerold H. Israel, Criminal Procedure, at 1449 (West P. 2009).

③ Frazier v. Cupp, 394 U.S. 731, 739 (1969).

④ Illinois v. Perkins, 496 U.S. 292 (1990).

法院则许可了许多种形式的警察欺骗行为，最常见的是允许在讯问时谎称已经掌握了并不存在的被告人的有罪证据。①

二、我国非法供述的判断标准：从“痛苦规则”向“自白任意规则”转变

在前文中已经提到，根据2010年“两个证据规定”、2012年《刑事诉讼法》和“两高”的司法解释，我国非法言词证据基本上采用的是以“痛苦规则”为基础的非法方法的认定模式，并对其采用强制排除的态度。但此种界定方式存在一定的弊端，最高人民法院在随后制定的《关于建立健全防范刑事冤假错案工作机制的意见》（以下简称《意见》）中，对需要排除的非法供述范围进行了扩大，并似乎摈弃了“非法方法”作为判断言词证据合法性的唯一根据。《意见》第8条指出：“采用刑讯逼供或者冻、饿、晒、烤、疲劳审讯等非法方法收集的被告人供述，应当排除。除情况紧急必须现场讯问以外，在规定的办案场所外讯问取得的供述，未依法对讯问进行全程录音录像取得的供述，以及不能排除以非法方法取得的供述，应当排除。”《意见》在原先非法供述排除范围的基础上进行了如下重要修改，增加了三类情形，此三类情形似乎已经并不完全能够由以“痛苦规则”为基础的非法方法进行界定：第一类，采用冻、饿、晒、烤、疲劳审讯等方式获取的供述。此类模式实乃刑讯逼供等非法方法的扩充，随着现代刑事司法越来越注重在诉讼过程中对犯罪嫌疑人、被告人人权的保障，传统鲜血淋漓、皮开肉绽的刑讯方法已经被社会舆论所唾弃，但是“深层次”的刑讯行为已经通过另外的不留痕迹的方式在司法实践中展现，冻、饿、晒、烤、疲劳审讯已经被2012年《刑事诉讼法》及其司法解释中的“肉刑或者变相肉刑，给人的肉体或者精神造成剧烈痛苦”所涵摄。第二类，未在法定场合进行讯问所得之供述，需要排除。

① State v. Patton, 826 A.2d 783, 793 (N.J. Super. A.D. 2003).

根据我国法律的规定，讯问犯罪嫌疑人的地点根据此人人身自由受到限制的情况可以分为两种：尚未被羁押的，可以通知其到所在市、县内的指定地点，其的住处以及侦查机关接受讯问；如果已经被羁押，则只能在看守所进行。在司法实践当中，讯问逼供多发生于犯罪嫌疑人涉嫌严重犯罪被羁押的情况下。基于此种理由排除有罪供述，与“痛苦规则”的要旨关系已经不大，当然，可能有论者会认为，之所以在《意见》当中作出此种规定，就是为了针对在法律规定以外的场合进行讯问所潜在的刑讯逼供的可能，但是，在笔者看来，这种解释远不如任意自白原则恰当。在人身自由受到限制的情况下进行讯问，已经给犯罪嫌疑人的心理造成了极大的压力，如果不在法律规定的场合，这种心理强制无疑会更加剧烈，有罪供述就难以确保其自愿性，出现虚假供述的概率就更高了。无论是从人权保障还是真实发现的角度，均不产生任何收益，反倒增加了成本。第三类，是应当录音录像而没有录音录像所取得的供述，应当排除，这已经超出了“痛苦规则”的要求。录音录像制度产生的目的在于规范讯问行为，其不仅能够全程记录整个过程，还能够在证据合法性产生争议时作为证据使用。但随着非法证据排除规则的施行，在司法实践当中录音录像制度也出现了异化，并不全程进行（仅称为固定犯罪嫌疑人供述的载体），或者对于应当录音录像的案件由于各种各样的原因无法提交相应的录音录像，使得控辩双方在法庭之中对取证合法性问题各执一词。《意见》将此种情形明确予以规定，要求排除有罪供述，其合理性也可以通过自白任意规则进行解释。法律明确规定的应当录音录像的案件通常都为重大复杂案件或者检察院自侦案件，这些案件要么因为社会影响重大，侦查人员“背负”较大的思想压力，要么是比较私密的对合犯罪，犯罪嫌疑人的口供能够对查明案件事实起到更加重要的作用，甚至是定罪量刑的关键因素。侦查讯问场合并不对外界开放，在相对隔绝的场合当中侦查人员更“容易”迫使或者诱使犯罪嫌疑人作出供述，录音录像的全程性能够为事后审查有罪供述的自愿性提供更加真实、全面、客观的判断依据。

实现非法言词证据的标准从“痛苦规则”向“自白任意规则”的转变并非不可能，在我国现行法律和司法解释的文本当中，虽然主要均以刑讯逼供等非法方法作为排除供述的先决条件，但在表述当中仍出现了“迫使被告人违背意愿供述”、“逼取供述”等词汇，即便采用了以“痛苦规则”为基础的非法方法，这种非法方法也是以“逼供”为目的的。从司法实践的情况来看，“痛苦规则”带来的弊端至少有以下两方面：第一，“痛苦规则”回避了一些并未带来痛苦但是也可以达到如同刑讯逼供般更加隐蔽的、对犯罪嫌疑造成心理强制的方法，如理论上争议最大的引诱和欺骗，引诱和欺骗在获取口供时并不会对被讯问人造成所谓的剧烈痛苦，但不分程度地一律认可引诱、欺骗获得的供述，也不为当代刑事诉讼司法理念所接受；第二，“痛苦规则”在界定上存在不明确的地方，这点立法者也已经有所了解，并不断地对什么是“刑讯逼供等非法方法”进行扩大，将冻、饿、晒、烤、疲劳审讯等方法也纳入其中。但立法应当具有明确性和可操作性，频繁修法或者以有权机关意见或者解释的形式对法条进行扩张解释，并不利于非法证据排除规则的施行，这其中还涉及新旧规定的衔接问题、法官的责任问题等。尽管表面上看起来是扩大了非法证据的适用范围，但实际上并不利于该规则的长久施行。

随着我国刑事司法改革的深入和人权保障理念的提高，非法言词证据的界定必然会从“痛苦规则”走向“自白任意规则”。《刑事诉讼法》第50条已经规定了“不得强迫任何人证实自己有罪”的条款，在一定程度上可以被认为是自白任意的萌芽。论及此，有读者可能会指出，我国法律中还规定了犯罪嫌疑人如实供述的义务，该义务的存在就注定了目前自白任意规则无法真正实现。笔者认为，如实供述的落脚点在“如实”二字上，即对于侦查人员的讯问，犯罪嫌疑人享有“不强迫自证其罪”的权利，但如果他是在自愿的情况下作出供述，那么供述必须是真实的。

在司法实践当中，侦查阶段、审查起诉阶段均需要对犯罪嫌疑人进行多次讯问，以固定口供，形成数次供述之间的相互印证，以提高证明力，如果最开始的供述系非自愿情况下作出的，那么后续自白的效果即重复自白在刑事诉讼程序中的使用问题，也需要予以高度关注。①

三、确保自白任意性的配套制度

自白任意规则的实现，就我国目前的刑事司法状况而言，还必须建立健全相关的配套制度，其中就包括沉默权、讯问时律师在场、全程录音录像制度等。缺乏这些必要的配套制度而探讨自白任意规则如何在排除非法言词证据中发挥作用，是不切实际的。

1. 沉默权。沉默权被认为是自白任意规则的子权利。② 学界对沉默权也进行了较为深入的探讨，普遍认为应当在我国确立沉默权制度。实务界特别是侦查机关对此持相反的观点，认为如果赋予犯罪嫌疑人、被告人以沉默权，那么刑事侦查活动将受到极大的阻碍，不利于惩罚犯罪目标的实现。目前，我国侦查活动还是以获取犯罪嫌疑人口供为中心的，口供中心主义的侦查模式直接导致侦查人员更倾向于从犯罪嫌疑人口中获取证据，而不擅长收集其他言词证据或者实物证据来对案件事实进行证明。为了取得口供，侦查人员当然会采用各种途径，这为刑讯逼供提供了心理动机。实际上，立法者也早已了解到口供中心主义的弊端，法条当中也已明确规定“只有被告人供述，没有其他证据的，不能认定被告人有罪和处以刑罚”。沉默权制度的建立，一方面为实现侦查模式的转变提供了契机，促使侦查人员积极获取与犯罪事实相关的实物证据和其他言词证据，实现侦查技术和设备的更新换代；另一方面，也能够为犯

---

① 关于重复自白的论述，参见本书第二章“非法证据排除规则典型案例分析”中的陆武贩毒案。

② 更多内容参见杨宇冠：《国际人权法对我国刑事司法改革的影响》，中国法制出版社 2008 年版。

罪嫌疑人在审前阶段的人身权利提供必要的保障，在行使沉默权的情况下，不会出现刑讯逼供、疲劳讯问等极端情况，因为除非犯罪嫌疑人愿意作出供述，否则他就有权保持沉默，任何明示或者默示的侵犯沉默权的行为都将会被视为对自白任意规则的违反，所导致的直接后果就是排除犯罪嫌疑人的相关供述，理由在于“任何人不能基于他的违法行为而获利”。

2. 讯问时律师在场。讯问时律师在场制度是确保口供自愿性的另一个重要内容，早在十几年前，中国政法大学诉讼法学研究院就对讯问时律师在场制度开展了试点项目。实践证明，讯问时律师在场能够有效地规范讯问活动，并对侵犯犯罪嫌疑人诉讼权利和人身权利的行为及时提出异议。遗憾的是，我国目前在相关法律当中尚未规定此种制度，尽管2012年《刑事诉讼法》已经进一步扩大了辩护的范围和程度，但犯罪嫌疑人聘请律师作为辩护人仅能在“第一次讯问后或采取强制措施之日起”。从法条的表述来看，犯罪嫌疑人在第一次讯问过程中是不可能有律师作为辩护人参与刑事诉讼的，即便是在之后的讯问过程中，律师也没有在场的权利。实务部门对讯问时律师在场制度心存顾虑，但笔者认为，在沉默权得以确立的基础上，担心律师在场而无法得到口供的顾虑就没有存在的必要了。毕竟在此前提下，口供并非是破案所必需的，有其他证据并形成证据链条且可相互印证的，仍可以将犯罪嫌疑人移送审查起诉。在犯罪嫌疑人同意回答的前提下，律师在场可以对该人的自愿性作见证，而且“被告人自愿作出的对己不利的证言，是最好的证据”。[①] 当然，考虑到目前我国刑事案件犯罪嫌疑人、被告人辩护率普遍偏低，在还没有委托辩护人的情况下，全程同步录音录像将是证明口供自愿性的最佳材料。

3. 同步录音录像的完善。我国已经确立了侦查讯问同步录音

---

① 顾永忠：《刑事辩护的现代法治涵义解读——兼谈我国刑事辩护制度的完善》，载《中国法学》2009年第6期。

录像制度，但从现有的规定来分析，该制度仍有值得进一步完善之处。首先是应当录音录像的案件的范围，刑事诉讼法和相关司法解释仅强制要求对于可能判处无期、死刑以及检察机关职务犯罪类案件进行讯问录音录像，其他的案件究竟是否录音录像则交给侦查机关根据案件情况和自身条件进行自由裁量。在可录可不录的情况下，侦查人员通常都会选择后者。这还不是法律规定所带来的重大弊端，笔者想指出的是，诉讼认识是随着侦查活动的开展而逐渐深入的，案件是否重大复杂，犯罪嫌疑人是否可能被判处无期徒刑、死刑，也是随着对案件事实认识的深入而发生变化的。既然如此，在司法实践中也就出现了一种规避法律的现象，即对于明明可能被排除无期、死刑的犯罪嫌疑人进行讯问时，并不进行录音录像，而是通过多次“教育”使讯问口供稳定后，再对讯问进行录音录像，这使得录音录像成为了固定证据的载体，丧失了本来应当发挥的效果。针对此种情况，立法应当扩大录音录像的范围至所有刑事案件，以录音录像为原则，不录音录像为例外。对于没有录音录像的，应当作出合理解释或者补正，否则相关的供述就不能作为证据使用。这在目前的科技条件和经费水平下是现实可行的。其次是录音录像的全程性问题。我国法律规定的是“讯问”同步录音录像，对讯问前和讯问后的情况并没有作出规定，而根据笔者调研，真正的“讯问”同步录音录像目前在一些地方的侦查活动当中都没有能够完全实现，“打时不录，打完再录”的现象也时有发生。因此，要充分发挥录音录像制度的作用，必须实现对录音录像的全程适用，这种全程不仅仅要覆盖侦查讯问活动，还应当包括从“进”到“出”看守所的全过程。

4. 逮捕受到严格的司法控制，审前羁押不应当成为一种常态。我国目前审查批准逮捕活动主要采取检察机关审判模式，并辅之以羁押必要性审查制度。这种审批活动并没有形成严格意义上的三方诉讼构造，在形式上仍然具有行政权行使的色彩。在司法实践当中，侦查机关和检察院通常采用的是“够罪即捕”的方式，这一方面使得我国审前羁押率很高，另一方面这种羁押活动在一定程度上对犯罪嫌疑人违背自己意愿作出所谓的有罪供述形成了心理强制，同时也为侦查人员采用刑讯逼供等非法方法获取证言提供了“便利”。联合国人权事务委员会[1]于 2014 年 12 月 16 日制定并发布了第 35 号一般性意见，[2] 专门就人身自由和安全问题，特别是对自由的限制、剥夺问题进行了分析和界定。该意见强调，尽管人身自由权不是绝对的，出于维护法治的目的可以对被追诉人的人身自由进行一定的限制或者剥夺，但是各国应当保障公民人身自由不受到任意侵犯，包括没有任何法律依据的逮捕或拘留，未经授权延长其他形式的拘留等。即便是根据法律进行的逮捕，也需要考虑使其包括不适当、不正当、缺乏可预见性和适当法律程序而导致的违法行为，以及羁押时间的合理性、必要性和程度等要素。如果犯罪嫌疑人的人身自由受到了不合理的限制或者剥夺，在此种情况下作出的有罪供述就可以被认为是缺乏自愿性的，宜被纳入非法证据的范围。

四、证人证言、被害人陈述不应成为非法言词证据的对象

我国法律和相关的司法解释将证人证言、被害人陈述纳入非法证据排除规则的适用范围，有学者认为这是我国非法证据排除规则的重要特点，并予以了高度的肯定和评价。然而，笔者认为这是对非法证据排除规则本身的一种误读，证人证言、被害人陈述无须用非法证据排除规则来限制其证据资格。

（一）证人证言、被害人陈述写入非法证据排除规则的深度分析

根据对现有法条的梳理，笔者发现，将证人证言、被害人陈述

① 联合国人权事务委员会是根据《公民权利和政治权利国际公约》设立的监督公约执行情况的机构，由来自公约成员国的 18 名委员组成。

② CCPR/C/GC/35.

最早纳入非法证据予以排除的规定始现于2010年《非法证据排除规定》第1条："采用刑讯逼供等非法手段取得的犯罪嫌疑人、被告人供述和采用暴力、威胁等非法手段取得的证人证言、被害人陈述，属于非法言词证据。"从此，开启了我国法律以非法证据排除规则排除证人证言、被害人陈述的滥觞。2012年《刑事诉讼法》和随后出台的"两高"司法解释均援引了此种规定，将证人证言和被害人陈述纳入应当排除的非法言词证据体系当中。非法证据排除规则实施四年多来，笔者对北京、江苏、湖南、河南、陕西等地进行了实地调研，从实际情况来看，鲜有真正意义上的排除证人证言的案例，[①] 要求排除被害人陈述的案例在座谈的过程中根本就没有被提及。这不禁使笔者产生了一个困惑，法律将此两种证据划入非法证据的体系当中是否恰当和必要？2010年《非法证据排除规定》的设计又是出于什么原因的考量？

通过对2010年《非法证据排除规定》的仔细研读，笔者得出了一个大胆的结论：当时非法证据排除规则中设计的证人证言和被害人陈述（尤其是后者），主要是针对辩方证据适用的！笔者在第一章对"两个证据规定"时代的非法证据排除规则的分析中就已经指出，根据《非法证据排除规定》第13条之要求"庭审中，检察人员、被告人及其辩护人提出未到庭作证的书面证言、未到庭被害人的书面陈述是非法取得的，举证方应当对其取证的合法性予以证明"，那时控辩双方的证据均可成为非法证据排除规则适用的对象。在对典型案例的分析中笔者就已经谈到，侦查人员对于采用暴力、威胁手段获取被害人陈述的可能性不大，因为刑事案件的立案大多是通过被害人的报案或者控告而启动的，被害人与被告人之间存在极大的利益冲突，被害人陈述通常是侦查人员最容易获取的证

① 在座谈会和通过查阅媒体报道的案件中，辩护律师在法庭上指出要求排除证人证言，主要理由在于对证人证言的真实性存在疑问。证据的真伪并不是证据资格问题，而是证明力问题。在司法实践当中，证据资格和证明力的判断经常混在一起。这也是对非法证据排除规则的一种典型误读。

据，无须使用强迫等非法方法。

根据刑事诉讼法的规定，辩护律师是可以进行调查取证的，该权利的行使受到了较多的限制，与侦查人员依职权取证不同，证人对于辩护律师的提问，没有进行答复的义务。同时，如果辩护律师想要对被害人、被害人的近亲属、被害人提供的证人这三类人员进行调查取证，还必须得到检察院或法院的同意方可进行。从立法规定来看，刑事诉讼法和相关司法解释对辩方主导的调查取证始终持一种“不信任”的态度，那么采用暴力、威胁手段获取的证人证言、被害人陈述主要是针对辩方证据的观点，也就顺理成章了。但是根据非法证据排除规则的基本原理，该规则的目的在于通过排除公权力采用非法方法获取证据的证据资格，以便保障刑事诉讼被追诉人的合法权益，遏制将来可能发生的违法行为，因此，非法证据排除规则本不应该适用于辩方证据。

正是基于上述理由，2012 年《刑事诉讼法》将非法证据的收集主体限定在公权力机关依职权所取得的证据上，但仍保留了证人证言和被害人陈述作为非法言词证据的重要类型，这种保留是对非法证据排除规则的误读，在司法实践当中用得极少，对此两类证据的限制也没有必要适用非法证据排除规则。

（二）证人证言、被害人陈述应当适用传闻证据规则

我国正在努力实现从侦查中心主义向审判中心主义模式的转变，其中的重要表现之一就是要充分实现证据的采纳和认定在庭审中进行，确保控辩双方特别是辩方对证据的质证权。证人[①]必须在法庭上作出证言，控辩双方在法官的主持下对证人进行交叉询问，交叉询问被认为是发现真相最有效的途径。证人在法庭上作出的证言，已经具备了基本的证据资格，控辩双方可以根据证据的真伪、证人的可信度等内容对证人证言进行弹劾，因此可以推定证人在法

---

① 从广义的角度上讲，证人也应当包括被害人，因为被害人也是以亲身经历感知案件真相的人。在本段论述中，采用了证人的广义含义。

庭上作出的证言，应当是自愿、真实的，除非否认一方提供证据予以证明。

在传闻证据规则的要求下，除有法律规定的特殊情况以外，证人必须在法庭上作出证言，控辩双方尤其是控方仅以书面证人证言形式所提交的证据并不能够作为证据使用。这种对证据资格的否认，并不考虑举证方获取证据的方式和手段。换言之，非法证据排除规则与其关系不大，传闻证据规则才是限制证人证言资格的重要保障。在对典型案例的分析中，笔者已经指出，2012 年《刑事诉讼法》已经吸收了传闻证据规则的若干精神，规定了强制证人出庭制度，但这种改革并不彻底，还需进一步完善。我国目前的突出问题之一就是证人出庭率极低，在法庭审理中基本上就是通过宣读证人证言的形式将该份证据提交至法庭，质证权形同虚设。尽管法律当中已经明确要求强制证人出庭，但这种强制并不彻底。或者说，我国确立的是以“证人不出庭为原则、出庭为例外”的强制证人出庭制度，只有在符合“三有”（有异议、有影响、有必要）的情况下，法庭才会决定要求证人出庭，而在其他情况下宣读证人证言即可。这其实与传闻证据规则的精神正好背道而驰。无论是从避免取证方对证人、被害人使用暴力、威胁等手段进行毁灭、伪造证据或者串供，还是从发现真相，实现准确打击犯罪的目的之角度进行考量，传闻证据规则均是较为不错的选择。

第二节　非法实物证据的范围

我国的非法证据排除规则在实施中还需要关注非法实物证据的界定和排除问题。从媒体报道和收集的案例情况来看，在司法实践当中鲜有排除实物证据的案例，但这并不意味着研究非法实物证据的排除问题毫无必要，恰好相反，随着人权保障意识的增强，人们对财产权、住宅权、隐私权的日益关注，通过搜查、扣押等方式取得的实物证据的合法性将会受到取证行为规范性的影响。因此，对搜查扣押进行深入研究，是探讨和解决非法实物证据问题的前提要件。

现行法律对非法实物证据的排除设置了三个并列的条件，即“严重违反法定程序，对司法公正造成严重影响，无法作出合理解释或者补正”，这确立了我国非法实物证据的裁量排除模式。考虑到实物证据真实性高、证明力强的特点，如果轻易排除极有可能导致放纵犯罪的后果，各国基本上对实物证据的排除都赋予了法官一定的自由裁量权。非法实物证据的认定，首先必须与取得非法实物证据的途径和方法相联系，搜查和扣押制度也就成为了应予以关注的对象。

一、我国搜查扣押制度

由于刑事侦查活动具有及时性的要求，因此在司法实践过程中需要侦查人员根据案件的发展情况及时对物品、场所、人身进行搜查扣押，从而保全、收集证据。刑事搜查扣押活动又很有可能会对宪法及刑事诉讼法所明确要求保护的财产权、隐私权、住宅权等核心权利构成一定的侵犯，因此，立法应当完善对此种侦查活动的监督与制约，并辅以相应的程序性救济与制裁。

（一）刑事搜查

我国刑事司法中的搜查是指：“侦查人员对犯罪嫌疑人以及可能隐藏罪犯或者犯罪证据的人的身体、物品、住处和其他有关的地方进行搜索检查的一种侦查行为。”①

1. 刑事搜查的类型可以分为有证搜查与无证搜查两种。

第一，有证搜查。在我国，搜查证的签发完全采用的是内部审批模式，被搜查人无法参与其中，也无法知晓该搜查证签发的依据。出于办案的需要以及“重打击、轻保护”的主观心理，侦查人员只要提出申请，绝大多数都会签发搜查证。犯罪嫌疑人及其辩

① 陈光中主编：《刑事诉讼法学》，北京大学出版社、高等教育出版社 2012 年版。

护律师目前还没有针对搜查证是否应当签发的任何救济机制，这也使得搜查程序的启动较为容易。相比之下，在一些国家的刑事案件当中，签发搜查令必须由中立的第三方机构作出：法国进行搜查的决定由预审法官作出；德国《刑事诉讼法》第105条规定，“搜索命令由法官为之，有迟疑危险时，得由检察官及其辅助机关为之”；① 在美国刑事司法中，有证搜查需要由法官签署搜查证。

第二，无证搜查。我国《刑事诉讼法》第136条第2款规定，在逮捕、拘留时遇到“紧急情况”，可以适用无证搜查规定。但我国的无证搜查制度存在两方面的问题：一方面，将无证搜查的情形局限于“逮捕、拘留时”；另一方面，对无证搜查活动没有设定任何事后审查的措施，究竟是否满足“紧急情况”的要件，是否能够展开紧急搜查，不甚明晰。有些国家对无证搜查规定的范围相对较广，一般来说都包括了紧急搜查、附随搜查、同意搜查等方式，并规定在无证搜查后需要对该行为进行事后审查，以确保其正当性。例如，美国的无证搜查制度主要包括下列三种情况：逮捕附带搜查（search incident to arrest）、基于当事人同意、合理理由使得无证搜查正当化。在搜查完毕之后，预审法官会对此无证搜查行为进行审查，如果被搜查人提出异议，还能够与警察进行论辩。

2. 搜查的证明标准。

根据对象的不同，搜查可以分为人身搜查和场所搜查，其目的在于“收集犯罪证据、查获犯罪人”。关于进行搜查活动的证明标准，法律也作了区分：如果对象是犯罪嫌疑人，则由侦查人员自由裁量；如果对象是其他的人或者场所、物品，则需要达到“可能”查获犯罪人或证据的程度。② 由于缺乏中立第三方的审查，这种本

---

① ［德］克劳思·罗科信：《刑事诉讼法》，吴丽琪译，法律出版社2003年版，第345页。

② 之所以没有对搜查犯罪嫌疑人设定标准，笔者认为，在立法上推定对犯罪嫌疑人进行人身搜查“很有可能”获取相关的证据。但若进一步探究，犯罪嫌疑人是如何确立的，又要达到一个什么样的标准才可以被认为是犯罪嫌疑人，我国法律对此就没有规定了。

来就十分模糊的证明标准也就更加难以适用了。美国宪法第四修正案对搜查的适用条件规定为“合理根据”（probable cause）。“合理根据”是指“根据现有的证据和情况，使得一位明智且谨慎的人认为特定的事实有可能是真实的”。[①] 美国联邦最高法院在布林加尔诉合众国案（Brinegar v. United States）[②] 中的界定是：“根据警官已有的知识和获取的事实，足以使任何合理注意的人相信犯罪已经发生”,[③] 并交由预审法官根据警察的宣誓书（affidavit）和相关证据来分析是否达到了该标准。

3. 搜查证的填写。

根据文书制作规范，搜查证分为存根和正本，二者的内容并不相同。存根当中对犯罪嫌疑人、住址、搜查原因、搜查对象、执行人进行简单的记录，而在正本当中就更加简单了，仅对侦查人员姓名和搜查对象进行填写（见下图）。笔者认为，这种搜查证的范本不是为了进行审查或者监督而设计的，在形式上甚至与交警在马路上所填写的罚单相类似，具有极强的行政色彩，即便被搜查人拿到了搜查证，也无法对该搜查行为的合法性及根据提出质疑，更无法对将要进行的搜查方式进行质疑。美国的搜查证必须详细记载以下几个事项：（1）需要搜查的地点（place to be searched）；（2）需要被扣押的物品（person or things to be seized）；（3）指定搜查证必须归还的法官；（4）搜查证的有效期限。这种记载方式不仅限制搜查的范围、时间与扣押的物品，而且与令状原则相配合，便于法官对搜查行为进行审查。

---

① “a reasonable amount of suspicion, supported by circumstances sufficiently strong to justify a prudent and cautious person's belief that certain facts are probably true”. See Handler, J. G. (1994). Ballentine's Law Dictionary (Legal Assistant ed.). Albany: Delmar. p. 431.

② Brinegar v. United States, 338 U.S. 160 (1949).

③ “where the facts and circumstances within the officers´ knowledge, and of which they have reasonably trustworthy information, are sufficient in themselves to warrant a belief by a man of reasonable caution that a crime is being committed.”

公安局搜查证

_________公安局
搜查证
（存根）

字第　号

案件名称______________________
案件编号______________________
犯罪嫌疑人____男/女____岁
单位及职业____________________
住址__________________________
搜查原因______________________
搜查对象______________________
批准人________________________
批准时间______________________
执行人________________________
办案单位______________________
填发时间______________________
填发人________________________

_________公安局
搜查证

字第　号

根据《中华人民共和国刑事诉讼法》第一百零九条之规定，兹派侦查人员________对____________进行搜查。

局长（印）
（公安局印）

本证已于________年____月____日____时向我宣布。

被搜查人或其家属：

4．搜查的执行。

在我国，目前搜查活动的执行规范尚不完善，主要集中在一些程序性的要求上，如搜查人应当有两人、需要有见证人在场以及制作相关搜查笔录等。但对于搜查的方式和限制，却没有相关规定。笔者在调查过程中了解到这么一起案例：为了入室“抓嫖”，警察和“线人”半夜搭梯强行进入房间，导致做服装生意的女主人精神失常。[①] 我国刑事诉讼法没有对搜查的执行方式作出应有的限制，从实践情况来看，侦查人员通常倾向于在夜间进行相关的抓捕、搜查活动，这可能是出于犯罪嫌疑人在夜间警惕性比较松懈的缘故。[②] 与此相反，国外多数相关法律[③]都要求搜查活动应当在白天进行，在夜间实施的搜查活动则会受到更加严格的限制。一些国家还对白天和黑夜划定了不同的时间限制。此种立法模式的理由在于，公民的隐私权、住宅权受到宪法的严格保护，这种保障在夜间尤甚。实施夜间搜查容易对其造成精神上的伤害，甚至侵犯到公民安宁生活的权利。

对于入户搜查的方式，美国刑事诉讼法确立了“敲门告知原则”（knock and announce rule），要求警察应当在进入住宅之前告知自己的身份和所持之令状，除非警察有理由相信此种告知将会导致其受到人身伤害或者证据灭失的后果。但我国法律却没有此种规定，所以才出现了上文中的警察和辅警夜晚用扶梯进入公民私宅的案例，公民的隐私权容易受到侵犯。

（二）刑事扣押

《刑事诉讼法》第139~141条规定了刑事扣押制度。从类型上

① 顾康敏：《宪法权利的深层保护——从垃圾袋的处理说起》，载《法学》2006年第7期。

② 通过从搜查证的内容到搜查的执行方式的研究，似乎能够得到如下结论：我国对于侦查的规定在很大程度上是为查明案件事实而服务的，而对于公民权利的保障却存在很大的欠缺。

③ 德国《刑事诉讼法》第104条规定，除公众出入之餐饮店或声誉不佳之处所外，其他场所不得进行夜间搜查；法国《刑事诉讼法典》规定，在夜间不得搜查与查看住所，即早6时之前与晚21时之后。除从白天已经开始的搜查或从房屋内发出呼救以及法律有规定的某些特殊情况之外；美国《联邦刑事诉讼规则》第41条也规定，除非签发令状机关在令状上以适当的条款表明存在非白天执行令状的合理事由，否则一切令状都应在白天执行。

来看，我国的扣押制度也可以分为有证扣押和无证扣押。有证扣押与有证搜查的方式相类似，采用的也是内部审批模式，对扣押行为的审查有限；在勘验、搜查过程中也可以进行扣押活动，此种扣押不需要专门的扣押证即可进行，应当扣押哪些物品和文件，法律也没有作出详细规定，交由侦查人员根据案件的需要进行自由裁量。从文本意义上来讲，只要能够对证明案件事实有用，无论是有罪证据还是无罪证据，均属于刑事扣押的范围。

（三）技术侦查

目前，基于控制犯罪的需要，大多数国家都针对一些隐蔽性较强的严重犯罪案件规定了技术侦查措施。2012 年《刑事诉讼法》也专门规定了技术侦查措施，这实际上为刑事搜查扣押活动增加了新的方法方式。技术侦查手段与传统的搜查不同，不需要由侦查人员通过物理的方式直接进入特定场所进行搜查。侦查人员可以使用电子设备对被搜查对象的电话、电子邮件信息、上网记录等进行无形的侵入，以截获相关的证据材料。①

---

① 这些技术手段无疑会对“搜查”的定义和范围，以及公民的权利产生重大的影响，这一点在美国的司法实践中体现得尤为突出，值得借鉴和思考。美国搜查扣押制度中有“一目了然”原则（plain view doctrine），符合该原则之搜查扣押获得的实物证据，即使没有事先申请令状，亦具有证据能力。在合众国诉李案［United States v. Lee, 343. U.S.747, 754（1952）］中，美国联邦最高法院裁定：不管是使用“探照灯”还是使用“双目透光镜”、“望远镜”等辅助设备，并不会改变本案警官通过“一目了然”发现犯罪之性质。该类案件的产生并非偶然。最高法院之后又审理了一系列相似的案件：在史密斯诉马里兰州案［Smith v. Maryland, 442. U.S.735（1979）］中，侦查人员在电话机上安装了“pen register”这种自动记录并转发拨号情况的装置，来获取通信者意图联系之人的电话号码；合众国诉诺茨案［在 United v. Knotts, 460. U.S. 276（1983）］中，侦查人员将电子定位追踪器放置于犯罪嫌疑人购买之器具中，对该人的行踪进行定位。当然，影响最大的无疑是克罗诉合众国案［Kyllo v. United States, 533 U.S. 27(2001) 190 F. 3d 1041］，侦查人员通过热能探测器对克罗的房间进行检测，以获取其秘密种植大麻的证据。对此美国联邦最高法院认为，侦查人员使用这种非大众所使用的方法探测个人居所已构成搜查，因此在无搜查证的情况下这一行为为非法搜查行为，其所得的后续一系列证据均无效。但该案件仅以 5∶4 的微弱优势得出判决结论，可见对于技术侦查措施在刑事侦查中运用的合法性问题仍旧存在很大的争议，值得深入探讨并持续关注。

我国目前关于技术侦查措施的规定还略显粗疏，主要存在以下几个方面的缺陷：首先，技术侦查具体包括哪些手段没有明确规定，“如果不作出具体的界定，就意味着宽泛地授权侦查机关可以无所不用其极地使用各种手段挖掘公民的隐私与信息，其后果难免令人担忧”。[①] 其次，《刑事诉讼法》第148条规定，公安机关、人民检察院“根据侦查犯罪的需要，经过严格的批准手续，可以采取技术侦查措施”，但是，何为“严格的批准手续”？实际上，技术侦查措施在实践中需经过多重审批机制，但由于我国对于技侦手段一直采取神秘主义的作风，其相关规定在立法中往往讳莫如深，从而导致技术侦查审批程序缺乏公开性，不利于对审批程序的合法性进行法律监督。再次，缺乏对技术侦查手段适用对象范围的限制。技术侦查措施在实施过程中不仅限于侦查对象，有时还会包括其他人：在对犯罪嫌疑人电话进行监听时，也会截获与其通话的对方的信息；在利用信息网络对犯罪嫌疑人电脑中的犯罪信息进行收集时，也会收集到其电脑中所存储的其他信息以及正常的网络活动信息等。这些证据如何使用，能否用作指控他人的证据，在法律中都处于空白地带。

二、完善我国搜查扣押制度的初步设想

目前，我国搜查扣押制度规定得较为粗疏，在形式上更加倾向于打击犯罪的需要，对公民的相关权利关注度有待提高，理论界对此也进行了较多的探讨。非法实物证据排除是对违反搜查、扣押规定而所进行的侦查行为的否定性评价，在搜查、扣押制度还不完善的前提下谈论非法实物证据排除问题，可以被视为是徒劳无功的。笔者对完善该制度的设想，主要包括审查主体、实施方式等方面。

---

① 陈卫东：《理性审视技术侦查立法》，载《法制日报》2011年9月21日第009版。

（一）搜查扣押的审查主体

在持证搜查扣押的情况下，搜查扣押证件应当由中立的第三方进行事前审查批准，而不能用内部审批的模式，这种观点已经成为理论界的共识。但究竟应当选取哪个机关作为审查主体，学界存在不同的观点。有学者认为应将检察机关作为搜查扣押的审查机关，①也有学者认为可参考英美法系令状主义的做法，由法院签发搜查令、扣押令。②

从目前我国的刑事诉讼司法机制来看，笔者赞同由检察院作为搜查扣押审查主体的建议。宪法和相关法律均规定检察院是我国的法律监督机关，能够对公权力特别是侦查人员在搜查扣押活动中的合法性进行监督。同时，检察院在审判阶段还需要对证据合法性进行证明，有动力对搜查扣押行为予以积极审查。此种模式也能够与目前我国逮捕制度的规定相适应。逮捕是对犯罪嫌疑人的人身自由临时性剥夺的强制措施，在执行逮捕之前，公安机关必须得到检察院的批准。出于对制度进行最小修改的考虑，可以将搜查扣押行为的批准权也交给检察院，实现对此行为的事前审查和监督。考虑到检察院也有侦查的权力，对于自侦案件而言，可以考虑将搜查扣押的批准权往上提一级。如果由于情况紧急而来不及报请上级检察院进行审批的，③可以在搜查扣押行为结束后进行补报，采用事后审查的方式。

当然，如果从长远的角度来分析，搜查扣押乃至批准逮捕的主体应当由具有中立性的法官来进行。尽管理论界和实务界（包括最高人民检察院在内）普遍认为，检察院肩负着客观公正的义务，

---

① 陈光中主编：《中华人民共和国刑事诉讼法再修改专家建议稿与论证》，中国法制出版社2006年版，第432页。

② 闵春雷：《完善我国刑事搜查制度的思考》，载《法商研究》2005年第4期。

③ 根据目前检察机关上下级之间的地域设置，上级检察院与下级检察院通常位于不同的市县，这中间会有一个路途上的时间问题，因此可以根据案件情况作出不同处理。

能够在刑事诉讼中不偏不倚地处理和分析案件，并收集相关证据，但检察院始终是国家追诉机关，这种前提就决定了检察院的中立性要受到一定的影响。将搜查扣押的审查主体设定为法院，也会产生另一个与之相关的问题，即究竟是由对该案有管辖权的法院进行，还是另设一个专门处理此种问题的法院（治安法院）进行？如果是由对案件有管辖权的法院来处理搜查、扣押、逮捕等相关的问题，在中立性上是得到了保障，但是，犯罪嫌疑人若是对上述决定存有质疑，便难以得到救济。在检察机关作为审批主体的情况下，如果当事人存在异议，还能够在审判阶段通过提出非法证据排除申请等形式来要求否定搜查扣押行为的合法性，进而排除相关证据；如果搜查、扣押乃至逮捕决定一开始就是由处理案件的法院甚至就是这名法官作出的，再要求在法庭上否定或者推翻这种决定是存在心理障碍的。十八届三中全会明确规定要推行依法治国，并设计建立跨区域的巡回法院，笔者认为可以以此为契机，建立与治安法官相类似的建制。治安法官与审理法官相分离，主要负责对强制性侦查活动进行事前审查，并对无证搜查扣押进行事后复核。

（二）搜查扣押的实施

搜查扣押活动涉及公权力与公民人身、隐私、财产、住宅等众多宪法性权利的“冲突”，侦查人员在开展搜查扣押活动时，应当在法律允许的限度内，以对上述权利造成最小侵犯的形式执行。这是搜查扣押应当遵循的基本原则，具体说来，应当重点关注以下几方面的内容：

1. 搜查、扣押证的内容。

目前，我国搜查制度当中存在的重大问题之一在于搜查证制作得过于简单，搜查证仅是警察展开搜查活动的证明凭证，并不能同时起到限制不合理搜查的作用。在持证搜查的情况下，侦查人员应当先向有权机关提供相关证据以证明搜查活动的合法性，这种证明已经达到使签发搜查证的主体认为在特定地点展开的搜查很有可能会发现相关证据或者抓获犯罪嫌疑人的程度。在搜查令中应当写明大致的搜查范围以及搜查的对象，这些内容不仅是对侦查人员的授权，也能够成为公民对搜查活动进行抗辩的重要理由。例如，针对盗窃电脑行为的搜查就不能对从体积上明显小于赃物的首饰盒开盖检查，针对盗窃摩托车的罪名就不能随意在他人衣橱当中翻箱倒柜，等等。公权力的行使应当有一定的界限。此外，搜查证还应当规定相应的期限，如果侦查人员没有在规定的时间内开展搜查活动，搜查证就会自动失效，如果还需进行搜查活动，则需重新签发。

对扣押范围的限制应结合不同的启动方式来进行分析。对于需经审查方能启动的扣押，建议在扣押令中大致写明需扣押的物品范围。例如，扣押犯罪嫌疑人的邮件、电报时，应限于可能与犯罪有关的邮件、电报，若无限扩张扣押范围则可能侵犯他人的隐私权。对于搜查性扣押，需要与前述搜查的范围相结合，可参考美国刑事诉讼法中的“一目了然”法则（plain view doctrine），在进行合法搜索时，落入警察目视范围之内的违禁物与证据，即使警察无扣押令亦可进行扣押。同时，在执行的过程中，尤其应注重保护善意第三人的合法利益。所扣押的物品应当与案件相关，与案件无关的物品则不得扣押。对于一些性质不清的物品，即使因为情况紧急而先行扣押的，在明确其性质后也应及时返还。

2. 时间问题。

搜查扣押活动通常应当在白天进行，当然在法律上也可以设定若干例外规定，如住宅人的同意，或者是白天搜查活动的延续，或者搜查扣押行为发生在某些特定的场所如宾馆、酒吧等夜间营业的场所，以及其他有足够证据证明犯罪活动已经或者正在发生的场所。此种规定主要是考虑到公民夜间在住宅中的隐私权和安宁权，尽管宪法和法律当中并没有规定安宁权，但住宅本身即意味着不受到外界权力的影响和干涉，著名谚语“风可进、雨可进，国王不能进”讲的就是这个道理。夜间本为公民的休息和放松的时间，应当将公权力可能造成的影响降至最低，这也符合基本的人道主义精神。

3. 无证搜查问题。

我国刑事诉讼法中有无证搜查的专门规定，但适用的情形相对有限，仅能够在拘留逮捕过程中遇到紧急情况时方可进行。侦查活动可以分为强行性搜查和任意性搜查活动，笔者认为，搜查既可以基于法律的强制规定，也可以在被搜查人同意的基础上进行。这就涉及权利放弃的相关理论。我国宪法赋予公民隐私权、住宅权等一系列的权利，如果公民明确表示放弃这些权利，那就不存在所谓的公权力侵犯问题，自然也就不存在事前或者事后的审批。权利与义务最大的区别在于，权利是可以放弃的，但义务则不然，否则就会招致相应的不利后果，当然，此种权利放弃不能对第三方的合法利益造成损害。因此，我国的无证搜查制度可以新设一类同意搜查，侦查人员如果认为某处住宅很有可能藏有犯罪嫌疑人或者相关犯罪证据，可以敲门询问被搜查人的意见，在同意进入的情况下展开搜查工作。从诉讼的实践来考虑，同意搜查一方面可以减少批准机关的工作量，提高诉讼效率，另一方面可以缓和双方情绪，维护社会稳定。不过，为了保障搜查活动的自愿性，侦查人员必须向被搜查方事先说明，如果拒绝“进入”也不会造成任何不利后果，在进行这种告知行为时最少应当有两名工作人员在场，也可以用执法记录仪对告知和搜查行为进行记录。在搜查过程中，如果被搜查人改变主意，拒绝侦查人员继续搜查，那么此种基于同意的搜查活动就应当立即停止，此时侦查人员就能够及时向有关机关提出签发搜查证的申请，因为同意终止的行为本身就能够让人产生一种合理的怀疑。

（三）搜查扣押的原则

在搜查扣押过程中，侦查人员应当遵循比例原则和必要性原则。比例原则原为行政法领域中的基本原则，是指“行政权追求公益应有凌越私益的优越性，但行政权力对人民的侵权必须符合目的性，并采行最小侵害之方法”。[①] 比例原则逐渐发展成为公法领域的基本原则之一，在刑事诉讼特别是可能对公民权利造成严重影响的侦查活动中，尽管基于犯罪控制的目的，隐私权需要对公权力的使用进行必要的“让步”，但也应对这一权力本身进行制约。在适用技术侦查措施时，应遵循“必要性原则”，即在使用其他方式无法查明案情的情况下方能适用技术侦查手段，以减少对公民隐私权的侵犯。

随着科学技术的进步和发展，以技术侦查为代表的众多高科技手段，为搜查扣押活动提供了更加隐蔽的方式。技术侦查采用内部“严格的审批方式”，程序究竟如何运作，外界无从知晓，也自然无法提出抗辩。笔者认为，在认可技术侦查合法性的同时，也应当对该行为所搜查扣押得到的相关证据进行严格的限制，在用作指控被告人的有罪证据时，应当先对技术侦查活动的必要性进行判断，如果系滥用高科技手段，无视公民隐私权等基本的宪法性权利，所得之证据就不应当具有可采性。

三、非法实物证据的界定与排除

只有在对搜查扣押制度进行较为完善的设计之后，非法实物证据排除才能够真正得以实现。如前所述，非法实物证据主要是通过搜查扣押的方式获取的，违反宪法以及刑事诉讼法关于搜查扣押程序性的规定就可能会涉嫌违法，但并不是所有违反相关法律的行为所取得的证据都是非法证据。

（一）瑕疵实物证据与非法实物证据

从侦查取证行为对公民权利侵犯的程度而言，实物证据可以大致分为瑕疵证据和非法证据。前者是指通过合理解释或者补正能够继续使用，在法庭上可以指控被告人有罪的证据；后者则是因为侵犯公民的核心权利而导致丧失证据资格的证据，除非符合一些特定

① 王名扬、冯俊波：《论比例原则》，载《时代法学》2005 年第 4 期。

的例外情况，下文中也将对这些例外情况展开讨论。可补正的瑕疵证据通常包括以下几种情形：侦查人员一人执行了搜查扣押，搜查笔录、扣押清单上缺少被搜查、扣押人的签名或者见证人的签名等程序上的瑕疵。非法实物证据则是破坏了相关实体规定，如超出搜查范围，没有见证人在场，搜查未在规定时间、期限内进行，滥用技术侦查手段等。

我国现行立法在对非法实物证据的界定上存在一定的问题，将“不能作出合理解释或者补正”作为非法实物证据的判断要素之一，使其与瑕疵证据混为一谈，[①] 导致在司法实践当中的用法更为混乱。根据笔者的调研，律师在刑事审判活动中提出的要求排除非法实物证据的申请，几乎指向的都是瑕疵证据。瑕疵证据与非法证据相混同，降低了非法实物证据的功用和效果。“合理解释或者补正”针对的不应当是侦查取证行为本身，而应当指向侦查活动以外的内容。以当代非法证据排除规则起源地美国为例，美国非法证据排除规则中有一系列例外原则，这些例外并不直接指向侦查活动，而是通过侦查行为以外的因素来“漂白”或者削弱证据的非法性。例如，在必然发现（inevitable discovery）的例外中，警察行为本身的违法性不存在疑问，但是如果不采用此种违法行为最终也能够发现相关的有罪实物证据，那么该实物证据仍可以使用。[②]如果控方要运用此种例外来证明证据的可采性，则需要对发现实物证据的必然性进行合理解释或者说明，而非针对警察原先取得证据的行为。

（二）非法实物证据的排除问题

非法实物证据应当界定为严重违反法律规定的程序所收集的相

---

① 有学者专门针对此种立法现状进行了评述，并从法解释学的角度，将《刑事诉讼法》第54条对实物证据的规定分别划分为“非法实物证据”和“可补正的实物证据”。参见万毅：《关键词解读：非法实物证据排除规则的解释与适用》，载《四川大学学报（哲学社会科学版）》2014年第3期。

② Nix v. Williams, 467 U.S. 431 (1984).

关书证、物证等实物证据，这种严重违反主要体现在两个方面：其一，非法取证行为不具有可弥补性；其二，该行为严重地侵害了公民的基本权利。但需要指出的是，并非所有的非法实物证据都需要排除，考虑到实物证据在证明案件事实中的重大作用，各国在立法过程中大多为法官设定了自由裁量的空间。

实物证据基于其真实性的特点，能够有效地证明被告人实施了犯罪行为，因此在不同的刑事诉讼价值目标的驱动下，可能就会选择不同的排除方法。如果一国刑事诉讼系以最大程度发现真实为要旨，那么就会限制实物证据的排除；如果要求在惩罚犯罪的基础上尊重公民的相关权利，就会产生和发展出作为程序性制裁方式的非法实物证据排除规则。我国诉讼法学界在谈及刑事诉讼的司法实践样式时总结出来的特点为“重实体，轻程序”、“重打击，轻保护”，从这些特点当中可以看出，从新中国第一部刑事诉讼法施行以来，非法实物证据排除在我国很难有发挥作用的空间和土壤，侦查人员为了查明事实而必须“发现”实物证据，审查起诉和审判人员为了“准确”了解事实也必须依靠实物证据，排除实物证据一方面减少了可进行裁判的依据，使待证事实存在不确定性，另一方面也可能会使有罪之人逃脱法律的惩罚，这两种结果都是司法人员不愿意看到的。随着人权保障意识的日益觉醒，国家在深化司法改革的过程中越来越注重对公民合法权利的保障，刑事诉讼法也开始实现向“人权法”、“小宪法”的转变，2012 年《刑事诉讼法》的修订增加了“尊重和保障人权”条款，理论界也提出了“惩罚犯罪和保障人权”并重的口号。从司法实践活动来看，公安、司法机关也加强了对于侦查活动规范性的培训和审查，作为犯罪嫌疑人、被告人合法权益代表者的律师，在刑事诉讼过程中也经常通过程序性辩护的方式主张诉求。在此种司法环境下，非法实物证据的排除才存在可能适用的空间。

从媒体报道和实践调研中收集的相关材料来看，非法实物证据排除的案例很少，但这并不是因为我国侦查活动中收集实物证据不存在违法的情况，而是由于目前侦查扣押制度尚不完善，法律对非法实物证据界定混乱所致。笔者相信，随着相关制度的完善，公民权利保障要求的日益高涨，非法实物证据的排除必将是未来非法证据排除规则的重点内容。在此基础上，非法实物证据的排除也应当根据个案情况进行分析判断，由法官作出自由裁量，主要的裁量标准大致可以分为以下几类：

1. 侦查活动的违法性。侦查活动的违法性主要表现为警察在进行搜查扣押等一系列取得非法实物证据的行为中对法律规定的违反情况，以及对被追诉人权利造成的侵害情况。通常来说，违背禁止性规定或者授权性规定的行为会导致侦查取证行为的无效，对公民核心宪法性权利的侵犯也会导致由此取得的证据丧失证明资格。

2. 犯罪嫌疑人、被告人所涉嫌犯罪的严重程度。证据是否应当排除还必须考虑犯罪嫌疑人、被告人所涉嫌犯罪的严重程度。通说认为，对于危害国家安全、恐怖活动犯罪、以危险方法危害公共安全犯罪等十分严重的犯罪，尽管在侦查活动当中也应当严格按照法律程序收集证据，但是考虑到案件的特殊性、危险性以及后果的严重性，在排除实物证据方面则需要达到更高的要求。

3. 社会公众利益。社会公众利益是排除实物证据另外一个需要考虑的重要因素。如前所述，实物证据对于证明被告人有罪具有十分重要的作用，排除实物证据极有可能导致被告人无罪的后果。在明知道被告人有罪的情况下，仅由于警察的侦查行为而使得被告人逍遥法外，这不免会使社会大众对此种判决的权威性和正当性产生质疑。从犯罪学的角度来分析，罪犯如果实施了犯罪行为而没有招致任何不利后果，又没有得到相应的矫治措施，那么其再犯的可能性就会极高。从公共利益的角度上进行分析，应当是做到最大化的“不枉不纵”。需要指出的是，社会公共利益也并不意味着允许使用通过非法方法所获取的实物证据。本节开头笔者所举的警察入户搜查导致女主人罹患精神病的案件就是典型的例子，如果警察当真采用此种方式获取了有罪证据，从社会公众利益的角度来分析，这样的实物证据就应当排除，其理由在于：如果不对侦查行为进行限制，社会上每一个人的权利都有可能受到非法侦查行为的侵害，这种影响是公众无法接受的。

4. 对将来违法行为的威慑能力。威慑理论是目前美国非法证据排除的主要理论，根据美国联邦最高法院的判例，对警察未来违法行为的威慑是非法证据排除规则的唯一目的（sole purpose）。我国对此并没有作出相关规定。笔者认为，法院在裁判非法实物证据是否应当被排除时，也应当考虑排除证据后对将来侦查行为的威慑效果。具体说来，如果某一特定类型的违法活动在侦查过程中经常反复地、蓄意地出现，那么排除该行为所收集的证据就具有很强的威慑作用，在客观上也能够起到规范侦查行为的效果；与此相反，如果侦查活动中的违法行为是偶然的、无意的或者根本不可能再次出现（如电脑系统的漏洞），值得排除的价值也就相应降低了。

（三）非法实物证据的范围

从我国《刑事诉讼法》第54条的规定来看，需要排除的实物证据仅包括书证、物证，但根据证据法学的基本理念，实物证据还应当包括“勘验、检查、辨认、侦查实验笔录，视听资料、电子数据”等证据，这些证据类型也规定在《刑事诉讼法》第48条中。问题便由此产生，上述证据是否也应当纳入非法实物证据的范围并受到证据排除规则的限制？

非法实物证据的种类不应当局限于书证、物证。通过搜查、扣押、勘验、检查活动收集证据的方式具有同质性，既然在搜查、扣押过程中可能会涉及非法证据的问题，那么在勘验、检查活动中自然有存在非法取证的可能。从司法实践的角度来讲，尽管刑事诉讼法并没有将书证、物证以外的证据材料纳入非法证据，但一些司法解释，包括《死刑案件规定》、《高法解释》均对这些证据如何审查进行了规定，在司法实践的过程中难免会使司法人员和辩护律师产生困惑：如果选择排除这些证据，难免觉得于法无据；如果不排除，又有悖于当代刑事司法人权保障的目标。事实上，不仅是相关的勘验、检查行为存在非法取证的可能，随着科学技术的发展，视听资料、电子数据也逐渐成为重要的定案证据，这些电子数据或者音像制品基于数码的方式而保存，与技术侦查关系密切，已经超出了传统的搜查扣押模式，如果不加限制地适用，势必会使公民的隐私权陷入极大的危险之中。

国外立法当中也有此类规定和判决，其中最著名的是 1973 年德国录音带案。[①] 录音带属于证据种类中的视听资料，可以被视为广义的实物证据。笔者认为，证据类型并不是决定能否适用非法证据排除规则的关键问题，对该规则的理解应当扣紧“非法取证”行为。正如证据通常被推定具有可采性一样，非法实物证据的范围也不应当仅限于书证、物证，在将来立法或者修法的过程中，宜将笔录证据、电子证据、视听资料纳入其中。

非法证据并非仅用于指控被告人有罪，侦查人员还有可能以此作为发现其他有罪证据的线索，如此就会产生“毒树之果”的问题。“毒树之果”（fruit of poisonous tree），是美国非法证据排除规则理论中的重要内容，探讨的是警察以非法证据作为线索进而按照法律规定获取的相关证据是否具有证据资格的问题，最常见的情形是在对犯罪嫌疑人采用刑讯逼供等非法方法迫使其交代犯罪工具、赃款、赃物所在地点，然后据此申请搜查令对相关实物证据进行搜查扣押。从“毒树之果”的定义来看，“果树”有毒，“果实”也就必然有毒，因此“毒树之果”应当排除，但在实践当中并非如此。从美国联邦最高法院的判例来看，非法证据的衍生证据并不必然会被排除证据资格，在不同的政治、历史时期，其范围和内容均有所不同，适用情形也较为复杂。[②] 我国刑事诉讼法没有对“毒树

① 关于录像带案的内容及分析，参见郭旭：《德国搜查扣押制度与非法实物证据排除》，载《武陵学刊》2014 年第 3 期。

② 汪海燕：《论美国毒树之果原则——兼论对我国刑事证据立法的启示》，载《比较法研究》2002 年第 1 期；杨宇冠：《“毒树之果”理论在美国的运用》，载《人民检察》2002 年第 7 期。

之果”的证据资格问题进行规定，从第 54 条的表述来看，非法证据仅是不得作为起诉意见书、起诉书和判决书的依据，并没有谈及是否能够作为发现其他证据之线索。

第三节　美国非法证据范围的最新发展

非法证据排除规则于 1914 年肇始于美国，其历史已过百年。非法证据排除规则的适用在美国理论界和实务界引发了众多讨论。百年时间，非法证据排除规则的传播已经超出了美国国境，在英美法系、大陆法系和中华法系国家的法律乃至联合国国际公约中均有所规定，但该规则在美国适用的范围经历着由小变大再逐渐缩小的变化，这与美国司法制度、政治经济体制息息相关。

近些年来，以罗伯特（Robert）为首席大法官的联邦最高法院已经通过一系列的案例扩大了非法证据排除的例外，以因果关系、新的稀释例外以及有责性为核心的判断标准无疑极大地限制了该规则的适用，但其仍留下许多值得探讨的空间。美国非法证据排除规则究竟会是蹒跚前行还是会日渐衰落，还要结合联邦最高法院之后的判决予以揣摩。

一、美国非法证据排除规则最新案例

自从罗伯特担任美国联邦最高法院首席大法官以来，以违反美国宪法第四修正案①为依据的非法证据排除规则②适用范围便被不

① The right of the people to be secure in their persons, houses, papers, and effects, against unreasonable searches and seizures, shall not be violated, and no Warrants shall issue, but upon probable cause, supported by Oath or affirmation, and particularly describing the place to be searched, and the persons or things to be seized.

② 随着证据排除规则的不断发展，美国非法证据排除规则的依据已经不再局限于宪法第四修正案，还包括第五修正案中的“不得强迫自证其罪”、第六修正案中的“获得律师帮助的权利”以及第十四条中“正当程序”的规定等。但是综观近些年非法证据排除的发展，主要是体现在以第四修正案为依据的规则上。

断地缩减。联邦最高法院通过哈德森诉密歇根州案［（Hudson v. Michigan）[①]（2006）］、赫林诉合众国案［（Herring v. United States）[②]（2009）］和戴维斯诉合众国案［（Davis v. United States）[③]（2011）］，使得非法证据排除规则在美国的适用呈现出新的特点。

（一）哈德森诉密歇根州案（Hudson v. Michigan）

哈德森案主要讨论的是警察在违反“敲门告知”（knock-and-announce）规则进入被告人住宅所获取的证据是否能够被排除的问题。本案的案情十分简单，现简述如下：

警察以涉嫌非法持有毒品和火器为由准备对哈德森的住宅进行搜查。在敲门和告知之后，警察并没有等待合理的时间，而是在三五秒之后，直接拧开门把手进入了房间并发现了大量的尼古丁和一把上膛的手枪。哈德森以警察违反了“敲门告知”原则构成违反宪法第四修正案的非法搜查扣押为由，要求排除本次搜查所获取的证据。初审法院同意了哈德森的排除动议，然而在控方就此问题启动的中间上诉程序（interlocutory appeal）中，密歇根州上诉法院认为，基于违反“敲门告知”原则而要求排除搜查所获得的证据并不恰当（inappropriate），于是撤销了初审法院的决定，哈德森被判决有罪。哈德森上诉到了联邦最高法院，联邦最高法院签发了调卷令（certiorari）。

虽然本案案情简单清楚，但是联邦最高法院的九名大法官对结果存在比较大的分歧，仅以5∶4的微弱优势裁定，非法证据排除并不适用于“敲门告知”原则被违反的情形。斯卡利亚（Scalia）大法官撰写了本案的多数意见，肯尼迪（Kennedy）大法官撰写了协同意见，布瑞耶尔（Breyer）法官撰写了反对意见。从本案的判

① Hudson v. Michigan, 547 U.S. 586, 591 (2006).

② Herring v. United States, 129 S. Ct. 695, 698 (2009).

③ Davis v. U.S. 131 S.Ct. 2419, 180 L.Ed.2d 285 (2011).

决书中可以看出，即便是以“法院造法”的美国联邦最高法院，对于非法证据排除规则的适用及其范围、效力，也仍然存在较大的争议。

斯卡利亚大法官在判决书中指出，“敲门告知”原则是普通法的古老传统，目的在于保障被搜查人的住宅及生活安宁权不受非法侵犯。随着刑事诉讼程序的不断发展，该原则也衍生出了一些例外，如可能存在造成警员身体伤害的潜在危险、等待可能会导致证据灭失或者这种敲门告知并无意义等。本案并不是讨论“敲门告知”原则的具体内容或者警员应当等待的时间，而是需要解决违反该规则是否导致搜查取得的证据被排除的问题。

排除非法证据是最后的救济而非最先的选择。考虑到非法证据排除规则可能带来的潜在社会成本，包括使有罪之人逍遥法外甚至对社会不特定的多数人造成危险，联邦最高法院在适用该规则时应更加审慎，范围也应受到一定的限制。[①] 违反宪法第四修正案的行为并不会必然导致非法证据排除，除非排除证据后的威慑效力高于它的潜在成本。[②] 联邦最高法院的此种观点已经与非法证据排除规则创立之初在马普（Mapp）案和怀特利（Whiteley）[③] 案中的观点发生了极大的改变，在这两个案件中，非法证据排除规则被认为应当广泛地适用，而且将违背宪法的非法搜查扣押行为所获得的证据自动排除。但是随后的判例法却显示出联邦最高法院对此种扩大的解释持反对态度，[④] 非法证据排除规则是否适用与宪法第四修正案的权利是否由于警察行为而受到侵犯是相分离的。

---

① Colorado v. Connelly, 479 U.S. 157, 166, 107 S.Ct. 515, 93 L.Ed.2d 473 (1986), Pennsylvania Bd. of Probation and Parole v. Scott, 524 U.S. 357, 364 - 365, 118 S.Ct. 2014, 141 L.Ed.2d 344 (1998).

② United States v. Leon, 468 U.S. 897, 907, 104 S.Ct. 3405 (1984).

③ Whiteley v. Warden, Wyo. State Penitentiary, 401 U.S. 560, 568 - 569, 91 S.Ct. 1031, 28 L.Ed.2d 306 (1971).

④ Arizona v. Evans, 514 U.S. 1, 13, 115 S.Ct. 1185, 131 L.Ed.2d 34 (1995).

即便在违背宪法与收集证据之间存在因果关系，此种因果关系也并非是采用非法证据排除规则的前提。在本案当中，警察进入哈德森住宅的方式的确违反了宪法第四修正案的规定，但是这与获取证据并不存在因果关系。不管对于“敲门告知”原则违反与否，警察都会依据有效的搜查令对哈德森家进行搜查，并发现相关的有罪证据。即便这种因果关系确实存在，法院也不会以“毒树之果”为由而排除这些证据，因为这种因果关系实在是过于薄弱，因此违法性被稀释（attenuated）了。与此相反，如果本案中的警察并没有持合法的搜查令而进入被告人的住宅进行搜查，那么毫无疑问这种行为就破坏了宪法第四修正案所保护的核心权利。

“敲门告知”原则与持证搜查所要保护的法益并不相同：其一，是为了保障公民生活的安宁，因为任何不经告知破门而入的行为都会引发居住者的恐慌继而导致正当防卫；其二，这种行为可能会损坏公民的财产权，告知能够在一定程度上给公民提供遵守法律的机会，避免警察强行进入造成的财产损害；其三，该原则能够保障公民的隐私和个人尊严，使得他们在开门之前能够做好充分的准备，如起床穿好衣服等。尽管“敲门并告知”原则保护上述法益，但并不包括使犯罪嫌疑人避免被持有合法搜查证之警察进行搜查的权利，因此非法证据排除规则并不适用。

即便警察违反“敲门告知”原则与获得证据之间存在因果关系，且该因果关系没有被稀释，本案的多数意见也认为非法证据排除规则仍不适用，这主要是通过成本-收益法进行的考量。斯卡利亚大法官在判决书中指出，考虑到让罪犯逍遥法外给社会带来的成本，考虑到会因排除该证据而导致大量增多的相类似案件给法院带来的成本，考虑到这给执行本来就相当危险的搜查任务之警察可能带来的风险，鉴于排除此种证据所起到的威慑作用十分有限，因此非法证据排除规则并不适用。被告人可以提出民事侵权之诉予以救济，警察局也可以通过加强警员的职业教育以避免此类行为再次发生。

肯尼迪大法官在撰写协同意见时指出，本案的判决结果并不是废除了非法证据排除规则，而仅是在特定案件当中对于“敲门告知”原则的违反并不足以严重到适用非法证据排除规则。但无论承认与否，联邦最高法院对于非法证据排除规则的适用已经呈现出了逐渐削弱的趋势。

（二）赫林诉合众国案（Herring v. United States）

赫林案主要讨论的是警察依据一份已经被撤销的逮捕令逮捕犯罪嫌疑人并进行附带搜查后所获得的毒品和火器是否需要被排除的问题。本案的特殊之处在于，警察在执行逮捕时对逮捕令的撤销并不知晓，而且此种不知情也不是由于警察本人的疏忽或者重大过失所导致。宪法第四修正案禁止“不合理的搜查和扣押”，这就要求警察在实施逮捕之时必须要有合理根据（probable cause）或者持有令状。最高法院要解决的问题就是，如果警察合理相信存在该逮捕令状而实施了逮捕行为，但后来却发现由于其他负责令状管理的警员的过失而未及时告知逮捕令已经失效，是否会导致对逮捕附带搜查所获之证据的排除。

2004年7月7日，被告人赫林前往咖啡县（Coffee County）警察局去取回他被扣押在卡车上的财物。鉴于赫林是警察局的常客，警员要该县负责令状管理的职员查询是否有对针对赫林的逮捕令。在告知没有之后，警员又要求其与邻县的人联系，终于在戴尔县（Dale County）的数据库中，发现了关于赫林的逮捕令。警员要求将该逮捕令传真至警察局，同时对赫林实施了逮捕，在附带搜查时发现了毒品以及他非法持有的枪支。但是，在戴尔县发送传真的时候，却发现该逮捕令已经在5个月前被撤销了，不知道为何在数据库中没有显示。就是在这发送和查询的过程中，逮捕行为已经发生。赫林在接受亚拉巴马州中部地区法院审理时，基于对他的逮捕令已经失效，提出了排除逮捕后搜查之毒品与枪支的申请。法院认为，“警察在实施逮捕的过程中对逮捕令的生效具有善意信赖”，而且“排除该证据并不能够遏制将来同样错误的发生”，驳回了赫林的动议。第十一巡回上诉法院同意了法院的裁决，并补充说，“实施逮捕行为的咖啡县警察并没有过失或者违法”，尽管逮捕令确实出现了错误，但这“只是出于过失的不作为，而不是蓄意或者技巧上的作为”。① 联邦最高法院签发了调卷令。

联邦最高法院首席大法院罗伯特撰写了本案的多数意见。在判决书的最开始，罗伯特大法官就重申了最高法院关于非法证据排除规则的理解，主要可以表现为以下四个方面：第一，非法证据排除规则并非是宪法的强制要求，而是通过司法判例所衍生的；第二，非法证据排除规则只能是在权利无法得到其他途径救济时的最后选择；第三，排除非法证据并不是个人的权利；第四，只有在排除证据能够对将来违反宪法第四修正案起到威慑作用的情况下，法院才能够适用排除规则，成本-收益法在分析过程中起到了十分重要的作用。

正是在此种观点之上，非法证据排除规则的威慑效力与警察非法行为的严重程度相联系了。警察越是故意违反法律的相关规定收集证据，那么排除的威慑效果就越强大；反之，如果警察在该逮捕附带搜查行为中并没有责任（culpable），那么威慑效果就微乎其微了。在赫林案中，警察的逮捕行为基于对令状存在的合理信赖，并非是蓄意或者公然践踏宪法第四修正案赋予的公民权利。证据排除的“威慑”是旨在遏制“故意、放任或者重大过失的行为”和“在一些特定情况下会发生甚至反复发生的行为”。尽管最高法院并不认为所有的关于记录储存的错误都不会不适用排除规则，特别是在放任该行为或者明知有错误而蓄意逮捕的情况下，排除搜查扣押的证据是合理的。本案的警员事先查询了逮捕令是否存在，还要求将逮捕令传真过来作为确认的依据（confirmation），可见他对逮捕的行为是非常谨慎的。正如在埃文斯（Evans）案②中论述的那

① C.A.E.C. 492 F. 3d 1212 (2007).

② Arizona v. Evans, 514 U.S. 1, 115 S.Ct. 1185, 131 L.Ed.2d 34 (1995).

样，在刑事追诉过程中，电脑已经得到了广泛的运用，为及时抓捕犯罪嫌疑人提供了方便、快捷的查询途径，警察对电脑记录的信赖是客观的、合理的，将证据排除不但不能防止电脑记录错误的再次出现，反而会扼杀警员的工作积极性。因此，联邦最高法院最终判决维持第十一巡回上诉法院的裁定，宣布非法证据排除规则在本案当中并不适用。

（三）戴维斯诉合众国案（Davis v. United States）

联邦最高法院在戴维斯案中需要解决的问题是，当警察合理信赖一个有约束力的司法判决而做出的没有任何过错之搜查行为，如果该判决在搜查行为实施完毕后，由于违宪的动议被其他判决所推翻，能否排除搜查所得之证据。

在一次常规的汽车停靠检查中，被告人戴维斯由于提供虚假身份信息而被逮捕，在给被告人戴上手铐并确保周围安全之后，警察搜查了戴维斯的汽车，发现了一把左轮手枪。戴维斯因非法持有火器罪被起诉到法院。戴维斯提出了证据排除的动议，认为虽然这种对汽车的搜查符合联邦最高法院判例纽约州诉贝尔顿案（New York v. Belton）① 中的相关规定，但仍旧违反了宪法第四修正案对公民权利的保护。初审法院驳回了排除证据的动议。在被告人上诉期间，最高法院通过亚利桑那州诉甘特案（Arizona v. Gant）② 重新确立了车主被逮捕后对车辆的附带搜查规则，推翻了之前的贝尔

① New York v. Belton, 453 U.S. 454 (1981), was a United States Supreme Court case in which the Court held that when a police officer has made a lawful custodial arrest of the occupant of an automobile, the officer may, as a contemporaneous incident of that arrest, search the passenger compartment of that automobile.

② Arizona v. Gant, 556 U.S. 332 (2009), was a United States Supreme Court decision holding that the Fourth Amendment to the United States Constitution requires law enforcement officers to demonstrate an actual and continuing threat to their safety posed by an arrestee, or a need to preserve evidence related to the crime of arrest from tampering by the arrestee, in order to justify a warrantless vehicular search incident to arrest conducted after the vehicle's recent occupants have been arrested and secured.

顿案，明确规定警察对车辆的附带搜查必须是为了防止被逮捕人可能对警察造成的现实的、持续的危险，或者是为了及时获取与逮捕相关之罪行的证据。同时，对于戴维斯的上诉，该法院认为，尽管根据甘特案确立的最新规则，对被告人车辆的搜查确实侵犯了他在第四修正案中的有关权利，但如果惩罚遵守上诉法院具有约束力判决的警察行为，并不会对违反宪法第四修正案的行为有任何威慑作用，因此，搜查获取的手枪可以作为证据使用，并确认了对戴维斯的指控。联邦最高法院签发了调卷令。

联邦最高法院大法官阿利托（Alito）撰写了本案的多数意见，并在判决中援引大量案例明确指出非法证据排除规则的唯一目的（sole purpose）在于对将来违反宪法第四修正案行为的威慑作用，并且局限在此种排除是可以被认为最为高效的情况下方可适用，即排除以后的威慑效果要高于实施该规则所带来的重大成本（heavy costs）。警察行为之无过错性就已经决定了非法证据排除规则的不适用，警察基于遵守先例而采取的搜查行为，既非蓄意亦非放任，也非重大过失，尽管在客观上使戴维斯的宪法第四修正案权利受到了侵犯。除非排除规则受到严格责任（strict-liability）的调整（这显然是不可能的），否则在本案中就不能适用。实际上，从里昂（Leon）案①确立"善意例外"原则至今 27 年以来，最高法院从来没有因为警察的无责任（nonculpable）行为而适用证据排除规则。因为上诉法官的错误而惩罚实施搜查的警官，并不能够对违反宪法第四修正案的行为起到任何威慑作用。

当有约束力的上诉法院判决特别授予警察实施某项行为的权力时，训练有素的警员不仅会而且应该使用那项权力去实现他们侦查犯罪、维护社会安全的责任。在本案中，警察依据先例而实施的搜查行为是任何一名警员都会并且应该（would and should）做的，如果对证据予以排除，只能对警员产生不良影响，使其怠于履行职

---

① United States v. Leon, 468 U.S. 897, 919, 104 S.Ct. 3405, 82 L.Ed.2d 677 (1984).

务行为，这并不是排除规则所要追求和达到的效果，排除规则仅能用来遏制警员的非法行为，不能适用于“客观上合理的警察行为”(objectively reasonable law enforcement activity)。因此，联邦最高法院认为，这种无可指责（blameless）的警察行为应当适用“善意例外”原则，搜查获取的证据可以使用。

二、美国联邦最高法院与非法证据排除规则

通过对上文三个案例的论述可以发现，美国联邦最高法院多数法官对于非法证据排除规则的适用持严格限制的态度。对于违反联邦宪法第四修正案而进行搜查扣押所取得的证据，只有在警员故意、明知或者放任的情况下方可排除证据，如果仅出于过失或者过失行为与证据发现之间的因果关系被稀释，非法证据排除规则就不能适用。即便如此，在联邦最高法院内部也存在较大的分歧，下表反映的是三个典型案件中的投票具体情况。

案件名称	投票情况	多数意见	协同意见	反对意见
哈德森诉密歇根州案(Hudson v. Michigan)	5∶4	斯卡利亚、罗伯特、托马斯、阿利托	肯尼迪	布瑞耶尔、史蒂文斯、苏特、金斯伯格
赫林诉合众国案(Herring v. United States)	5∶4	罗伯特、斯卡利亚、肯尼迪、托马斯、阿利托		金斯伯格、史蒂文斯、苏特、布瑞耶尔
戴维斯诉合众国案(Davis v. United States)	7∶2	阿利托、罗伯特、斯卡利亚、肯尼迪、托马斯、卡根	索托马约尔	布瑞耶尔、金斯伯格

美国联邦法院九名大法官采用的是简单多数决的议事规则，而法官对非法证据排除规则的态度可以被认为决定了该规则在美国的发展走向。从哈德森案和赫林案可以发现，在最高法院内部，斯卡利亚、罗伯特、托马斯和阿利托四位法官对非法证据排除规则持限制的态度，而布瑞耶尔、史蒂文斯、苏特和金斯伯格四位法官却持相反的观点。肯尼迪法官在限制与适用之间主张中立态度，因此他的投票对最后的判决结果起到了至关重要的作用。

在哈德森案中，肯尼迪大法官虽然认为非法证据排除规则并不适用，但是并不完全认同多数判决中的部分观点，他在协同意见当中明确指出："非法证据排除规则在司法实践当中还会继续发挥作用，正如通过先例所确立的那样，这点是不存疑问的。"而在赫林案的判决中，肯尼迪大法官却没有对罗伯特首席大法官所主张的有责性判决标准表示质疑。在联邦最高法院占多数的保守派法官中，肯尼迪属于较为"温和"（moderate）的保守派，① 与最高法院的斯卡利亚、罗伯特、托马斯和阿利托四位保守派法官并不相同。但其在哈德森案当中的投票，却能反映出他在非法排除规则上的反对态度。有论者统计，与其他被称为"温和保守派"的法官相比较，肯尼迪大法官在任时从未支持过非法证据排除规则的适用，而像已经退休的奥康纳大法官和苏特大法官，他们至少在任期内为适用该规则投过赞成票。② 据《纽约时报》报道，奥康纳大法官本来在哈德森案中也赞成排除非法证据，但适逢其从联邦最高法院退休，而阿利托大法官继任，所以主张限制非法证据排除规则的保守派才以

---

① Bradley Craig M., Red Herring or the Death of the Exclusionary Rule?, Trial, Apr. 2009.

② 奥康纳大法官在伊利诺伊州诉克鲁尔案、默里诉合众国案和新泽西诉 T. L. O 案中对适用非法证据排除规则投了赞成票；苏特大法官在宾夕法尼亚缓刑和假释委员会诉斯科特案中投了赞成票。

微弱优势胜出。①

直到戴维斯案的审理，由于史蒂文斯和苏特两位大法官的退休，② 继任者卡根和索托马约尔大法官③在对该规则似乎也同样主张限制的立场时，才使得联邦最高法院的投票情况发生了重大变化，从微弱优势变为三分之二以上的多数优势。这种对比也从侧面反映出今后联邦最高法院对非法证据排除规则的态度。有学者专门对联邦最高法院法官们对非法证据排除规则的态度进行了论述。④ 20 世纪 80 年代，里根政府已经开始有意识地限制非法证据排除规则的适用，而现在的罗伯特首席大法官当时任职于白宫顾问小组办公室，致力于“修改或者废除非法证据排除规则”。⑤ 从其在赫林案中所作的判决可以看出，罗伯特大法官遵循着怀特大法官的规划，将非法证据排除规则限制在警察恶意或者严重违反联邦宪法第四修正案的行为领域。

三、美国非法证据排除范围的发展趋势

最高法院在哈德森、赫林和戴维斯三个案件当中所采用的分析和判断方式，对美国其他法院适用非法证据排除规则无疑具有极大的指引意义。事实上，在这些案件当中，罗伯特法官创立了若干旨在限制非法证据排除规则的判断标准。

（一）因果关系标准

在哈德森案中，联邦最高法院的多数意见认为，警察违背

---

① David A. Moran, Waiting for the other shoe: Hudson and the Precarious of Mapp, 93 LOWA L. REV, 1725,17319 (2008).

② 史蒂文斯大法官于 2010 年 6 月 29 日退休，苏特于 2009 年 6 月 29 日退休。

③ 卡根大法官于 2010 年 8 月 7 日继任，索托马约尔大法官于 2009 年 8 月 8 日继任。

④ Tracy Maclin. The Supreme Court and the Fourth Amendment's Exclusionary Rule. Oxford University Press.2012.

⑤ Adam Liptak, Justice Step Closer to Repeal of Evidence Ruling, N.Y.Times, Jan. 30, 2009.

“敲门告知”原则进入住宅与搜查扣押证据之间不存在因果关系，因为不管警察采用何种方式进入住宅，他们始终会依据有效的搜查令去发现本案的有罪证据。换句话说，无论“敲门告知”原则是否被遵循，警察都会必然发现并扣押相关证据，这也是本案不适用非法证据排除规则的原因所在。在此种推理逻辑下，众多先前被认为需要强制排除证据的案例可能就会被推翻了。

在威克斯（Weeks）和阿涅洛（Agnello）案中，法院强制排除了警察对住宅进行无证搜查所获取的证据，尽管警察的搜查行为存在合理理由（probable cause），并在判决中指出：“不管警察多么确信有罪文件就在犯罪嫌疑人的住宅中，这种确信都不能作为无证搜查的正当化事由。”但是如果按照哈德森案的因果联系进行判断，这两起案件就会作出截然不同的处理。尽管警察确实实施了无证搜查的行为，但是他们的搜查行为基于合理理由，如果他们在搜查之前向法官提出申请，法官必然会签发搜查令，也能够查获本案证据，由此得出的结论是：基于合理理由的无证搜查并不需要适用非法证据排除规则。因果关系标准可以被理解为一种“必然发现的例外”，其基本推理方式是：虽然警察实施了违法行为，但如果警察按照法律规定进行搜查，也能够发现有罪证据，因而非法证据排除规则不能适用。此种方式显得过于牵强，甚至在某种程度上动摇了美国联邦宪法第四修正案对于公民的权利保障。这会导致警员在搜查活动中忽视令状原则的要求，“会寻求更加高效的方式取得证据而无须考虑其合法性，只要他们有理由相信这些证据能够被合法取得，那么证据排除规则就不会适用”。① 尽管联邦最高法院还没有就此类案件作出判决，但是已有学者认为哈德森案中的因果关系与必然发现的例外实属同类，“认为警察本可在遵循宪法要求的基础上获取证据，也就等同于证据必然能够被合法地发现，违法行

① Robert M. Bloom, Inevitable Discovery: An Exception Beyond the Fruits, 20 AM. J. CRM.L.79, 95 (1992).

为与证据发现之间不存在因果关系”。①

（二）新的稀释例外原则

即便警察违反宪法第四修正案的行为与收集证据之间存在因果关系，但是如果此种违反与排除证据之间的关系过于遥远而被稀释，证据也可以被使用。传统意义上的稀释例外在哈德森案当中并不能够被适用，因为警察的违法行为与收集证据的行为在时空关系上联系密切，而且其中并不存在任何阻断此种关系的事由。最高法院事实上创建了一种新的稀释例外规则，尽管缺乏先前判例的支撑。

斯卡利亚大法官在判决中指出：“在存在因果关系的情况下，如果排除非法证据并不足以实现保护受到侵犯的宪法权利，稀释例外也可以存在。”他认为“敲门告知”原则保护的是公民的生活安宁权，防止财产被破坏，保护公民的隐私权和尊严，但是该原则并不会赋予公民要求排除警察基于生效搜查令所取得的证据之权利。因此，尽管在本案中哈德森的权利受到了侵犯，但是这与扣押证据无关，非法证据排除规则在此种情形下并不适用。

新的稀释例外原则无疑也会极大地缩小非法证据排除规则的范围，即便违法行为与获取证据之间存在直接的因果关系，但如果宪法所保护的法益并不能够通过排除非法证据来弥补，非法证据排除规则的需求也就被稀释了。此种观点与之前最高法院创立的稀释例外原则并不相同，有学者评论道：“‘稀释’一词在该案判决中用作非法证据排除规则的例外似乎并不恰当，警察的违法行为和获取证据的因果关系是十分明确的。此种新的稀释例外并不考虑警察在责任或者行为中的严重程度，将违反宪法第四修正案所直接获得的证据纳入其中，将其认定为稀释例外原则是比较奇怪的。”②

① Albert W. Alschuler, The Exclusionary Rule and Causation: Hudson v. Michigan and Its Ancestors, 93 LOWA L. REV. at 1809 (2008).

② James J. Tomkovicz, Constitutional Exclusion: The Rules, Rights, and Remedies That Strike the Balance Between Freedon and Order, p51, 2011.

这种新的稀释例外原则也非常容易被运用到其他违反联邦宪法第四修正案的违法搜查扣押行为中，并会对接下来的证据是否应当被排除的判断造成极大的影响。警察采用何种途径（manner）进入被搜查人家中，与扣押证据也没有关系，如果运用新的稀释例外原则，恐怕非法证据排除规则也不适用。有学者通过威尔森诉莱恩（Wilson v. Layne）案①进行了阐释。在该案中，警察带领记者进入被告人住宅进行搜查，法院认为此种行为已经违反了宪法第四修正案的要求，因为警察的入户搜查行为必须控制在合理的限度之中，而新闻媒体在场显然不会对搜查活动起到太大的帮助作用。在该案当中，法院并没有对警员获取的证据是否应当被排除作出分析，如果按照哈德森案的逻辑，不受媒体报道的权利尽管受到了侵害，也不能因此而排除搜查所得的证据。同样的道理，非法证据排除规则也不能适用于警察未出示搜查证进行入户搜查的情况。宪法赋予被搜查人要求查阅搜查令之权利，但目的并不是阻止警察入户搜取证据，一些地方法院已经适用该规则处理案件，并宣布非法证据排除规则不能适用。②在合众国诉拉米雷斯案（United States v. Ramirez）③中，法院认为，“通过超出限度或者不必要的毁损财物而进入住宅，已经构成了对宪法第四修正案的违反，尽管警员持有生效令状且该行为也不会导致证据排除的后果”。用新的稀释例外原则来解释，在此案当中宪法要求所保护的利益是财产权，显然不是阻止警察获取证据，因此适用非法证据排除规则的需求也被稀释了。综上所述，哈德森案中的稀释原则极有可能被扩大到“敲门告知”原则之外，非法证据排除规则的适用空间又被进一步缩限。

---

① 526 U.S. 603 (1999).

② United States v. Hector, 474 F.3d 1150, 1155 (9th Cir.2007), United States v. Makki, No.06-20324, 2007 WL 1100453, at 4 (E.D. Mich, Apr. 12, 2007).

③ 523 U.S. 65 (1988).

（三）有责性作为排除的核心要素

在赫林案和戴维斯案中，联邦最高法院秉持了严格适用非法证据排除规则的态度，以警员的有责性作为判断是否需要排除证据的标准。罗伯特大法官显然要推行并扩大适用有责性标准，他在赫林案的判决中指出："如果警员善意认为逮捕令是有效的，最终发现该搜查令已经失效，但这是由于其他警员的过失所导致，那么搜查所获得的证据是否需要被排除呢?"在他看来，宪法第四修正案的违反并不会必然导致证据排除，还需要与警员在此行为中的可责难性相结合，而可责难性又与排除后果对将来警察违法行为的威慑力相联系。尽管在之前的案件中，警员的有责性是因否排除证据的考虑因素之一，但是通过该案，有责性已经成为一个决定性的因素。更进一步的，赫林案判决中强调："非法证据排除规则是为了威慑警察的蓄意、放任或者重大过失的行为，或者在特定情况下发生甚至多次发生的行为。"在赫林案之前，尚无先例明示或暗示地认为非法证据排除规则应当限制在警察行为的有责性上。①

同样的，在戴维斯案的判决中，法院也认为只有在警员蓄意违反联邦宪法第四修正案的情况下，非法证据排除规则的威慑作用才能够得到充分发挥，可见赫林案的判决已经对联邦最高法院的法官产生了一定影响。戴维斯案多数判决撰写者阿利托大法官认为，该案中警察获取的证据无须排除，一是考虑到排除并不会产生威慑后果，二是会给发现真相和公共安全造成更高的成本。在判断威慑效果以及是否需要排除证据的问题上，戴维斯案援引了赫林案的分析方法，以警察行为的可责难程度作为核心要素，"只有在警察行为展示（exhibit）了对联邦宪法修正案所保护权利的蓄意、放任或者重大过失的无视，排除规则的威慑效力才可能（tend）超过其所附带的成本"。警察的搜查行为基于合理的善意信赖，或者他们的一些违法行为属于简单的、轻微的过失，威慑的效力就会减弱，非法

① LaFave. The Smell of Herring, Alschuler, A Minnow or a Shark?

证据排除规则也就不能适用了。在将有责性作为判断标准的情况下，善意例外原则在警察常规的搜查扣押行为当中的适用范围也会得到极大的扩张，这种扩大的趋势无疑已经存在了。

依据遵循先例原则的要求，赫林案和戴维斯案中的有责性标准将会对之后的判决形成巨大的影响，绝大多数违反宪法修正案的搜查扣押行为所取得的证据都将免于排除。在美国的非法证据排除听审中，警察的违法行为主要是基于善意或者过失，而不是蓄意为之。布瑞耶尔大法官在戴维斯案的判决中持反对意见，其一针见血地指出："如果按照法院的多数意见判决，非法证据排除规则将会被善意例外所‘吞噬（swallow）’。"① 不管承认与否，已经有地方法院按照赫林案的分析方式进行了判决。②

在合众国诉马思特案（United States v. Master)③ 中，上诉人马思特认为警察所持搜查状虽由法官签发，但该法官并无签发此令状的权力，因此搜查行为无效，继而要求排除搜查所获得的证据。第六巡回上诉法院在判决中指出："联邦最高法院已经通过赫林案确立了排除与否的判断方式，即排除证据的威慑效力必须要大于它所带来的成本。在本案中，警察善意地认为法官有权签发此种搜查令状，并基于此进行了搜查并发现了相关证据。由于警察在本案当中并没有责任，因此非法证据排除规则不能适用。" 在合众国诉朱利叶斯案（United States v. Julius)④ 中，初审法院排除了假释执行官在逮捕被特殊假释后在逃的朱利叶斯后，对其所住房间进行搜查并发现枪械。控方对此提出了中间上诉程序，联邦第二巡回法院撤销了初审法院排除证据的裁定，并将该案发回重审，第二巡回法院在

---

① Davis, 131, S.Ct. At 2439.

② 除了下文两个案例，还有合众国诉特雷西案（United States v. Tracey）（597 F. 3d 140, 151 3d Cir. 2010）和人民诉麦克唐纳案（People v. McDonough）（ 917 N.E. 2d 590,594 Ill. App. Ct. 2009）等。

③ United States v. Master, 614 F. 3d 236, 243 (6th Circuit, 2010).

④ United States v. Julius, 610 F. 3d. 60, 66-67 (2d Cir. 2010).

判决中指出："根据赫林案的规则，违反联邦宪法第四修正案的搜查行为并不会自动导致非法证据排除的适用，这需要进行成本与收益的衡量。"① 至此，非法证据排除规则的适用范围又被进一步地限缩了。

① Above all else, Herring makes plain that a search that is found to be violative of the Fourth Amendment does not trigger automatic application of the exclusionary rule. That is, application of the exclusionary rule is not a matter of right upon a finding that an improper search has taken place. Rather, "the exclusionary rule is not an individual right and applies only where ... [it serves the purpose of] deterring Fourth Amendment violations in the future.

第五章　非法证据排除规则的证明问题

在论证非法证据范围的基础上，本章将开始对非法证据排除规则在实施中的证明问题进行相关探讨。法谚有云，“‘证明责任’是诉讼的脊梁”，在非法证据调查程序当中尤是如此。非法证据排除作为程序性抗辩的重要理由，相对于实体问题的证明而言有着自身的特点。从理论上来讲，刑事证明至少包括证明主体、证明责任、证明标准以及证明方式等内容，非法证据证明的研究也会按照此种路径展开分析和探讨。不过，需要指出的是，本书讨论的证明问题仅指在审判阶段中法院对非法证据的认定，并不涉及侦查机关和人民检察院在侦查或审查起诉中对非法证据的审查处理。①

第一节　非法证据的证明责任

从现行法律和司法解释的规定来看，证据的合法性由检察机关进行证明，申请人及其辩护人、诉讼代理人要提供相关的线索或材

① 尽管刑事诉讼法明确规定公安机关和人民检察院也应当依法排除非法证据，但是笔者认为，该二机关对证据的审查并不是非法证据排除规则的体现，而是为了满足追诉犯罪、正确及顺利定罪的需要，在客观上当然也在一定程度上起到了排除非法证据的效果，但是这种排除是公安机关和人民检察院的内部处理程序，具有很强的行政审批色彩，并不是规范化的排除程序，而是对于证据的筛选。同时，从严格意义上来讲，“证明”一词并不能够适用于审判前阶段，公安机关和人民检察院在侦查和审查起诉阶段认为“事实清楚，证据确实、充分”并不能认为是一种证明活动，而仅能认为是“查明”。在不同的诉讼阶段，非法证据的证明标准和证明程序存在着很大的不同，笔者将会在下一章“非法证据排除的程序问题”当中针对不同阶段非法证据排除的问题展开论述。

料。此种规定在理论界和实务界引发了较为广泛的探讨和争论。有论者认为，这属于证明责任倒置，根据“谁主张，谁举证”的一般原理，本来应当由申请人来提供证据，但是考虑到被告人在刑事诉讼中的弱势地位，由其承担证明责任显得太不“人道”，也不免会导致该规则出现“启动难”的现象；① 还有论者认为，出于防止被告人及其辩护人滥用排除非法证据申请权的考虑，也应当对排除申请设置一定的“门槛”，申请人应当承担“争点形成责任”，即提出申请时需要提供相关的线索或材料，足以引发法官对于证据来源合法性的怀疑。② 究竟哪种观点更为合理，或者是否应当设计其他更为合理的证明责任，需要从理论上进行分析和探讨。

一、证明责任的设定标准

证明责任与案件的实体处理联系紧密。证明责任的分配通常遵循“谁主张，谁举证”的原则，其理由在于既然某一方向法院提出了特定诉求，那么其必然对该诉求更为关注，在收集证据、提出证据上具有更大的积极性，承担与此相关的证明责任更加富有效率。在特殊情况以及特定案件当中，法律也会设定若干举证责任倒置的情况，最为常见的是在侵权责任的诉讼当中，考虑到原被告双方力量的悬殊，而采用了对弱者进行倾斜保护的责任分配方式。非法证据调查程序中证明责任的承担，笔者认为应当考虑以下几个因素：

1. 公诉机关承担被告人有罪的证明责任。公诉人在法庭审判过程中需要提供相关的证据来证明被告人的犯罪行为已经达到了“事实清楚，证据确实、充分”的程度。被告人在法庭审理中不需要对自己有罪或者无罪进行证明，但可以对公诉人指控其犯罪的证

① 郭志媛、董满清：《非法证据如何证明？——兼评〈非法证据排除规定〉》，载《西部法学评论》2010 年第 5 期。

② 陈光中、张小玲：《论非法证据排除规则在中国的适用》，载《政治与法律》2005 年第 1 期。

据材料提出质疑，予以质证。为了保障顺利、准确地定罪量刑，检察院还必须对指控证据来源的合法性进行说明，否则不仅会削弱证据的可信度，也会对其权威性造成一定的影响。根据相关法律和司法解释的要求，人民检察院在批准逮捕以及审查起诉时应当对证据收集的合法性进行审查，非法证据不得作为审查批捕和提起公诉的依据。因此，从检察机关依法行使职权的角度上来分析，确保在法庭上出示的证据具有合法性，是检察机关诉讼活动的应有之义，也是依法应当承担的责任。

2. 公诉机关具有更强的举证能力。人民检察院作为法律监督机关，一方面能够对公权力机关的违法行为进行监督，这种监督的方式具有多样性：可以通过查阅随案移送的案卷材料，了解是否存在疲劳讯问或者欺骗、引诱等非法方法；可以通过调阅讯问同步录音录像，直观获悉讯问过程中有无刑讯逼供等违法行为；可以通过驻所检察官，知晓看守所中犯罪嫌疑人的相关情况及诉求；可以通过检察引导侦查，以事前或者事中参与的方式介入公安机关的侦查活动；等等。这些形式众多的监督方式无疑为证明证据的合法性提供了丰富的途径。另外一方面，检察院还能够通过刑事诉讼法赋予的自侦职能，对涉嫌违法取证的侦查人员展开调查，收集证据。与此相比，被告人及其辩护人在非法取证的证据收集中就无法处于如此有利的地位。首先，被告人特别是严重刑事案件的被告人的人身自由都会受到一定程度的限制，他们仅能够对自身受到的伤害，如引诱、威胁、刑讯逼供、暴力等行为有所了解，除非身体留下伤痕，否则很难有其他的证据予以佐证，况且身体有伤也并不一定能够推测出是侦查人员采用刑讯逼供行为所致，也有可能是基于被追诉人的自伤、自残，证明效果十分有限。其次，辩护人的调查取证能力有限。在对非法证据排除的特定调查程序当中，辩护人与公诉人的诉讼地位发生了转变，但显然在调查取证能力上法律并没有进行同样的转变，辩护人仅能通过阅卷、观看不完整的录音录像①等方式来获取非法取证的蛛丝马迹。尽管律师可以向涉嫌非法取证的侦查人员了解情况，但此种方式通常是徒劳无功的。侦查人员有权拒绝，而律师没有如同检察院一般的公权力和强制性。因此，公诉机关在非法证据的证明过程中有更强的举证能力，而举证能力则是证明责任分配中需要考虑的重要问题。

3. 申请方存在滥用申请权的风险和可能。法谚有云："不受限制的权力容易导致腐败。"同样的道理，不受限制的权力也会导致权力的滥用。非法证据排除规则实施以来，也有部分律师动辄在法庭上提出非法证据排除申请，而不考虑这种申请是否真实可靠。律师作为犯罪嫌疑人、被告人合法权益的维护者，应根据事实和法律独立地提出无罪或者罪轻的辩护意见，面对被告人提出的申请也应当予以审慎对待，分析排除证据的要求是否合理，是否有相关的线索或材料进行支撑，而不应当作为一种拖延诉讼的伎俩和方式。毫无根据的非法证据排除申请，不仅会极大地降低诉讼效率，还会对侦查人员的执法形象造成一定的影响。为了防止此种滥用申请权现象的出现，法律应当设置"过滤"装置，尽管申请者无须对公诉人指控其有罪的证据之合法性或者非法性进行证明，但至少应当提出相关的线索或者材料足以使法官对证据合法性产生合理怀疑。

4. 对侦查行为合法性推定的否认需要申请人承担一定的证明责任。此处的侦查行为主要指的是搜查扣押行为和采取技术手段等获取实物证据的侦查行为。尽管我国没有采用令状主义的审批模式，但侦查机关对犯罪嫌疑人采取搜查扣押乃至进行技术侦查措施均需要经过一定的手续和批准，同时还需要持有相关的证件。在证件完备的情况下，申请人在法庭中提出对经搜查扣押所取得的证据

① 在司法实践当中，并不是所有的案件都有录音录像，即便是有录音录像的案件，律师要求观看全程录音录像的请求也不一定会得到满足，最主要的理由是该录音录像涉及侦查秘密。因此，律师通常得到的都是被告人承认有罪的录音录像，这对于非法取证的证明而言并没有多大意义。

应当予以排除的申请时，需承担相应的证明责任。侦查人员在经过审批并持有相关证明文件的情况下开展的侦查行为和收集的相关证据，应当具有被推定为合法的效力。

综上，在非法证据排除调查程序中，证明责任的设置应当考虑上述四类因素，并针对不同的证据类型进行相应的、科学的划分，下文中将会进一步展开论述。

二、非法言词证据的证明责任

非法言词证据的界定应当采用自白任意规则作为标准，证明责任的设计就应当考虑究竟谁能够更好地证明被告人的供述是出于自愿。从理论上来分析，被告人本人应当能够最清楚地认识和了解自己在侦查阶段的供述是否是自愿作出，但从被告人在法庭中提出申请要求排除庭前供述的行为来推测，不管他先前的供述在客观事实上是否自愿，都已经呈现出了一种否定的态度，否则该人就不会提出排除供述的申请。被告人在要求排除庭前供述时，主要理由均为侦查人员对其采用了刑讯逼供、威胁、引诱、欺骗或者冻、饿、晒、烤、疲劳讯问等方式。考虑到被告人的人身自由受到限制，被告人辩护律师的取证能力又十分有限，如果将此证明责任交由辩护方承担，不免会陷入控辩双方各执一词，而又没有其他证据予以佐证的尴尬境地，因此，非法言词证据的证明责任应当由控诉方来承担。这主要出于以下几个因素的考量：

1. 我国《刑事诉讼法》第50条已经规定了“不得强迫任何人证实自己有罪”的条款，这意味着被告人在侦查阶段作出的供述应当具有自愿性的特点，而且侦查机关也应当保障此种自愿性的实现。当然，有读者可能会指出，《刑事诉讼法》第108条仍保留了犯罪嫌疑人面对侦查人员提问应当“如实供述”的义务，但笔者认为，从人权保障和当代刑事诉讼司法理念的角度进行理解，如实供述义务并不是强制要求犯罪嫌疑人回答侦查人员的提问，而仅是强调“如实回答”，即如果犯罪嫌疑人选择对侦查人员的提问作出回应，那么应当是真实的。供述的自愿性应当是判断庭前供述是否合法的首要标准。

2. 犯罪嫌疑人在侦查阶段处于侦查机关的控制和掌握之下，在心理上就已经受到了极大的强制，有罪供述的自愿性天然就存在着可疑之处。为了消除此种疑虑，侦查机关就应当提供证据对口供取得的自愿性进行证明。事实上，这种证明方式是可以通过多方面的途径实现的，也不会对侦查人员造成过重的负担，反而在一定程度上能够起到规范侦查行为的作用。根据我国法律的规定，在第一次讯问或者采取强制措施之日起，犯罪嫌疑人就能聘请律师作为他的辩护人，辩护律师在侦查阶段能够与犯罪嫌疑人会见、通信，这种交流不被监听，能够了解相关的案件情况，并代理申诉、控告等。如果在与辩护人会见之后，犯罪嫌疑人仍旧作出了有罪供述，或者也未向辩护人提出要求其代理进行申诉、控告，就可以推定其之前的供述应当是自愿作出、合法取得的。同样的道理，讯问录音录像是对讯问过程最真实的反映，犯罪嫌疑人的供述究竟是出于刑讯逼供还是自愿悔悟，在全程的、完整的录音录像中一目了然。在司法实践中，根据笔者的调研了解，有些地方甚至已经实现了讯问以外的录音录像，确保“从进到出”的全方位覆盖，就是为了避免出现“打时不录、录时不打”等规避法律的畸形做法，这一方面确保了侦查活动的合法性，另一方面也能够在供述取得合法性存在质疑时作为证据提交给法庭。

由此观之，言词证据合法性的证明责任由控方承担，既符合“不得强迫任何人证实自己有罪”的基本原则，也能够对侦查讯问活动起到一定的规范作用，使侦查人员在取证过程中更加注意对供述自愿性证据的收集，在客观上也能够保障犯罪嫌疑人的诉讼权利和其他人身权利，具有多重效果。当然，供述自愿性的证明虽然由控方承担，但被告人至少应当提出具体的线索或理由，如究竟是出于对刑讯逼供的恐惧，对欺骗、引诱的无知还是其他原因，以及大致的时间、地点等因素，供法官进行分析和判断。

三、非法实物证据的证明责任

非法实物证据的证明责任较非法言词证据又存在一些不同，这主要是由言词证据和实物证据的证明力大小所决定的。通常来说，采用刑讯逼供等非法方法所取得的言词证据的虚假性程度高，即使承认其证据资格，用作指控犯罪的依据，也很容易导致法官在事实认定上出现错误，导致冤假错案的发生。非法实物证据不是指虚构或者伪造的证据，而是指采用违法搜查扣押或者技术侦查的方式获取的相关物证、书证等证据，这些证据的真实性强，对案件事实的证明力也相对较高，排除此种证据可能会对事实的认定带来一定的不利影响。在刑事诉讼过程中，如果辩方要申请排除非法实物证据，则可以根据侦查机关的不同取证情况，设定不同的证明责任承担方式。

1. 对于侦查人员持有相关证明文件而取得的实物证据。《刑事诉讼法》第 136 条第 1 款对搜查证的出示进行了规定，第 148 条、149 条、150 条规定了技术侦查的适用条件、审批要求以及程序限制。我国并没有采用令状主义作为搜查扣押的基础条件。可以说，我国目前的搜查扣押制度还处于十分简单的阶段，有极大的提升和完善空间。在侦查人员依据程序取得相关文件而采取搜查扣押以及技术侦查的情况下，如果物品的持有人认为该侦查活动本身违法了相关法律的规定，则应当提供证据以削弱搜查扣押行为的基础，如侦查人员并不是出于收集犯罪证据或者查获犯罪嫌疑人为目的而展开的搜查扣押活动；如果认为侦查机关的搜查扣押等行为系依法所为，仅是实施的方式存在问题，则也应当提供证据说明，如在对涉嫌盗窃冰箱的犯罪行为展开的搜查活动中，侦查人员打开了犯罪嫌疑人的首饰盒而发现了毒品。①

2. 对于侦查人员未持有相关证明文件而取得的实物证据。在无证进行搜查扣押的情况下，如果被告人及其辩护人对该行为提出质疑，侦查人员应当就搜查扣押行为符合法律的相关要件进行说明，承担证明责任。因为他此时并不持有相关的证明文件，行为的合法性自始就存在疑问。在同意搜查的情况下，② 侦查人员还应当就犯罪嫌疑人的"同意"承担证明责任。

非法实物证据的认定和排除在我国存在较大的困难，原因在于我国对于实物证据的来源性制度即搜查扣押等制度规定得太过原则和笼统，这使得搜查扣押行为在表面上符合法律规定的形式要件，在细节上并未对该制度进行充分的设定，如对是需要敲门告知还是可以直接破门而入、针对特定罪名的搜查而发现了其他罪行的证据是否可以使用等问题缺乏必要的规定，这直接导致了我国非法实物

① 通过对非法实物证据的研究，笔者越来越发现我国刑事诉讼法中关于搜查扣押制度的规定存在的重大问题，这种可能对公民住宅权、隐私权、财产权造成严重侵犯的公权力行为显然并没有被立法者当作应当重点限制的对象，不仅采用内部审批的模式进行决定，而且对搜查扣押行为的方式也没有进行必要的保留和制约，在宪法不享有诉讼依据之效力的基础上，我国非法实物证据究竟能够采用何种方式进行认定和排除，笔者也深存疑虑。请将视野回到笔者所提出的这种情况，侦查人员在以涉嫌盗窃冰箱罪为理由对犯罪嫌疑人的住所进行搜查时，通过打开被搜查人的首饰盒而发现了毒品，该毒品是否能够成为非法实物证据排除的对象？这里面存在的问题是，侦查人员取得搜查证的前提是对犯罪嫌疑人盗窃冰箱的行为存在合理怀疑，执行搜查证的方式也应当围绕"查获犯罪嫌疑人，收集相关犯罪线索"来进行，而无权展开其他的行为，否则就应当被视为是在法律规定的范围外进行活动。很显然，首饰盒是不可能装下一个人或者冰箱的，侦查人员开启首饰盒的行为就可以被视为对搜查证规定要素的违反。在此种情况下，获取毒品的正当性就存在疑问，也应当受到非法证据排除规则的调整。我国法律对此并没有进行规定，但是在司法实践中恐怕没有哪一个法官会因此而排除毒品。由此观之，非法实物证据排除在我国依然任重而道远。

② 目前，我国刑事诉讼法中并没有同意搜查的制度，该制度在理论上属于任意侦查行为，这种搜查并不需要令状主义或者有权机关的批准和决定，只需要被搜查人的同意和允许即可，因此，在此种无证搜查的情况下，侦查人员取证的合法性需要通过以被搜查人的同意为证明的关键性要素。

证据的排除处于十分尴尬的地位。根据实际调研的情况来看，非法实物证据的排除案例特别少，除非是在极其特殊的情况下，才会排除搜查扣押的实物证据。①

第二节 非法证据的证明标准

证明标准，是指法律分配的证明责任所要求达到的程度。目前，我国刑事诉讼法中关于证明标准的规定主要有三种表述：第一种是“有犯罪事实，需要追究刑事责任”（第110条），这是刑事案件立案的标准；第二种是“确认或不能排除存在非法取证可能的”（第58条），这是非法证据排除的适用标准；第三种是“事实清楚，证据确实、充分”（第160条、第172条、第195条），这是我国侦查起诉、提起公诉和判决有罪的证明标准。证明标准是判断证明责任是否实现的基本要素，对程序的推动者以及控辩双方的利益实现关系重大。在非法证据调查程序中，承担证明责任的主体究竟应当将事实证明到何种程度、牵涉的证据是否会被排除，甚至被告人能否被定罪量刑等关键性问题，需要根据不同的情况进行分析。

一、域外比较法考察

非法证据的证明标准在国外也是一个争议颇多的问题，这也从侧面反映出该问题的疑难性。进行比较法考察的目的并不是简单地将别国的制度和设计不假思索地拿来使用，而仅是提供解决问题的思路。毕竟任何制度的比较学习都是以解决本国实际为目的的，在分析问题时就应当考虑各国的国情、司法制度和其他相关因素。

---

① 在黎某非法持有毒品案中，法院排除了警察在黎某处搜查到的47余克海洛因，具体的理由和依据是：其一，47余克海洛因作为实物证据的来源不明，无法排除是他人所有或者侦查人员故意陷害；其二，搜查扣押程序存在重大违法，导致对毒品为黎某所持有产生了合理怀疑，侦查人员不能排除此种怀疑，难以保证该实物证据的真实性、客观性。参见《检察日报》2011年8月10日第5版。

（一）美国

在美国的法律中也存在很多不同级别的证明标准。在刑事诉讼中，根据正当程序之要求，证明被告人有罪需要达到“排除合理怀疑”的程度；而民事案件当中，胜诉则需要达到“优势证据”的标准。在某些情况下，介于上述标准之间的第三标准“清晰并令人信服标准”（clear and convincing standard）也会适用，这意味着事实裁判者必须认为争议事实是极有可能的（highly-probable）。在非法证据听审程序中，此三种标准在不同的州之间都有适用。

1. 供述。在对供述自愿性的证明中，美国联邦最高法院通过莱戈诉特姆伊案（Lego v. Twomey）①，确立了对供述自愿性判断的基本观点，即自愿性的证明不需要达到排除合理怀疑的程度，仅需要满足优势证据的要求即可。该案中三位持反对意见的大法官则认为：“民事诉讼中的优势证据证明标准，其内涵是支持本案一方诉求错误的判决将不会比支持另一方诉求的错误判决更严重。如果在判断供述自愿性中也采用此种判断标准，则无疑使采用了错误的认识，即通常情况下承认非自愿的供述造成的后果并不会比排除自愿供述更严重。”尽管在该案当中联邦最高法院的多数意见采用的是优势证据证明标准，但在判决书中仍指出并不排斥州法院根据它们当地的法律，采用更高程度的证明标准。

2. 非法搜查扣押。与莱戈诉特姆伊案相类似，联邦最高法院通过合众国诉马特洛克案（United States v. Matlock）②，确立了对于违反联邦宪法第四修正案的非法证据排除庭审中仍旧采用不高于优势证据的标准。同样，各州可以根据本州法律采用更高的证明标准。值得指出的是，即便在是在一些对供述自愿性采用排除合理怀疑最高证明标准的州，它们对非法搜查扣押的证明标准也仅需要达到优势证据的标准即可。之所以对供述和搜查扣押采用不同的证明

① 404, U.S. 477 (1972).

② 415 U.S. 164, 94 S.Ct. 988, 39 L.Ed.2d 242 (1974).

标准，主要理由在于违背自白任意规则的供述有可能是不可信的，但是非法扣押的证据通常则是可信的。对于在监狱内进行讯问所取得的供述而言，警察能够通过录像等各种方式对自愿性进行证明，因此可以要求更高、更严格的证明标准。而对于搜查扣押的行为，特别是在突然进行的、没有令状的搜查、扣押情形下，警察的证明能力就会降低，相应的证明标准就会有所降低。

（二）英国

同样是作为英美法系成员的英国，在非法证据的证明标准上也有其特点，这集中体现在《1984 年警察与刑事证据法》[①] 的相关规定中。第 76 条对供述的自愿性以及可采性进行了说明，其采用的是反证的方式，即在立法上推定供述不能在法庭上使用，除非控诉方能提供证据证明供述的自愿性。第 76 条第 2 款指出："在任何程序中，如果控方试图提供被控告者的供述作为证据，这对于法庭而言同样意味着该供述是通过以下方式取得的：对供述人的胁迫；根据讯问时的情境所作之承诺或者所做之事项，使得他因此而作出了不可靠的供述。"[②] 根据该法的要求，控方必须承担对供述取得合法性的证明责任，且必须要达到排除合理怀疑的程度。除此之外，该法第 78 条还规定了对不公正证据的排除（exclusion of unfair evidence）问题，法庭在对于证据是否能够采纳所进行的判断中，综合包括取证方式等情况在内的相关因素，如果认为采纳此种证据会对程序的公正性产生极大的负面影响，则会排除该证据的可采

---

① 《1984 年警察与刑事证据法》是英国历史上第一部专门规定警察工作的成文法，直到今天仍被作为英国警察的行为规范和指导，http://www.legislation.gov.uk/ukpga/1984/60/pdfs/ukpga_19840060_en.pdf，访问时间 2014 年 11 月 11 日。

② 该段由笔者翻译，原文为"(2) if, in any proceedings where the prosecution proposes to give in evidence a confession made by an accused person, it is represented to the court that the confession was or may have been obtained—(a) by oppression of the person who made it; or (b) in consequence of anything said or done which was likely, in the circumstances existing at the time, to render unreliable any confession which might be made by him in consequence thereof"。

性。在这种程序中，法庭奉行的是“谁主张，谁举证”的原则，证明标准也相对较低，仅需达到优势证据的标准即可。[①]

（三）德国

德国作为大陆法系的典型代表，发展出了其独特的非法证据排除规则，主要体现在“证据禁止”制度上，包括证据取得的禁止和证据使用的禁止。[②] 由于大陆法系的职权主义模式，对非法证据的调查活动主要是由法官主导进行，至于证明责任和证明标准，法律一般都不作直接规定。[③] 同时，德国刑事诉讼理论界沿袭了“潘德克顿式”的民法体系，将证明活动分为自由证明和严格证明两类。通常来说，对于程序性问题主要采用自由证明的方式，而对实体问题的判断则采用严格证明的手段。自由证明所采用的证明手段、方式比较随意，所要达到的证明标准相对较低，而严格证明则必须按照法律规定的程序、特定的证据种类以及最高的证明标准。[④] 德国理论界认为，“对被告是否曾被施以法律禁止之讯问方法被讯问时，亦可以自由证明之方式认定之，因为此只关系一纯粹对诉讼程序错误值认定问题”。[⑤]

二、我国非法证据证明标准的现行规定

2012 年《刑事诉讼法》第 58 条规定了非法证据的排除标准，[⑥] 从文本上来看，我国非法证据的证明标准似乎有两个，一是确认该

---

① 陈瑞华：《比较刑事诉讼法》，中国人民大学出版社 2010 年版，第 47~48 页。

② 郭旭：《德国搜查扣押制度与非法实物证据排除》，载《武陵学刊》2014 年第 4 期。

③ 孙长永等：《刑事证明责任制度研究》，中国法制出版社 2009 年版，第 332~337 页。

④ 闵春雷：《严格证明与自由证明探析》，载《中外法学》，2010 年第 5 期。

⑤ ［德］克劳思·罗科信：《刑事诉讼法》（第 24 版），吴丽琪译，法律出版社 2003 年版，第 208 页。

⑥ “对于经过法庭审理，确认或者不能排除存在本法第 54 条规定的以非法方法收集证据情形的，对有关证据应当予以排除。”

证据是以非法方法取得，二是不能排除存在非法取证的可能。也就是说，如果法官对证据取得的合法性存在合理怀疑，那么该证据就应当被视为非法取得而予以排除。但从法律对证明责任的分配上来看，我国在非法证据调查程序当中的证明责任在很大程度上赋予了控方，将之转化成为控方应当对证据的合法性进行证明，并要求其对该问题的证明达到“确实、充分”的程度（《非法证据排除规定》第11条）。[①] 取证合法性与非法取证本身就是一个问题的两个方面，如下图所示：

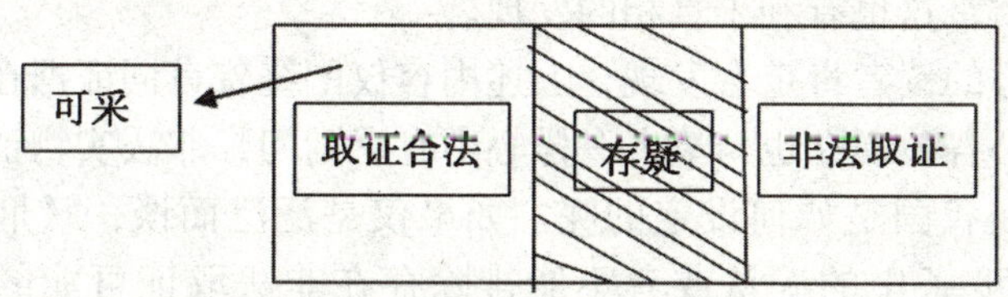

如果将取证的状态进行模式化处理，可以分为三种，即取证合法、非法取证以及合法性存疑。根据《刑事诉讼法》之要求，在存疑或者非法取证时证据应当被排除；《非法证据排除规定》则从相反的方面指出，公诉方必须证明合法取证到达“确实、充分”的程度，否则证据就不能使用。因此，两种表述方法在证明标准的问题上是一致的。也就是说，在我国非法证据排除的证明标准必须要达到“事实清楚，证据确实、充分”的最高标准。笔者认为，将“事实清楚，证据确实、充分”作为非法证据调查程序的证明标准，在我国目前的刑事司法中是极具现实意义的，主要理由如下：在近些年来社会上反映出来的一系列令人震惊的冤假错案当中，无不存在以刑讯逼供等非法方法获取供述的现象，可见，非法取证行为是导致冤假错案的重要因素之一，侦查机关始终依赖被告人的口供作为破案的线索和关键要素，有罪供述仍被视为“证据

① 必须预先指出的是，《非法证据排除规定》第11条中的“确实、充分”仅是针对被告人供述合法性的证明标准，并不涉及非法实物证据问题。

之王”，必须要对有罪供述进行严格的审查和限制，侦查人员必须要证明供述取得的合法性和自愿性；另一方面，困于囹圄的犯罪嫌疑人、被告人并不能积极地收集证据作出此种抗辩，而侦查机关无论是在力量上、人数上还是在技术手段上，其取证能力上都明显要高于被追诉人，如果控方想要使用被告人的庭前有罪供述作为指控其犯罪的依据，在被告人对该供述的自愿性提出质疑的情况下，控方必须就供述的自愿性问题证明到“确实、充分”的程度，可以采用的证明方式有多种，必要的时候也可以要求侦查人员出庭作证进行对质，这也有利于真相的发现。

细心的读者肯定会发现，上述内容仅围绕着言词证据在进行分析，想必各位现在也与笔者一样心中有个疑问，非法实物证据的证明标准在我国是如何设定的呢？如果仅是泛泛而谈，《刑事诉讼法》第 58 条中的确认或者不能排除存在非法取证可能的证明标准，不仅适用于非法言词证据，还适用于非法实物证据，这似乎就能够轻率地得出一个结论，非法实物证据的排除也应当达到我国的最高证明标准。但从非法实物证据的认定上可以发现，法律为其设定了三个条件，首先必须是违反法律规定，其次可能会严重影响司法公正，最后是不能作出合理解释或者补正。非法实物证据采用的是一种裁量型的排除模式，这与非法言词证据的绝对排除不同，即便是能够认定侦查人员取证活动存在违法行为，也并不一定会导致排除实物证据的后果，如下图所示：

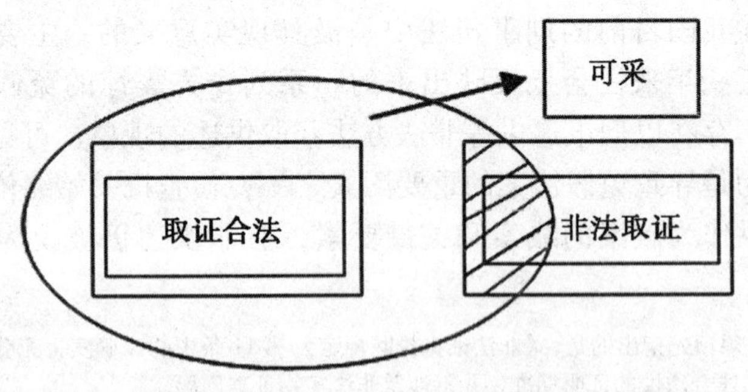

裁量型排除的模式为非法实物证据的证明标准之设定增加了难度。“事实清楚，证据确实、充分”的要求显然只是针对取证行为的合法性而言的，对于“严重影响司法公正”和“无法作出合理解释或补正”就没有适用的空间。但非法实物证据的排除却又不以取证违法性作为判断的唯一标准或者不太注重取证行为的合法性，即便侦查人员的搜查扣押行为违反了法律的规定，也仍有一定的弥补可能性。对此，有论者认为法官在自由裁量是否排除物证、书证的申请时，应当按照如下规则分配证明责任：被告人应当证明该证据的取得“明显违反法律规定”，法庭如果将其作为定案的根据就“可能影响公正审判”，而且公诉方未“予以补正或作出合理解释”或者其补正或解释不能使得证据瑕疵得到有效治愈。① 另外，由于被告人方举证能力较弱，其履行的证明责任仅需达到优势证据的标准即可。②

三、非法证据证明标准的完善

通过上文的分析可以得出一个初步的结论：在我国现行非法证据调查程序中，对于非法言词证据的排除需要达到“事实清楚，证据确实、充分”的最高标准，而非法实物证据则采用裁量排除的方式，在证明标准上法律并没有作出相应的规定，而是交由法官根据公诉方提供的证据来判断是否会对司法公正造成严重影响，或其作出的补正及合理解释能否弥补证据取得中的瑕疵。笔者将结合上文中关于证明责任的划分，对完善我国非法证据排除规则中的证明标准问题进行分析和探讨，并提出相关的建议。

（一）对于非法言词证据

倘若我国非法言词证据的认定真的能够实现从“痛苦规则”

① 高咏：《非法证据排除的证明问题研究》，中国财政经济出版社 2014 年版，第 141 页。

② 陈瑞华：《程序性裁判中的证据规则》，载《法学家》2011 年第 4 期。

向“自白任意规则”的转变，在法庭审理过程中如果被告人一旦翻供或者对庭前供述的自愿性提出质疑，控诉方就必须向法庭证明被告人先前有罪供述取得的自愿性。该证明必须达到“事实清楚，证据确实、充分”的高度，主要是出于以下几方面的考虑：首先，对犯罪嫌疑人、被告人基本诉讼权利的保障。我国已经确立了“不得强迫任何人证实自己有罪”的条款，公诉方在使用被告人供述指控其有罪的证据时，必须附带证明此份供述的自愿性。其次，公诉方对此种证明并不是无能为力的，恰恰相反，公安机关和人民检察院拥有丰富的资源、设备以及其他条件来确保证明活动的实现。最后，出于准确查明案件事实的需要，法庭应当优先依据真实性较高的书证、物证等实物证据作为判断的依据，言词证据有着反复、多变的特点，特别是在被告人在庭前作出有罪供述而当庭翻供或者要求排除的情况下，有罪供述的真实性更是存在疑问，为了防止出现冤假错案，对该供述的采用也应当达到“证据确实、充分”的最高标准。

（二）对于非法实物证据

非法实物证据的排除通常而言涉及两个层次，首先是判断非法取证行为是否发生，其次是非法取证行为所收集到的证据能否在法庭上用作指控被告人有罪的证据。同样，按照笔者在证明责任中的分析路径，排除非法实物证据的证明标准也可以划分为持有证明文件的侦查行为和非持有证明文件的侦查行为两种类型。

1. 持有证明文件的侦查行为所获得之实物证据。如上文所述，尽管我国没有确立强制性侦查行为的令状主义模式，但是对于搜查扣押以及技术侦查措施也设立了一些内部之间或者上下级之间的审批模式，侦查人员在为相关行为时也必须要持有证明文件。在此前提之下，如果被告人对提出侦查行为的合法性存在疑问，基于证明文件能够推定其合法性的理念，被告人及其辩护人应当举证证明侦查行为缺乏正当性基础。考虑到辩方在刑事诉讼中的弱势地位，以及对诉讼实质问题认定的影响大小，法律对此可以采用自由证明的方式，仅要求其达到优势证据的证明标准即可。在取证行为违法性得到确认的情况下，法官并不宜必然决定将该实物证据排除，而是应当结合违法行为的严重程度以及对被告人权利被侵犯所造成的后果进行分析判断，其判断的标准宜设定为采纳该证据对于惩罚犯罪以及社会公共利益的好处大于排除该证据所可能形成的威慑警察行为以及保障被追诉人权利的效果。可能有论者会感到疑问，在这种设计模式下，"合理解释或者补正"条件应当如何处理？对于该问题，笔者已经在本书第一章中予以了明确，非法证据仅有排除与不排除两种，能够进行补正或者合理解释的并不是非法证据，而是瑕疵证据。

2. 非持有证明文件的侦查行为所获得之实物证据。在侦查人员进行无证搜查等侦查行为中所获取的相关实物证据，如果被告人及其辩护人在法庭上针对此行为提出质疑，侦查人员必须证明无证进行强行性侦查行为是符合法律规定的，并且必须指出当时①所依据的证据证明已达到法律设定的条件。在此种情况下，辩方不需要对此承担证明责任，仅需提出异议即可，而控方必须对无证侦查的合法性作出证明。考虑到这也是对程序问题的证明，因此仅需要达到优势证据的标准即可。在对该行为的合法性作出判断之后，究竟是否应当排除由此取得的实物证据，可以按照持有证明文件的侦查行为所获得之实物证据的分析路径进行判断即可。

四、对证明标准的反思

"法律的生命在于经验而非逻辑。"对于非法证据调查中应当采用的证明标准，每个人心中可能都有自己的倾向，在司法实践当

---

① 请注意，此处的关键词是"当时所依据的证据"，也就是警察在作出无证强制性侦查行为时所依据的证据，而不能是侦查行为发生之后所获得的证据。其理由在于，警察只能依据行为前的证据作为提供其行为合法性之依据。类似的规定还出现在行政复议当中，当相对人就具体行政行为提出复议时，行政机关仅能以作出具体行政行为时所依据的证据作为行政复议的依据。

中，控、辩、审三方选择的标准可能也各不相同。说到底，“排除合理怀疑”也好，“事实清楚，证据确实、充分”也好，“优势证据”也好，对于每一个具体而又独特的案例而言，所要求达到的程度并不相同。证明标准本身是理论界对于证明案件某一待证事实所要求达到程度的表述，这种划分在不同类型的案件当中有一定的积极因素，不同性质的诉讼案件需要达到不同的证明标准，对比之下便可知晓法律对待不同法益的严肃程度。但不可回避的问题是，在特定的证明标准下，其对法官提出心证究竟应当达到何种程度？我们说99%的确信可以被认为是“排除了合理怀疑”，但90%呢？85%呢？案件纷繁复杂，用数学比例根本无法设定明确的界限。同样的道理，特定案件中的证明标准也难以用语言来予以表达，这主要是法官内心对于非法证据的判断以及对是否应当排除此类证据的众多因素的衡量，这种内心活动是不易为外界所窥探的，侦查人员出庭信誓旦旦严格依法取证的证言、被告人身上仍旧清晰可见的伤疤，究竟如何对法官的心证造成影响，又是如何影响法官在非法证据排除程序当中的决策，仍需要进一步的研究和探讨。

有论者认为，学界对于证明标准的认识存在偏差，证明标准准确来说应当被称为“裁判标准”。① 对案件待证事实的认定最终必须由法官来决定，是法官心中对案件作出判决的尺度。尽管理论界对证明标准问题进行了大量的研究，但是笔者不禁要反思的问题是，证明标准对法官审判究竟能够起到多大的作用？在一起疑难案件中，即便法官满脑子都是“事实清楚，证据确实、充分”、“排除合理怀疑”、“优势证据”等专业词汇，显然也无助于其认定案件事实，恐怕没有哪个法官会在法庭上宣称控方的证据已经达到了“排除合理怀疑”的证明标准，最常见的问语是：“控辩双方还有新证据需要提供吗？需要传唤新的证人出庭或者重新鉴定吗？”事实上，在所有证据全部出示之前，法官是无法对案件应当证明到何

① 张步云：《司法证明原论》，商务印书馆2014年版，第411页。

种程度作出判断的。因此，在案件审理过程中，裁判者关注的是当事人、法律规定以及相关证据，特别是证据的举证、质证活动，证明标准在此时并不发挥作用。例如，在非法证据排除的调查程序中，庭前有罪供述究竟是合法还是非法取得应当证明到“事实清楚，证据确实、充分”的程度，但是这一标准在该案当中意味着什么，不仅控辩双方难以探寻，就连法官自己也无法划定一条达到证明标准的“分水岭”，公诉人会采用各种途径来证明取证的合法性，如果最终该供述因被认为是通过刑讯逼供等非法手段获取而被排除，则可以推测出法官内心大致确信非法取证行为确实存在或者仍旧对取证行为存在疑问，但若在进一步追问法官心证如何形成或者怎样达到了证明标准，恐怕法官也难以给出答案。有意思的是，在自由心证原则下的法官判案似乎不需要所谓的证明标准，对于该原则的最经典表述是在《法国刑事诉讼法典》中：“法律不问责法官形成自我确信所依据的理由；法律也不规定一种规则并让法官必须依赖此种规则去认定某项证据是否完备，是否充分。法律之要求法官平心静气、集中精神、自行思考、自行决定，本着诚实之良心，按照理智，寻找针对被告方所提出的证据以及被告方的辩护理由所产生的印象。法律只向法官提出一个概括了法官全部职责的问题：‘您已经有内心确信之决定吗？’”① 从该法条的表述当中，难以找到在自由心证原则下证明标准的适用空间，对事实的认定依赖法官在对所有证据进行质证、认证之后的综合判断，只要此种判断是中立的、不偏不倚而又符合常理的，那么对事实的认定即告完成。尽管如此，在我国目前的情况下，刑事案件中的证明标准还是有存在的空间和价值的，具体表现在以下几个方面：

1. 证明标准为事实裁判者提供了一定的内心尺度。证明标准并不适用于控辩双方，控辩双方只能竭尽所能对争议事实举证、质

① 《法国刑事诉讼法典》，罗结珍译，中国法制出版社 2006 年版，第 248、249 页。

证，法律对不同事项设置了特定的证明标准，但是面对“排除合理怀疑”或者“优势证据”两个明显不同的标准，控辩双方也不敢掉以轻心，对前一标准的待证事实进行精心准备，而对后一标准却有所懈怠。这种现象可以归因于证明标准是裁判者对事实认定所要求达到的内心程度，这种内心活动在最终判决结果宣布前，控辩双方难以知晓（其实在一些案件当中法官都难以确定）。众多的证明标准为法官心证的形成提供了一定的尺度，如排除合理怀疑，就要求法官在综合案件的所有因素之后，认为不存在对该人无罪的符合常理的解释；如优势证据，要求法官大致能够得出该行为发生的可能性要大于该行为没有发生的可能性即可。

2. 证明标准降低了事实裁判者的职业风险。法官在实际审理案件当中可能最后考虑的才是证明标准的问题，但是否达到该证明标准不仅为裁判者提供了相应的判断尺度，还是事后对案件裁判结果是否正确的评价标准。事实上，证明标准对于法官的预设是有良知、有道德、懂法律并依法判案。在刑事案件当中，如果法官已经根据当时的证据形成了“事实清楚，证据确实、充分”的内心确信并作出判决，即便事后出现了新证据而推翻先前判决，也不能因此而对法官职业行为进行制裁。例如，在章国锡案中，二审法院尽管推翻了一审法院的判决，但仍旧在判决书中指出“原审以公诉机关提供的证据不足以证明侦查机关获取被告人审判前有罪供述的合法性为由，作出被告人章国锡审判前有罪供述不能作为定案根据的判决合法，鄞州区人民检察院就此提出的抗诉理由尚不充分，不予采信”。[①] 根据我国目前的考评机制，如果一审判决被推翻，会对相关的审判人员乃至法院的年度评价造成一定的影响。在本案当中，二审法院肯定了一审法院对非法证据的认定，认为依据当时的证据确实“不足以证明侦查机关获取被告人审判前有罪供述的合法性”，也就意味着一审法院排除非法证据达到了相应的证明标

① 案件的详细情况及分析请参见本书第二章“非法证据排除规则典型案例分析”。

准，因此，避免了一审法院、一审法官因二审撤销判决而带来的职业风险。

3. 案件是否达到证明标准应当充分反映在裁判文书中。尽管法官内心的裁判过程难以窥视，证明标准是否已经满足了法律的规定和要求在最终裁判作出前也难以探寻，但好在我国法律已经规定了判决说理的要求，并逐渐严格执行。一句简单的“辩护方提出的辩护意见，没有足够的证据进行证明，本庭不予采纳”或者“公诉人提供的证据，客观、合法并能够相互印证，本庭予以采纳”已经难以满足现代刑事裁判文书制作的基本要求。裁判文书说理是对法官内心确信的必要限制，是裁判合法性的重要保障，也为控辩双方申请程序性救济（如上诉、抗诉或者要求再审）提供了材料。在裁判文书中阐明理由，一方面能够再现法官在认定事实过程中的心理活动及对证据的衡量，防止法官忽视证据进行恣意裁判，也会帮助法官梳理案件当中纷繁复杂的争点、利益以及证据，作出合理、合法的决定。另一方面，控辩双方拿到裁判文书后，能够详细了解己方乃至对方证据的采纳情况，对法官的推理过程如果深表赞同，那么将会提高裁判的权威性和执行力；如果持有不同意见甚至相反观点，便可以其为理由提出上诉或者抗诉，寻求救济。

第三节　非法证据调查程序中的证明方式

在我国，非法证据排除发生在侦查、审查起诉和审判三个阶段，每个阶段均有排除证据的可能，而在认定证据合法性的过程中，采用的手段和方式基本上相同。同时，考虑到我国非法证据排除程序虽然存在依申请和依职权两种启动模式，但是归根结底仍旧是由法官主导的法庭对证据合法性的证明与调查。审判阶段前由侦查机关或者人民检察院对证据合法性的审查，在笔者看来并不能称为“非法证据排除”，这一方面是由于在这些阶段缺乏必要的证明构架，主要采用内部审批模式进行，“排除”证据的目的在于顺利实现诉讼目标——对犯罪嫌疑人成功定罪量刑，此时公安机关和检察机关本身对证据就能够进行筛选，将一些取证合法性存在疑问或者非法取得的证据移除出控方的证据目录，或者采用合理解释、补正乃至重新提取的方式将这些证据“借尸还魂”；另一方面，尽管犯罪嫌疑人能够向侦查机关和人民检察院提出排除非法证据的申请，但事实上，如果这些机关并未将争议证据视为非法证据予以剔除，这种决定对当事人并不会产生任何实质上的约束力，在案件进入审判阶段后，被告人及其辩护人也会再次向法院提出要求排除非法证据的申请。因此，正式的非法证据调查程序仅发生在审判阶段，采用的证明方式也最具多样性和代表性，笔者将以此阶段为基础展开论述。

当被告人及其辩护人在法庭上提出有罪供述是由于受到侦查人员的刑讯逼供或者采取冻、饿、晒、烤以及疲劳讯问等方式获取的，并提供了大致的时间、地点、人员等相关线索和材料时，法庭就应当启动针对该供述的非法证据调查程序，此时应当由控方证明口供的合法性至“证据确实、充分”的程度。如果针对其他非法取证行为所获得的实物证据提出排除申请，则应按照笔者在上文中所论述的证明责任和证明标准展开调查程序。尽管证明责任和标准根据证据形态的不同而有所区别，但是公诉人举证以及法官在法庭进行调查的方式具有一致性，《高检规则》第 70 条、第 75 条、第 446 条和 449 条规定了多种调查核实的方式，包括:[①]

一、讯问犯罪嫌疑人

此处的讯问并不是在法庭当中讯问被告人，而是指检察人员在审查起诉时针对侦查活动是否存在违法行为向犯罪嫌疑人进行的讯

① 根据“两个证据规定”和 2012 年《刑事诉讼法》及相关司法解释，侦查机关出具的情况说明也可以用作证明取证合法性的证据材料，对于此种规定的论述，详见本书第二章“非法证据排除规则典型案例分析”。

问。据笔者的了解，新刑事诉讼法在修改后确立了非法证据排除规则，并明确规定由控方即检察人员承担证明责任，这使得检察机关在审查起诉阶段对犯罪嫌疑人进行讯问时，都必须要了解其在侦查阶段中是否存在非法取证的行为，并制作相关的讯问笔录交由犯罪嫌疑人查阅后签字确认。这种方法能够最直观地了解是否存在刑讯逼供等非法获取口供的行为，但是，犯罪嫌疑人无论肯定或者否定的回答均不具有较高的证明力。被告人如果声称受到刑讯逼供，由于其是该行为的利害关系人，此说法的真实性值得怀疑，不排除是诬告陷害甚至采用自伤自残的方式来申请排除证据，还需要结合其他证据予以佐证；如果当时被告人并未就取证行为表示质疑，并在没有受到刑讯逼供的讯问笔录上签字认可，在法庭阶段也可以在侦查和审查起诉阶段受到心理强制为由翻供，签字的讯问笔录并不具有法律上的约束力，反倒容易成为此种心理强制存在的重要表现。

二、询问办案人员、在场人员及证人

人民检察院作为法律监督机关，对侦查活动的合法性有权进行调查核实。对于作为涉嫌非法获取供述的另一方当事人的办案人员，公诉人也可以向他们进行询问并了解情况，但同样的问题也会产生，侦查人员由于是取证活动的直接行为人，导致其否认刑讯逼供等非法行为的证言证明力也很低。询问在场人员及证人相较之下是不错的选择，不过侦查活动具有及时性、秘密性的特点，在讯问过程中有无第三人在场暂且不论，即便有其他在场人员或者证人，他们的身份也大多为看守所工作人员、联防保安或者其他侦查人员，在立场上也带有一定的倾向性。

三、调取相关检查记录和伤情鉴定

法律还提供了调取、查询犯罪嫌疑人出入看守所的身体检查记录及相关材料，进行伤情、病情检查或者鉴定等措施。身体检查记录和伤情、病情检查或者记录能够较为客观、真实地反映犯罪嫌疑人、被告人的身体状况以及受伤情况，缺陷在于并不能对伤害造成的原因进行说明，即检查记录和鉴定意见仅能就被告人身体有伤这个事实问题提供判断之依据，但并不能从客观上反映被告人的伤情是由侦查人员刑讯逼供所致、自伤自残所致还是犯人之间打架斗殴所致。

四、调取讯问录音录像

最高人民检察院早在2005年就要求对职务犯罪侦查讯问要进行全程同步录音录像，该制度逐渐发展完善，并于2012年正式写入了修改后的刑事诉讼法中。侦查讯问录音录像能够全面、直观地反映讯问时的全过程，对于证明讯问合法性能够起到极大的作用。该制度在施行的过程中又逐渐遇到了以下三个困难：其一，录音录像适用案件的有限性。并非所有刑事案件的讯问都必须进行录音录像，除了可能判处无期、死刑以及检察院侦查的职务类犯罪案件，其他刑事案件是否进行讯问同步录音录像，交由侦查机关进行自由裁量，法律没有设定强制的要求。其二，录音录像摄制的非全程性。“录时不打，打时不录”已经成为了规避录音录像的重要手段和方式，并且使得录音录像这一证明取证合法性的有利工具沦为了固定犯罪嫌疑人、被告人有罪供述的载体。其三，录音录像材料的选择性提交。在司法实践当中，如果录音录像所呈现出来的场景对侦查人员明显不利或者有负面影响，则通常会造成此录音录像的“人为灭失”，或者以涉嫌秘密为由不予公开。尽管该制度遇到了这样或者那样的问题，但不容否认的是，全程录音录像无疑能够对口供取得的合法性起到重大的证明作用，是否存在刑讯逼供、威胁、引诱或者欺骗，将一目了然。可以说，在侦查人员确实遵守法律规范讯问的前提下，录音录像对于口供合法性的证明效力是决定性的，但倘若在讯问过程中当真存在非法取证行为，录音录像不免就会退居幕后而不为人所知了。

五、侦查人员出庭作证

在英美法系国家，交叉讯问被认为是发现真实的最好方式，控辩双方通过己方或者对方证人主询问、反询问等方式，还原案件真相。我国刑事诉讼法和“两高”司法解释吸收借鉴了这一观点，在公诉人无法对取证合法性进行证明的时候，可以申请法院通知侦查人员出庭作证；法院也可以依职权通知侦查人员出庭作证，当然，侦查人员也可以申请要求出庭作证。特别是在没有证明文件而采取强制性侦查措施的情况下，侦查人员出庭能够充分向法庭展示其作出无证搜查扣押行为的理由和原因，供法官对取证行为的合法性进行判断，这当然是一种十分理想的状态。

在我国，侦查人员出庭作证的案例尚不多见，在被誉为“新刑事诉讼法非法证据排除预热第一案”的郭宗奎贩毒案中，两名侦查人员在出庭之前，公诉人就对他们进行了出庭“培训”。从出庭的效果来看，侦查人员和被告人往往各执一词，真假难以确定。在实践当中，更多的情况是侦查人员并不出庭，公诉人通常以侦查机关出具的由其盖章并由侦查人员签名的关于取证程序合法、手续正当的情况说明作为证据提交给法庭。这种“垃圾证据”[①] 变相地剥夺了被告人及其辩护人进行质证的权利，本身的证明力就极低。

六、庭外调查核实

除了上述调查方式之外，法律和司法解释还规定了庭外调查制度。这种庭外调查又可以分为两种类型，分别由检察院主导和法院主导。《高检规则》第 446 条第 3 款规定，“公诉人不能当庭证明证据收集的合法性，需要调查核实的，可以建议法庭休庭或者延期审理。”第 447 条也指出：“公诉人对证据收集的合法性进行证明后，法庭仍有疑问的，可以建议法庭休庭，由人民法院对

---

① 张建伟：《证据学要义》，清华大学出版社 2014 年版，第 2 页。

相关证据进行调查核实。”有意思的是，法庭依职权对证据合法性进行庭外调查核实的做法，在最高人民法院制定的《高法解释》中并没有作出规定，反倒是出现在了最高人民检察院的司法解释当中。从现行对非法证据的证明标准之规定来看，公诉方在对证据合法性进行证明之后，如果法官对此仍存在疑问，根据《刑事诉讼法》第 58 条“不能排除存在非法取证可能”之标准，该证据应当予以排除，但《高检规则》显然并没有试图让法官轻易排除该证据，还为法庭设置了庭外调查核实的权利。尽管法条当中并没有再次述明法官在庭外调查所能够采用的证明方式，但从可行性和可操作性的角度来进行分析，法官所能够使用的方式也不外乎上述五种。

看到此处，有读者可能会指出，笔者把我国法律规定的对证据合法性之调查核实方式的优缺点均进行了介绍，而且批判的多，肯定的少，这是不是意味着这些手段在证明取证合法性中没有太大作用？非也。非法证据调查程序中的证明方式多种多样也各有利弊，但若是证据之间能够相互印证，或者有相关证据对证明力明显薄弱的证据加以佐证，仍旧能够为法官的判断提供极大的帮助。非法证据排除的调查程序也需要证据作为认定是否存在非法取证行为以及是否需要排除非法证据的基础，证据规则在该程序当中同样可以适用，这其中就包括证据裁判规则、证据补强规则以及相互印证规则等。

第六章　非法证据排除的程序问题

非法证据排除规则的实施，还必须要有一定的程序作为支撑，该程序应当与实体问题的处理保持相对独立的状态。我国目前的法律中虽然规定了在侦查、审查起诉和审判阶段均可以排除非法证据，但究竟应当如何排除，法律和相关司法解释并没有作出明确的说明。通过调研笔者发现，各地公安、司法机关也展开了一些卓有成效的探索。我国非法证据排除规则已经建立，但具体的实施程序仍有进一步探讨和完善的空间。笔者在前文当中已经多次强调，真正意义上的非法证据排除仅存在于审判阶段，审判前侦查机关以及人民检察院的“排除”非法证据，实际上是这两机关在行使对指控或者追诉证据的“筛选”职能。① 另外，审前对于证据的采纳并不会产生任何的实质性效力，在后续的程序当中当事人能够继续提出排除该份证据的申请。但是，出于系统性和周延性的考虑，在研究非法证据排除的程序问题这一部分时，仍将审前阶段的程序纳入探讨的范畴当中。

第一节　侦查阶段非法证据排除

侦查阶段是我国刑事诉讼的起始阶段，侦查活动的主要任务是抓获犯罪嫌疑人、收集涉案证据、查明案件事实。可以说，在后续

① 在笔者参加的一次研讨会上，中国人民公安大学的周欣教授认为，目前我国法律中公安机关和人民检察院的“自排”机制并不科学，其他国家并没有相关的规定，这种排除实际上是以“漂白”为前提的，也会带来极大的负面影响。

诉讼活动中所使用的证据，主要来自于侦查阶段。我国法律明确要求在侦查阶段也需要实现非法证据的排除，被排除的证据不能作为起诉意见书的依据。这种立法出发点是好的，但是对于侦查阶段排除非法证据的程序，特别是主体问题、启动问题、证明责任承担及证明标准问题，均付之阙如。在本部分中，笔者结合现有法律规定，探讨了公安机关内容排除非法证据的主要程序，并对检察机关侦监部门在审查批捕阶段非法证据排除的能力问题及程序设置问题进行了理论上的探索。

一、法律法规中侦查阶段排除非法证据的规定

我国《刑事诉讼法》第 54 条第 2 款从全国人大的立法高度确立了侦查机关在侦查阶段排除非法证据的权力和义务，但内容较为笼统，仅为原则性的授权性规则，对于侦查机关如何排除非法证据等相关的程序性问题并没有作出具体规定。

随后出台的《公安部规定》第 67 条第 3 款指出："在侦查阶段发现有应当排除的证据的，经县级以上公安机关负责人批准，应当依法予以排除，不得作为提请批准逮捕、移送审查起诉的依据。"该款明确了非法证据排除的确认主体以及排除后的法律效果，即证据是否系非法取得、是否需要排除最终由县级以上公安机关负责人批准，证据一旦被排除，在随后的申请批捕和侦查终结移送审查起诉当中就不能作为证据材料予以出示和使用。然而，需要进一步指出的是，非法证据排除的确认主体并不等于非法证据的排除主体，在司法实践当中，证据合法性的调查和认定问题通常都不是由公安机关负责人进行的，因此，在侦查阶段究竟应当如何排除非法证据，仍需继续探索。

我国侦查阶段的特殊之处还在于，对于需要采取逮捕这一强制措施的犯罪嫌疑人，公安机关还需要将该案件移送检察院侦监部门进行审查批准，法律对检察院在审查批捕案件当中的相关义务，其中一条就是"侦查活动是否存在违法行为"，这种规定是十分有必

要的。犯罪嫌疑人被逮捕至少就意味着该案有证据证明有犯罪事实，该人有可能被判处有期徒刑以上刑罚且具有较大的人身危险性或者社会危险性。从理论上来讲，案件涉嫌的罪名越严重，犯罪手段越残忍，出于“限期破案”的压力，在侦查过程中存在刑讯逼供的可能性就越大，审查批捕实际上就可以起到双重的效果。但是，由于法律修改等众多方面的因素，理论上对于检察机关能否在审查批捕时排除非法证据存在争论。笔者在调研中也发现，基于目前的审查批捕模式，如果想要再加上一道证据合法性调查的任务，确实存在一些难题，在下文中将会一并进行探讨。

二、公安机关内部排除非法证据

根据我国法律关于立案管辖的规定，公安机关主要承担了大部分案件的侦查工作，检察院的自侦部门主要负责对国家机关工作人员利用职权实施的犯罪行为进行侦查。相比之下，检察机关自侦部门对于侦查活动特别是侦查讯问活动的要求更加严格，早在2005年起就试行并推广了全程录音录像制度。从调研的情况来看，司法实践中的非法证据排除主要发生在公安机关侦查的案件当中。因此，侦查机关非法证据排除的研究重点，主要落脚于如何有效构建公安机关的非法证据排除程序。

（一）排除的主体问题

在公安机关的侦查过程中，究竟由哪个部门负责排除非法证据，在理论上存在一些不同的观点。有论者提出，公安机关预审部门应当起到侦查阶段排除非法证据的重要作用，因为根据《公安部预审工作规则》第2条之要求，预审工作的任务之一是“注意检验核实侦查所获的罪证材料是否确凿，弥补和纠正侦查工作的疏忽和错误”，同时还强调要“贯彻实事求是，重证据，重调查研究，严禁逼供信的方针。不准引供、诱供、指名问供，更不准刑讯逼供”。预审部门对侦查活动进行全方位的把握，对侦查结果进行严格把关，但从效果上来看，预审部门与侦查活动关系密切，因此公安部在1997年的“石家庄会议”上提出：“改革侦查预审分设的工作体制，实行侦审一体化”，并明确“侦审合并不是在侦查部门另设预审机构，而是要在侦查部门内部尽快实现立案、侦查、审讯、提请逮捕、移送起诉一体化。”

有学者提出，在侦审一体化的情况下，“根据目前公安机关的实际办案机制，侦查部门侦查终结之后，将案件移送检察机关审查起诉之前，一般需要将案件移送公安机关法制部门进行审查，公安机关法制部门对非法证据排除既有职责要求，也有能力履行此职责。因此，目前由公安机关法制部门具体承担侦查机关的非法证据排除职责是合理的”。①

笔者认为，上述观点均有值得借鉴之处，在侦查阶段非法证据排除主体设计当中，可以分为以下两类：首先是进行侦查活动的侦查人员，他们直接参与收集获取证据，且必须严格按照法律规定的程序和方法获取证据，在侦查过程中是否存在刑讯逼供等非法方法，侦查人员心知肚明，他们应当是最好的非法证据排除主体；其次是目前侦查终结案件移送审查的公安机关法制部门，该部门负责对侦查活动进行整体和综合的把握，不仅要了解犯罪嫌疑人是否存在犯罪行为，还必须对用作指证其有罪的证据之合法性进行调查核实。当然，考虑到对所有案件中有罪证据的来源进行调查会陡然增大司法成本，可以设定一个“过滤”机制，即只有在犯罪嫌疑人及辩护律师提出申请时，方才启动调查程序。

（二）排除程序的启动问题

排除非法证据，既是规范侦查行为、准确认定案件事实、防范冤假错案的需要，也是犯罪嫌疑人的重要诉讼权利，在侦查阶段非法证据排除的程序启动中应当采取依职权和依申请并存的启动模式。从理论上来讲，让侦查人员个人排除自己通过非法方法取得的

① 樊崇义、吴光升：《审前非法证据排除程序——文本解读与制度展望》，载《中国刑事法杂志》2012年第11期。

证据，这是存在一定的心理难题的，尽管法律当中可以设定这种义务，但从诉讼效率的角度出发，犯罪嫌疑人对排除非法证据的渴望值最高，而非法证据对诉讼程序的进程又能够产生重大的影响，因此应更加关注犯罪嫌疑人在侦查阶段申请启动非法证据排除程序的问题。

基于最基本的自然正义“自己不能做自己的法官”之要求，犯罪嫌疑人只能向公安机关法制部门提出非法证据排除的申请，而不能向侦查人员个人提出。法制部门一旦启动了相关的调查程序，实际上就会形成如下三方关系：

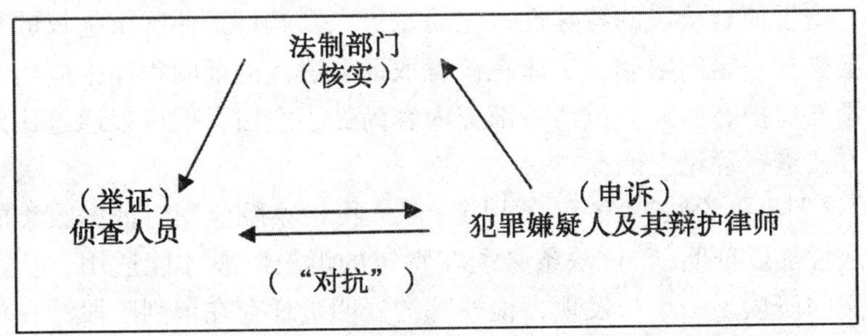

从我国最新刑事诉讼法的修改来看，侦查阶段犯罪嫌疑人的辩护权得到了一定的完善和提高，律师可以在侦查阶段介入诉讼并提出辩护意见，如果该辩护意见采用的是书面形式，侦查机关还必须将其放于卷宗材料中。尽管如此，在提出非法证据排除申请的能力上，犯罪嫌疑人及其辩护律师还稍显不足，主要表现在以下几方面：首先，在侦查阶段律师并不享有查阅案件材料的权利，无法充分地了解用作指控犯罪嫌疑人有罪的主要证据及其来源情况，这使得非法证据排除的申请缺乏指向性和针对性。其次，辩护律师在侦查阶段是否具有自行调查取证的权利，法律当中没有进行明确规定，理论和实践当中存在争议，律师出于自身利益的考虑通常不在侦查阶段开展证据调取活动。在司法实践当中，如果犯罪嫌疑人在会见律师之后，口供出现反复或者提出排除非法证据的申请，侦查

机关通常会将侦查的视角转移到律师身上，并可能以涉嫌“律师伪证罪”对辩护律师进行调查，给其带来一定的职业风险。最后，我国刑事案件的律师辩护率较低，并非所有犯罪嫌疑人都有律师进行辩护，在缺乏律师帮助的情况下，犯罪嫌疑人又没有阅卷的权利，① 同时，我国法律当中甚至连申请排除非法证据的权利都没有规定相应的告知程序，这些问题在某种程度上遏制了犯罪嫌疑人提出非法证据排除申请的可能，需要在将来的司法改革中予以进一步完善。

（三）排除程序的证明问题

由于侦查阶段的特殊性，犯罪嫌疑人及其辩护律师辩护权的行使会受到一定的限制，法律在设置取证合法性的证明程序中应当予以倾斜保护和照顾，虽然该部分内容尚处于空白，但可以通过比照的方式进行理论上的探讨。

《刑事诉讼法》第57条规定：“人民检察院应当对证据收集的合法性加以证明。”该法条必须在特定的诉讼阶段才能适用，从上下文的研读当中不难发现，检察院的证明责任存在审判阶段，在侦查阶段当中显然不会涉及检察机关的证明环节，但该条无疑为我们解决侦查阶段的证明责任问题提供了一种路径和方式。在通常的诉讼理论中，存在“谁主张，谁举证”的原则，然而对于证据合法性的证明问题而言，考虑到辩方在刑事诉讼中的弱势地位，法律采用了举证责任倒置的处理方式。同样的道理，在侦查阶段，证明证据合法性的证明责任应当由侦查机关，具体而言应当由取得该份证据的两名侦查人员承担，并根据不同的证据类型达到不同的证明标准，这在上文中已经谈及，此处不再赘述。

与证明问题相关的还有证明方式的问题。从追求诉讼公正的角度出发，最好的证明方式是采用“两造具备，居中裁判”的模式，

① 关于我国刑事诉讼中的阅卷权问题，更多请参见郭旭：《刑事诉讼阅卷权若干问题探讨》，载《中共郑州市委党校学报》2014年第4期。

但笔者认为，侦查阶段对证据合法性的调查不宜采用上述审理模式，主要理由如下：首先，侦查阶段辩护权的行使受到了很大的限制，在能力上不足与侦查人员相抗衡，对抗模式仅有形式而无实质；其次，侦查阶段本身就具有秘密性和效率性的特点，高效是侦查活动主要追求的目标，对抗式模式在没有实质效力的基础上，公正不仅得不到保障，效率价值也会被削弱。因此，侦查阶段证据合法性的调查程序可以采用书面阅卷与讯问、询问并行的方式，在犯罪嫌疑人及其辩护律师提出了排除非法证据的申请，并提供了大致的时间、地点、方式、行为人等线索的情况下，公安机关法制部门就应当仔细阅读案卷材料，看看卷宗中是否存在相应的记载，或者犯罪嫌疑人的供述及态度是否存在较大的转变。如果确实引发了可能存在非法取证可能的怀疑，就应当分别讯问犯罪嫌疑人，询问其辩护人以及侦查人员。出于效率的考虑，这种调查活动主要采用两两进行的方式，最终结果由公安机关法制部门作出并报经县级以上侦查机关负责人批准。

（四）排除程序的救济问题

在分析侦查阶段非法证据排除的救济程序之前，笔者必须要阐明一个重要的观点：侦查阶段的救济程序仅适用于证据被认定为非法取得并被排除的情形。换言之，仅在作出不利于侦查人员的处理决定时才可启动救济程序。有读者可能会心生疑虑，因为通常情况下所谈的救济问题都是针对犯罪嫌疑人的，然而在本书当中却有所不同，主要出于以下几个方面的考虑：首先，公安机关法制部门对于非法证据而言最终只能作出排除和不排除的两种处理决定，如果排除了非法证据，那么犯罪嫌疑人和辩护人的诉求就得到了满足，这对于侦查人员而言是一个负面的评价，即至少不能排除其存在采用非法方法取证的可能，而在后续的诉讼程序当中，法律并没有设计一个专门针对侦查人员行为评价的救济程序；其次，如果法制部门认为侦查人员取证规范，认可了证据的证据资格，但辩方心理上不赞同该结果，在后续的诉讼过程的不同阶段中可以再次就同一证据提出排除的要求。由此可以得出一个结论：公安机关法制部门针对证据作出的结论对于侦查人员是有终局性的，对于犯罪嫌疑人而言则不然，故应当对侦查人员提供一个救济的途径。如果侦查人员对法制部门排除非法证据的决定不服，可以向该部门提出复议；决定被维持的，可以向上级机关申请复核。

（五）与行政证据的衔接问题

在司法实践当中，有一部分刑事案件是从行政案件，特别是从违反治安管理处罚条例的案件中转化形成的，这其中就牵涉到行政证据作为刑事证据使用中的非法证据问题。从法律文本上分析，①这些证据主要集中于实物证据。理论界对条文中的“等”字也存在一些争议和分歧，主要是在行政执法中收集的言词证据是否能够作为刑事证据使用的问题。

之后颁布的《高检规则》第64条第2款规定：“行政机关在行政执法和查办案件过程中收集的鉴定意见、勘验、检查笔录，经人民检察院审查符合法定要求的，可以作为证据使用。”该款从范围上将鉴定意见、勘验检查笔录等纳入了转化的证据范围。该条第3款还规定：“人民检察院办理直接受理立案侦查的案件，对于有关机关在行政执法和查办案件过程中收集的涉案人员供述或者相关人员的证言、陈述，应当重新收集；确有证据证实涉案人员或者相关人员因路途遥远、死亡、失踪或者丧失作证能力，无法重新收集，但供述、证言或者陈述的来源、收集程序合法，并有其他证据相印证，经人民检察院审查符合法定要求的，可以作为证据使用。”《高检规则》虽然主要规范的是检察机关自侦案件中行政证据作为刑事证据使用的情况，但对公安机关也具有一定的借鉴意义。

---

① 《刑事诉讼法》第52条第2款规定：“行政机关在行政执法和查办案件过程中收集的物证、书证、视听资料、电子数据等证据材料，在刑事诉讼中可以作为证据使用。”

行政机关在行政执法中收集的证据根据性质的不同可以划分为实物证据和言词证据，这些证据根据我国法律虽然可以作为刑事证据使用，但是也必须要符合证据最基本的合法性要素。对于实物证据而言，侦查人员在依据其作为起诉意见书的依据时，必须审查判断行政执法人员取得该证据是否符合法律规定的程序，如果存在瑕疵情况则需要及时进行补正或者作出合理解释。对于言词证据的转化问题，宜采用更加慎重的态度，以“不转化为原则，转化为例外”。之所以对实物证据和言词证据采用不同的方式，主要原因在于实物证据具有唯一性和真实性的特点，而言词证据则可以重复取得，并且讯问犯罪嫌疑人、询问证人本来就是侦查机关的重要侦查手段。在司法实践中，侦查人员通常通过多次讯问的方式，以突破犯罪嫌疑人的心理防线，巩固和完善口供。在对于再次获取言词证据存在一定困难的情况下，[①] 侦查人员必须对该证据的来源、取证程序和方式进行调查核实，并实现行政证据向刑事证据的转化。

三、审查批捕中排除非法证据

对于一些比较严重的刑事案件，公安机关通常都会向检察院提出要求批准逮捕的申请。检察机关在审查批捕中是否能够行使排除非法证据的权力，在理论上存在争议，这主要是由于法律的衔接存在问题所致。[②]

有学者认为：“检察机关只在审查起诉过程中负有排除非法证

① 此处主要针对的应当是证人证言，因为刑事案件的犯罪嫌疑人不可能存在路途遥远、死亡、失踪或者丧失作证能力的现象。我国刑事诉讼不存在缺席判决制度，如果犯罪嫌疑人死亡，侦查活动就会自行终结；在失踪的情况下，侦查机关会根据需要发布通缉令。

② 2010 年《非法证据排除规定》第 3 条指出：“人民检察院在审查批准逮捕、审查起诉中，对于非法言词证据应当依法予以排除，不能作为批准逮捕、提起公诉的根据。”在 2012 年《刑事诉讼法》第 54 条第 2 款则规定：“在侦查、审查起诉、审判时发现有应当排除的证据的，应当依法予以排除，不得作为起诉意见、起诉决定和判决的依据。”

据的职责，在批准逮捕过程中不负有此职责。这并非有意减轻检察机关排除非法证据的责任，而是考虑到新刑事诉讼法对侦查机关也课以了非法证据排除职责，再要求检察机关在批准逮捕时也负有非法证据排除职责，有职责重叠的现象，不利于促使侦查机关积极行使排除职责。”① 也有学者认为，在“两个证据规定”和刑事诉讼法中关于非法证据排除规则的要求存在不一致的情况下，应当根据不同的内容采用不同的处理方式，如果存在矛盾冲突之处，刑事诉讼法优于“两个证据规定”；对于刑事诉讼法没有涉及的内容，应当援引“两个证据规定”的要求执行。② 基于该观点，尽管刑事诉讼法并没有规定检察机关在审查批捕阶段可以排除非法证据，但是在“两个证据规定”中却已经明确，检察机关应当严格按照要求行使该项权力。

笔者赞同后者的观点，检察机关在审查批捕时应当发挥排除非法证据的重要作用，刑事诉讼法虽然没有明确规定审查批捕排除非法证据的问题，但其在第 86 条却指出：“人民检察院审查批准逮捕，可以讯问犯罪嫌疑人；有下列情形之一的，应当讯问犯罪嫌疑人：……（三）侦查活动可能有重大违法行为的。”检察机关是我国的法律监督机关，对侦查活动的合法性肩负着法律监督的重任，而侦查人员取证行为对整个刑事诉讼活动都有至关重要的影响。因此，对于在审查批捕阶段发现的不合法证据，应当进行仔细审查，如果属于瑕疵证据，则应当及时通知侦查机关作出合理解释或者补正；如果涉嫌非法取证，则需展开进一步的调查核实行动。

为了深入了解司法实践中检察机关在审查批捕阶段排除非法证据的真实态度和情况，笔者在 2013 年 12 月对 A 省三级六家检察院进行了实地调研。在与工作人员进行座谈时发现，无论是侦监部门

① 樊崇义、吴光升：《审前非法证据排除程序——文本解读与制度展望》，载《中国刑事法杂志》2012 年第 11 期。

② 顾永忠：《我国司法体制下非法证据排除规则的本土化研究》，载《政治与法律》2013 年第 2 期。

还是公诉部门，均强调在审查批捕阶段实现排除非法证据的重要性。这些工作在检察业务岗位一线的人员均认为，在目前的司法体制和模式下，只有在审查批捕阶段才最能够有效地履行检察机关的非法证据排除任务；在所有对侦查活动的检察监督中，审查批捕比审查起诉中的监督权力要更直接，效力也更高。① 检察机关在审查批捕阶段实施非法证据排除规则有着自身的特点，也存在着一些问题，需要作出进一步研究探讨。

《刑事诉讼法》第 89 条第 3 款规定，犯罪嫌疑人被刑事拘留后检察机关审查批捕的期限为七天。由于七天中又必然包含着两个非工作日，实际上仅有五天时间。在调研中，A 省检察院侦监部门工作人员普遍反映：新刑事诉讼法在修改后对审查批捕工作提出了更高的要求，而审查批捕期限保持不变，一旦犯罪嫌疑人提出排除非法证据的申请，检察人员开展调查核实工作，七天的时间难免捉襟见肘。每名承办人均要同时处理好几起批捕案件，在实践中也存在某些犯罪嫌疑人在审查批捕中恶意提出受到刑讯逼供等非法取证行为的情况，给侦监人员的审查工作带来了极大的压力。鉴于审查批捕阶段在非法证据排除规则实施中发挥的重大作用和实际运行情况，宜考虑设立一个相对独立的程序专门处理批捕时非法证据的审查与排除工作，可做如下设计：

1. 程序启动。不同种类的证据宜采取不同的程序启动方式，对于涉嫌刑讯逼供、指供、诱供等手段获取的犯罪嫌疑人口供，应

---

① 在笔者于 2014 年 12 月 27 日参加的“《刑事诉讼法》贯彻落实调研总结探讨会”上，吉林大学闵春雷教授在提交的东北三省调研报告中指出：“东北三省检察机关主动创新工作机制，积极介入侦查活动，引导侦查取证，动态监督跟踪案件，变被动、滞后、阶段性的监督为主动、前置、全程性的监督，有效地预防了非法取证行为的发生。辽宁省大连市人民检察院先后出台了《关于同步介入命案侦查工作的若干意见》和《介入甄别经济犯罪案件的若干意见（试行）》，在上述两个文件的规范下，大连市人民检察院同步介入命案和经济犯罪案件的侦查工作，主动参加公安机关讯问犯罪嫌疑人、询问被害人、证人的活动，重点监督侦查人员有无刑讯逼供、暴力取证等违法行为，是否告知当事人有关诉讼权利义务，等等。”

当先由犯罪嫌疑人或者其辩护律师提出相关的线索和材料，再由侦监部门承办人进行调查核实；对于书证、物证等实物证据，由于侦查阶段并没有赋予辩护律师查阅卷宗材料和调查取证的权利，犯罪嫌疑人及其辩护人提出排除非法实物证据的申请难度很大，侦监部门作为侦查活动合法性的监督机关，应当由其承办人对侦查活动中取得的书证、物证、辨认笔录等实物证据的合法性进行审查，如果存在取证程序瑕疵或者其他问题，则应当及时启动排除程序。

2. 调查与处理。《高检规则》规定了调查核实的八种方式，在司法实践当中不能仅依靠其中的一种或几种来进行核查，应当重视“在案的事实和证据”与“在卷的事实和证据”的区别，[①] 从客观性证据出发，对案件进行动态分析。对于确实属于刑讯逼供等严重暴力非法方法获取的言词证据以及指供、部分诱供方法获得的言词证据，应当予以排除；对于录音录像与讯问笔录不一致的情况，应当以录音录像所载明的供述内容为是否逮捕的依据；对于存在瑕疵的实物证据，侦查人员无法作出合理解释或者补正，也应当予以排除。证据排除的同时，还应该根据情况对侦查人员进行相应的处理，送达检察意见、违法纠正书，建议更换承办人，情节严重构成犯罪的还应当追究相应的刑事责任。

3. 期限设置。通过调研笔者发现，侦监部门工作人员普遍认为应在现行规定期限的基础上再延长七天时间，专门处理审查批捕中非法证据的问题，不计入审查批捕期限。笔者认为，期限的长短还有待商榷，或者可以采取试点实证研究的方式另行确定；针对非法证据设立一个相对独立的审查期限，确实有利于缓解承办人在审查批捕中的工作压力。同时，考虑到非法证据排除程序的时间不计入审查批捕期限，等于变相延长了犯罪嫌疑人的拘留期，笔者认为

---

① “在卷的事实和证据”是指侦查机关在移送审查批捕时所提交的卷宗材料上记载的事实和证据。“在案的事实和证据”是指除了案卷里的事实、证据外，还应包括犯罪嫌疑人等所知道的事实和证据。参见朱孝清：《对“坚守防止冤假错案底线”的几点认识》，载《检察日报》2013 年 7 月 8 日第 3 版。

宜及时地将拘留变更为监视居住。新修改的刑事诉讼法已经将监视居住作为逮捕替代措施。审查批捕阶段出现了非法证据的问题，启动非法证据排除程序，主要还是由于侦查机关工作人员取证行为的不规范所致，不应该由犯罪嫌疑人承担非法证据排除程序启动后的不利后果继而被继续羁押，因此宜及时变更强制措施。

第二节　审查起诉阶段非法证据排除

审查起诉阶段是我国刑事诉讼程序的中间环节，侦查机关在侦查终结后，会将卷宗材料和相关证据连同起诉意见书移送检察院公诉部门进行审查起诉。在审查起诉阶段，案件承办人会对卷宗材料进行详细的阅卷，并制作阅卷笔录，讯问犯罪嫌疑人、询问被害人、听取辩护人的意见等。审查起诉阶段的主要任务，一方面在于对案件的侦查质量进行把关，纠正侦查活动中存在的不规范或者违法行为，另一方面在于实现对案件的及时分流，将一部分不符合起诉条件的案件剔除在正式审判活动程序之外，以节约司法资源，提高诉讼效率，促进公正的实现。

一、审查起诉阶段排除非法证据的必要性

在我国刑事诉讼活动中，人民检察院肩负着追诉犯罪和法律监督的双重职能。无论是出于哪一种职权的需求，在审查起诉阶段检察机关都必须承担排除非法证据的重要任务，这样能够起到遏制与预防的双重效果。

（一）追诉犯罪与非法证据排除

从检察制度的产生、现代各国检察机关的职能发挥和职权的配置以及检察机关的性质来看，无论检察机关属于何种性质，行使着何种重要的权利，发挥着多么重要的作用，公诉都是检察机关的核

心性职能和标志性业务。[①] 检察机关对侦查机关（部门）移送的案件进行审查起诉，从事实上、证据上、法律上对犯罪嫌疑人是否实施了犯罪行为、是否应当追求法律责任进行分析和判断，并根据最终结果，决定是否将案件起诉至法院，以完成追诉犯罪的职责。

检察机关在行使国家追诉权的过程中，基于其“客观公正”的义务，又决定了其不能同民事诉讼中的一方当事人那样为了取得胜诉而不择手段，不仅要全面收集被告人有罪、罪轻乃至无罪的证据，还需要对用作指控被告人有罪证据的合法性进行调查核实，这其中的逻辑思路在于，检察院提交至法院的证据必须符合合法性之要求，采用非法方法取得的证据不得在法庭中作为不利于被告人的证据使用。因此，检察机关想要圆满完成追诉犯罪的任务，必须在审查起诉阶段就完成对控方证据合法性的自我“检视”，将一些存在非法取证嫌疑的证据“剔除”在证据目录和证据名单之外，以确保将来庭审指控活动的顺利进行。另一个理由还在于，公诉权虽然由检察院具体行使，但其背后是以强大的国家公权力作为支撑的，刑事诉讼法的目的从某种程度上而言是限制公权力的滥用，如果仅是出于纯粹的打击犯罪之要求，恐怕废除刑事诉讼法的效果将会好得多。正是出于对公权力滥用的惧怕和担心，法律规定在追诉权行使中必须符合正当性之要求，证据的取得必须是合法的，不能“以暴制暴”，否则就会孳生新的犯罪。[②]

（二）法律监督与非法证据排除

我国宪法和刑事诉讼法明确规定了检察院作为法律监督机关的法律地位。《高检规则》第363条进一步指出：“人民检察院审查移送起诉的案件，应当查明：……（五）证据是否确实、充分，是否依法收集，有无应当排除非法证据的情形……（十一）侦查

① 陈光中等：《中国司法制度的基础理论问题研究》，经济科学出版社2010年版，第210页。

② 例如，为了获取口供而对犯罪嫌疑人、被告人采用刑讯逼供或者其他暴力的、残忍的或者不人道的行为，可能就会构成刑法中的刑讯逼供罪等罪名。

活动是否合法。”侦查阶段中收集的证据是后续刑事诉讼证据的主要来源，而侦查活动的秘密性又为非法取证行为的存在提供了空间和土壤。检察机关对案件进行审查起诉，一方面是为了充分了解案情，为追诉犯罪做准备，另一方面也是为了行使对侦查活动进行法律监督的权力，以便遏制非法取证现象，规范侦查行为。联合国《关于检察官作用的准则》第 11 条指出：“检察官应在刑事诉讼、包括提起诉讼，和根据法律授权或者惯例，在调查犯罪、监督调查的合法性、监督法院判决的执行和作为公众利益的代表行使其他职能中发挥积极作用。”①

检察机关在对案件进行审查起诉活动时行使法律监督的权力，可以通过两方面的途径开展：首先是通过审阅案卷材料，判断证据来源的合法性，分析在案证据和在卷证据是否存在差异；其次是通过讯问犯罪嫌疑人，听取辩护人的意见，以便掌握在侦查活动当中是否存在违法行为。对于合法性存疑的证据，检察机关还可以要求侦查机关及时作出补充说明，或者对证据进行再次收集，通过检察引导侦查，实现对非法取证行为的遏制和预防。在非法证据排除规则产生地美国，通过判例明确阐明了遏制将来警察违法取证行为是该规则唯一价值的观点。我国法律当中虽然没有规定确立非法证据排除规则的目标为何，但是这种“威慑”理论也能够为该规则在我国的实施和发展提供有益思路。对于侦查人员而言，他们可能更加关心是否能抓获犯罪嫌疑人、移送审查批捕是否被允许，犯罪嫌疑人最终被判决有罪与否跟他们的关系甚是遥远，甚至并不关心。在确立非法证据排除规则的基础上，检察机关能够在侦查终结的下一环节中及时地对侦查活动，特别是取证活动的合法性提出质疑，这种措施能够在一定程度上“倒逼”侦查人员更加注重诉讼活动的规范性，在收集证据特别是有罪证据的过程中更加注意保存相关取证过程的证据材料，以辅助证明证据的合法性。

---

① 《检察官人权指南》，杨宇冠、李立译，人民检察出版社 2006 年版。

二、审查起诉阶段排除非法证据的程序设想

检察机关在审查起诉阶段具有排除非法证据的权力，这点在法律上已经得到明确。但究竟应当如何排除相关证据，刑事诉讼法和《高检规则》只有一些零散的规定，缺乏系统性。因此，有必要对审查起诉阶段非法证据排除程序的构建与完善进行理论上的分析与探讨。

（一）权利告知

侦查机关移送至检察院进行审查起诉的卷宗材料通常不会明显地“透露”出侦查活动中存在的违法或者违规行为，公诉人员仅通过查阅案卷材料难以发现证据合法性中存在的问题。在此种情况下，讯问犯罪嫌疑人就成为非法证据调查程序的重要环节。根据我国目前的法律规定，讯问犯罪嫌疑人是审查起诉阶段的必经程序。《高检规则》第364条规定：“人民检察院审查案件，应当讯问犯罪嫌疑人，听取辩护人、被害人及其诉讼代理人的意见，并制作笔录附卷。”同时，第372条规定：“讯问犯罪嫌疑人……时，应当分别告知其在审查起诉阶段所享有的诉讼权利。”

从上述文字中可以发现，尽管我国法律有讯问犯罪嫌疑人以及权利告知的相关规定，但是否应当将申请排除非法证据的权利告知犯罪嫌疑人，以及采用何种方式告知，仍是空白。从实地调研的情况来看，地方检察院在审查起诉阶段讯问犯罪嫌疑人时，均会向其宣读《刑事诉讼法》第54条非法证据排除规则的相关规定，并询问其侦查活动是否合法，是否存在需要申请排除证据的情形，最终还需要犯罪嫌疑人对该回答签字确认。笔者认为，排除非法证据既是犯罪嫌疑人的基本诉讼权利，也是检察机关在审查起诉中的重要任务，这项活动在讯问犯罪嫌疑人的过程中应当得到充分的体现和结合。犯罪嫌疑人很有可能并不了解刑事诉讼法的相关规定，因此《高检规则》也要求检察院在收到移送审查起诉的案卷材料之日起三日内，告知其有权聘请辩护人，该规定为排除非法证据权利告知

提供了可以依附的程序。在将来法律修改时，应当明确要求检察机关在告知犯罪嫌疑人辩护权的同时告知其排除非法证据的权利。同时，在调研中公诉部门工作人员也反映，一些犯罪嫌疑人很可能会滥用该申请，为了解决该问题，在告知权利时也应当相应地告知权利滥用可能会带来的负面影响。另外，辩护人也应当在非法证据排除规程中发挥重要作用。辩护人特别是具有律师身份的辩护人，他们通常熟悉刑事诉讼法和刑法的相关规定，了解非法证据排除规则的具体内容，也有义务向当事人进行阐释，并独立根据事实和法律维护当事人的合法权利。我国刑事辩护存在的一个突出问题是律师辩护率低，在犯罪嫌疑人身陷囹圄且不了解非法证据排除规则的情况下，难以提出有效的排除申请，可以考虑扩人我国强制辩护的范围，将涉嫌非法证据排除的案件纳入其中，以提高权利告知的实效。

（二）程序启动

审查起诉阶段非法证据排除程序启动也是采用依职权和依申请并行的两种方式。从实践中的数据来看，申请启动所占的比例要高于依职权启动，[①] 然而两者都有可能会存在一些需要格外注意的问题。对于犯罪嫌疑人及其辩护人申请排除非法证据的情形，其主要问题在于申请的真实性，特别是在律师阅卷之后，犯罪嫌疑人可能会进行翻供，并声称前述有罪供述系侦查人员采用刑讯逼供等非法方法获取，公诉部门在启动证据合法性调查程序之前，需要了解何人、何时、何地以及采用了何种违法方法，不能仅基于申请就启动排除程序，否则不仅会造成司法资源的浪费，还会对侦查人员的积极性造成一定的负面影响。与此同时，在检察院依职权启动进行的程序当中，主要问题在于线索发现的困难，在通常情况下侦查人员是不会将具有明显“漏洞”的案卷材料移至检察机关进行审查起

① 杨宇冠、郭旭：《非法证据排除规则实施考察报告》，载《证据科学》2014 年第 1 期。

诉的，取证方式和手段的违法性隐藏在卷宗材料之中，这就要求公诉人员在阅卷过程中进行仔细核对，将卷宗当中记载的内容和实际的情况进行对比验证。

考虑到两种方式均存在一定的弊端以及单纯依职权难以启动非法证据排除程序的状况，笔者认为，在前述权利告知的基础上，启动问题应做如下设计：公诉人员在初步阅读卷宗材料并制作阅卷笔录后，在讯问犯罪嫌疑人的过程中告知其有权申请排除侦查人员采用非法方法获得的证据，如果犯罪嫌疑人明确表示确认不提出该申请，就能够推定侦查机关移送的证据具有合法性，非法证据排除程序不再启动；如果犯罪嫌疑人要求排除证据，则应当对其辩护意见进行充分记录，可以预计的情况是，犯罪嫌疑人并不能从法律上较好地区分非法证据、瑕疵证据等不合法证据的不同，出于减轻或者免除刑罚的考虑，其会提出很多认为证据存在问题的理由甚至提供相关证据予以证明，公诉人员应当及时听取这些意见，并在此基础上再次查阅案卷材料，初步了解是否存在犯罪嫌疑人所声称的情况。对于一些属于形式要件缺乏的证据材料，公诉部门应当通知侦查机关进行补正；对于涉嫌存在非法取证可能的证据材料，则启动正式的证据合法性调查核实程序。

（三）调查核实

在审查起诉阶段，非法证据排除程序牵涉到了侦查人员、犯罪嫌疑人和公诉部门三方，基于检察院公诉和法律监督的双重性质，可以构建侦查人员和犯罪嫌疑人为两造，公诉部门居中的类诉讼模式，只不过在该程序当中并不是真正“排除”非法证据，而是为了确保后续庭审活动中证据的合法性不受到质疑，或者在受到质疑时能够提出充分证据进行证明的“预演”活动而已。检察机关基于法律监督的权威，能够要求侦查人员对特定内容如取证行为等进行说明。同时，基于追诉犯罪活动的需求，犯罪嫌疑人会积极参与调查程序，而公诉人员对其辩解也会进行仔细斟酌。

调查核实的目的在于了解证据是否系采用非法方法取得以及是

否存在此种可能。与后面马上要谈的庭审方式不同，尽管在审查起诉活动当中采用的是一种类诉讼化的模式，然而检察机关的追诉权力在一定程度上会影响他们对证据合法性的判断，在此种模式下，侦查机关固然要对自己取证行为的合法性提供证明或者进行说明，但检察机关也要努力寻求证据合法性的相关证据材料，毕竟是他们而非侦查人员将要出庭指控犯罪嫌疑人有罪。

《高检规则》规定了八种调查核实的方式，上文中已经谈及，此处不再赘述。从理想的角度来看，讯问录音录像在证明取证合法性时效果最好。司法实践当中也存在一些问题，主要在于录音录像的“不全程性”，“打时不录、录时不打”使得录音录像的非法证据排除功能受到极大的削弱，录音录像异化成为固定犯罪嫌疑人口供的载体。由此出现的问题是，公诉部门在调查证据供述合法性的过程中，要求调取的录音录像可能存在灭失或者部分性的特点，证明作用受到局限。在侦查人员和犯罪嫌疑人各执一词的情况下，究竟选择保留还是排除此份证据，检察人员考虑的更多的是案件起诉到法院后能否被顺利定罪量刑的问题。如果排除该份证据将会导致起诉无法进行，通常情况下公诉人会采用一种证明力倒推证据资格的方式，通过与其他证据相印证来认可取证行为的合法性；如果排除了该份证据，仍旧能够对犯罪嫌疑人定罪量刑，那公诉人员通常倾向于将该证据“剔除”出证据目录，以减少在庭审时对此份证据的争议，特别是在犯罪嫌疑人作出多次有罪供述的情况下，排除其中一次有罪供述并不会对最后的判决结果造成逆转性的影响。

（四）处理方式

审查起诉阶段排除非法证据也牵涉到排除主体和确认主体的区别，具体操作方式可以比照《高检规则》第 376 条进行处理。在启动证据合法性调查程序的情况下，案件承办人应当制作证据合法性审查报告，提出排除或者不排除的意见，经公诉部门负责人审核，报请检察长或者检委会决定。任何决定都可能对侦查人员和犯罪嫌疑人造成一定的不利影响，应当设置相应的救济程序。救济程序应当尽量减少诉讼成本，笔者建议将救济的权利仅赋予侦查机关或者侦查人员，其可以对作出排除决定的检察院提起复议，在维持排除决定的情况下向上一级检察机关要求复议、复核，复议、复核通常采用书面形式。在认可证据合法性的情况下，犯罪嫌疑人当然存在异议，但在此阶段并不宜赋予其救济的权利，这主要在于对诉讼成本的考量。如果法律允许犯罪嫌疑人提起复议、要求复核，在检察机关最终认定证据可以采用的情况下，在后续的审判活动中，该人仍旧会提出排除证据的申请，故而在审查阶段检察机关作出的认可并采纳某一证据的决定对犯罪嫌疑人并不具有最终效力，在此阶段另行设计救济程序就显得徒劳无功了。

与此相关的另一个问题是，在穷尽救济方法之后，对非法证据的处理以及后续诉讼程序应当如何进行的问题。与审判不同的是，在审查起诉阶段排除非法证据只是人民检察院行使部分职权的表现，最终是要为公诉权的进行而服务的，尤其是在确认某一证据确实系侦查人员采用刑讯逼供等违法方式取得后，公诉部门还必须就案件的事实问题作出进一步调查，以确保后续起诉或者不起诉决定的作出。具体说来又可以分为以下几种情况：

1. 案件仍有其他证据足以证明犯罪嫌疑人实施了违法犯罪行为，此时排除非法证据既是对侦查活动的法律监督之需要，也是保证公诉活动顺利进行的关键要素，公诉部门可以对案件作出提起公诉的决定。

2. 排除证据后案件尚未达到“事实清楚，证据确实、充分”的程度，但现有证据能够使得公诉人员产生犯罪行为很有可能系该人所为的合理怀疑，出于追诉犯罪的目的，公诉人员应当根据不同的情况，要求侦查人员重新调取相关证据或者自行调取，这就类似于补充侦查的相关规定，对被排除证据所指向的事实进行调查核实，收集其他的相关证据材料。如果能够重新取得证据或者收集到了新的证据证明犯罪嫌疑人实施了犯罪行为，应当及时作出起诉决定；如果经过了两次补充侦查之后，现有证据仍旧达不到提起公诉的证明标准的，宜作出证据不足的不起诉决定；如果经过调查之后，发现指控犯罪嫌疑人有罪的证据纯属虚构或者犯罪行为并非该人所为的，则应根据《刑事诉讼法》第15条之规定，作出法定不起诉的决定，并追究侦查人员的相关责任。

第三节　审判阶段非法证据排除

从我国目前法律和相关的司法解释之规定可以看出，尽管2012年《刑事诉讼法》规定在庭前会议中法官能够就非法证据排除的问题“了解情况，听取意见”，但审判阶段的排除主要发生在一审法庭审理过程中。这在司法实践当中就形成了庭前会议非法证据排除形同虚设的尴尬局面，由于缺乏必要的效力条款，辩护律师通常不选择在庭前会议中提出非法证据的问题，以避免过早暴露辩护内容和辩护策略；即便是对于那些在庭前会议中提出排除证据申请的律师，在随后的庭审活动当中也仍会提出相同申请，诉讼效率被无端拖延。

非法证据排除规则的实施仅存在于审判阶段，对于该阶段排除程序的构建是关系到非法证据排除规则能够得到有效贯彻落实的重要因素。从理论上来讲，程序性问题应当优先于实体性问题得到结局，因此排除非法证据的最理想模式是建立一个独立于庭审审理的证据合法性调查程序。考虑到目前我国法律体制和司法制度的限制，在短时间内实现此种理想模式存在一定的难度，笔者认为可以先构建以庭前会议排除为基础、以庭审排除为例外的程序。

一、审判阶段非法证据排除的理想模式

程序问题应当优先于实体问题得到解决。法庭审判活动最重要的环节就是证据的举证、质证和认证，而非法证据排除规则则是证据的准入“门槛”。在本书典型案例章国锡案件的一审、二审中，法院均在处理事实问题之前就证据的合法性问题进行了法庭调查，

这符合我国现行法律的规定，但笔者认为，此种调查活动是混合式的，并不是一种彻底解决程序性问题的路径。

我国目前的非法证据排除程序并不是独立的，在很大程度上依附于法庭审理程序，此种做法可能引发的弊端主要包括：法官在判断证据合法性的时候，经常会“不由自主”地将证据的真实性及证明力的大小联系在一起；[①] 对法院证据合法性的处理结果有异议不能及时提出，必须要等到案件实体判决作出以后才能进行上诉和抗诉，这在一定程度上也影响了诉讼的效率。非法证据排除应当有一个独立于实体问题的处理程序，这种独立的程序并不会给法院、检察院或者诉讼参与人带来更多的麻烦或者消耗。为了论述的方便，现将“程序”（非法证据排除）标为“P”（procedure），“实体”（定罪量刑）标为“S”（substantial），一审对两者的处理分别为P1、S1，相对应的二审处理分别是P2、S2，则可制成如下简表：

现行法规定（混合模式）	独立模式
一审（P1+S1）	一审 P1+二审 P2
二审（P2+S2）	一审 S1+二审 S2

乍看之下，这种独立模式的非法证据排除程序似乎更加复杂，要经过两个一审和两个二审，但若仔细分析却又并非如此。此表是一组在现行法律框架内（两审终审制）穷尽所有救济的处理方式，在司法实践当中并不是所有案件都需要进行这些程序。笔者反倒认为，独立模式更加能够节约诉讼各方的时间和资源，兹根据情况作出不同的讨论：

情况一：控辩双方均未对证据合法性提出质疑。在此种情况下两种模式的处理程序是一模一样的。

① 这种思维方式的弊端已经在上文中进行了相应的论述。

现行法规定（混合模式）	独立模式
一审（P1＝0+S1）	一审 P1＝0+二审 P2＝0
二审（P2＝0+S2）	一审 S1+二审 S2

情况二：控辩双方对证据合法性产生争议，其中有可能出现两种情况，即不论法院对证据合法性所作的裁判结果是否正确，总有一方会提出上诉、抗诉（E1）；双方理性参与刑事诉讼，不再就证据问题提出异议（E2）。

在 E1 的情况下，混合模式和独立模式的成本消耗如下：

现行法规定（混合模式）	独立模式
一审（P1+S1）	一审 P1+二审 P2
二审（P2+S2）	一审 S1

在控辩双方任意一方对法院证据合法性裁判有异议而启动二审程序的情况下，独立模式的好处就能够体现出来了。由于混合模式必须在审判过程中，无论是一审抑或是二审，都会就证据合法性问题和定罪量刑一并处理，如果法院事先对证据合法性的处理必然导致上诉、抗诉的发生，那么在一审中对事实问题的处理（S1）就是一种不效率的行为，因为不管法院对 S1 作出怎样的判决，都必须引发二审当中的再一次处理（S2）。与此相反，独立模式当中优先解决证据合法性问题（P1），产生争议之后可对该案的证据再一次作出处理（P2），当证据问题最终确定之后，另行进行审判 S1。① 很明显，在 E1 的情境下，混合模式（P1+S1+P2+S2）>独立模式（P1+P2+S1）。

如果假设控辩双方理性参与刑事诉讼，法院基于现有的事实和

① 当然，此模型并不考虑控辩双方就法院一审判决的实体问题产生认为有错或者不服而提出的上诉、抗诉的情况。

材料就证据的合法性作出正确的处理之后，控辩双方均再就该问题提出异议，这是一种理想化的模式。在此种情况下，公诉人和被告人仍旧可以针对案件的实体处理要求上诉、抗诉，根据我国刑事诉讼二审全面审查原则的要求，“第二审人民法院审理上诉、抗诉案件，应当就第一审判决、裁定认定的事实和适用的法律进行全面审查，不受上诉、抗诉范围的限制”（《高法解释》第 310 条）。因此，在现行法规定的框架内，控辩双方未就非法证据排除问题提出异议，二审需要再次处理，又是一次全面的“一审（P1+S1）”+“二审（P2+S2）”。而在独立模式当中，仅需要一审 P1+一审 S1+二审 S2。在 S2 的情境下，混合模式（P1+S1+P2+S2）>独立模式（P1+S1+S2）。

现行法规定（混合模式）	独立模式
一审（P1+S1）	一审 P1
二审（P2+S2）	一审 S1+二审 S2

二、庭前会议非法证据排除程序

在上述理想模式难以在短时间内实现的情况下，为了确保非法证据排除规则的有效实施，可以先依托庭前会议制度构建较为合理的程序，实现非法证据的庭前排除。2012 年《刑事诉讼法》第 182 条第 2 款规定了庭前会议制度：“审判人员可以召集公诉人、当事人和辩护人、诉讼代理人对回避、出庭证人名单、非法证据排除等与审判相关的问题，了解情况、听取意见。”尽管“两高”司法解释对该制度进行了细化，但庭前会议的效力、庭前会议的召开地点和方式等操作程序仍旧缺乏相应的规定，在理论界也引发了较为广泛的讨论，① 司法实践中各地的做法也不相同。② 因此，有必要对庭前会议非法证据排除程序作出科学构建并进行理论探讨。

（一）庭前会议非法证据排除的启动程序

从我国目前法律的规定来看，召开庭前会议是法院的权利，控辩双方是在法院的通知之下参与庭前会议的。这种规定存在逻辑上的混乱，既然法律将庭前会议界定为对非法证据排除、回避、管辖等程序性问题了解情况的场合，那么法官何以了解上述问题？显然是控辩一方或者双方对上述问题存在争议，又通过各种途径向法官表达了上述质疑。因此，为了更好地保障庭前会议制度能够充分发挥其作用，宜在立法上规定人民检察院和辩护方均可以申请法院就非法证据排除问题召开庭前会议。该问题又与庭前会议的参与者相联系，法定参与三方是法官、公诉人和辩护人，而被告人在庭前会议中的地位比较尴尬，仅是“可以”通知其参加，交由法官进行自由裁量。笔者认为，在涉及处理证据合法性的问题时，由于直接关系到被告人的人身、隐私、住宅、财产等核心的权利，立法上必须保障其能够作为诉讼的一方主体参与到庭前会议证据合法性调查程序中，在这种参与性诉讼活动当中，实现个案的公正和正义。

当然，需要指出的是，控辩双方对证据合法性存在不同看法只是庭前会议召开的理由，而非启动庭前会议非法证据排除程序的理由。为了实现该目的，辩方必须提供相关的线索和材料，使法官对证据来源的合法性产生合理的怀疑，有学者认为这是初步证明责任

---

① 在中国期刊网上搜索主题为“庭前会议”的论文，共有结果214篇，其中2013年119篇、2014年28篇。其中比较有代表性的论文为：陈卫东、杜磊：《庭前会议制度的规范建构与制度适用——兼评〈刑事诉讼法〉第182条第2款之规定》，载《浙江社会科学》2012年第6期；闵春雷、贾志强：《刑事庭前会议制度探析》，载《中国刑事法杂志》2013年第3期。

② 2013年12月，最高人民检察院委托2011计划司法文明协同创新中心对新刑事诉讼法实施一年的情况进行调研并撰写了一系列调研报告，这些调研报告反映并总结了河北省、浙江省、东北三省以及江苏省司法机关在适用庭前会议制度时遇到的困难以及应对措施。

或者争点提出责任。从表现形式来看，的确有些许证明责任的感觉，如果辩方提供的材料没有能够达到足以引发法官合理怀疑的程度，恐怕庭前会议非法证据排除程序就无法启动。笔者认为，在理论上讨论辩方是否承担证明责任对于解决该问题而言没有多大意义。事实上，不管法律是如何规定的，辩方都会尽全力去收集相关的证据来弹劾特定证据的合法性，在法官没有决定是否排除证据之前，任何一方都不敢轻易地说自己提供的证据已经足以证明取证行为的合法性或者相反。相反的，当辩方能够大致地指明是何人在何时采用何种非法手段获取了何种证据时，通常就可以启动证据合法性的调查程序。

（二）庭前会议非法证据排除的调查程序

一旦在庭前会议中启动了调查核实程序，控诉方就必须承担证据来源合法性的证明责任，并且需要达到排除合理怀疑的高度。此时的庭前会议就可以被视为针对证据资格的事先审判活动，只不过控辩双方互相替换了位置。公诉方在审查起诉阶段已经对证据的合法性进行过处理和认定，特别是对于那些在审查批捕、审查起诉期间已经提出并经查证不存在非法取证行为的，可以提交相关的材料或者证据予以佐证。检察机关可以采取一系列的方式证明用作指控被告人有罪的证据之合法性，在上文中已经多次谈及，在此处需要特别指出的是情况说明和侦查人员出庭作证两个在司法实践中和理论上需要深入探讨的问题。

情况说明主要表现为侦查机关出具的证明侦查人员取证活动规范、合法，不存在刑讯逼供等非法行为的说明材料，并加盖公安局或者派出所的公章。情况说明在“两个证据规定”时代就被采纳成为证明合法性的重要证据，在2012年《刑事诉讼法》和相关的司法解释当中也被认可，但笔者始终持相反观点。情况说明并不属于我国法定证据种类中的任何一种，缺乏证据的形式性要件。另外，即便认可其可以作为证据使用，但此种说明缺乏制作主体的中立性，期待其能够在取证合法性中起到多大或者多高的证明效果，实在是不敢恭维。因此，出具书面的情况说明还不如让侦查人员亲自出庭说明取证情况，接受控辩双方的交叉询问。据笔者的调查了解，在司法实践当中已经出现了侦查人员就非法证据排除的问题出庭的真实案例，① 尽管效果相对有限，在庭审当中可能会出现侦查人员和被告人各执一词的尴尬局面，但笔者相信，随着庭审实质化改革之深入、控辩双方论辩技巧的加强，侦查人员出庭作证将会成为发现非法取证活动的重要方式。

鉴于目前在《高检规则》第 341 条第 2 款中规定了在庭前会议中检察机关“对辩护人收集的证据有异议的，应当提出”，在此处笔者还需要重申非法证据排除规则调查程序应当仅适用于控方不利于被告人的证据，辩方证据更多地应当考虑证据的真实性而非来源的合法性。如果公诉方对辩方证据存在异议，可以在后续庭审中提出质疑，以削弱证据的证明力，实现顺利追诉犯罪的效果。

（三）庭前会议非法证据排除的处理程序

在庭前会议证据合法性调查程序结束之后，法庭应当对特定证据在后续庭审活动当中是否能够使用作出具有约束力的决定。根据调查核实情况的不同，可以作出以下三种处理：

其一，在确认证据系侦查人员采用非法方法取得的情况下，应当禁止公诉方在庭审活动中使用该证据指控被告人有罪，如果公诉方认为排除该证据后可能会导致胜诉无望，可以选择撤回起诉或者要求补充侦查，对于涉嫌非法取证的侦查人员需要采取相关的制裁措施，根据不同情况采用行政处罚、警告甚至启动刑事追诉程序；

其二，在不能排除存在非法取证可能的情况下，该证据也不得在庭审中使用，这是非法证据排除规则的基本要求，也是疑点利益归于被告精神的重要体现；

其三，在能够确认证据是严格按照法律程序依法取得的情况下，应当宣布证据的合法性，并允许在庭审过程中予以展示。

① 参见本书第二章中的郭宗奎贩毒案。

（四）庭前会议非法证据排除的相关程序问题

应当对庭前会议非法证据排除程序赋予法律效力，现行法律中的“了解情况，听取意见”的法律定位并不能够充分发挥庭前会议在非法证据排除规则实施中的作用。在一些地方的司法实践中，在适用庭前会议排除非法证据的同时，也要考虑到现行司法制度与法律框架的限制，积极促成庭前会议效力的转化。① 立法上亟须对庭前会议的效力作出肯定性的规定。

庭前会议非法证据排除还涉及召开地点的问题，这在司法实践当中也存在不同的尝试，有的法院将庭前会议地点选在被告人羁押的看守所，有的则是在法院的办公室进行。笔者认为，如果庭前会议涉及非法证据排除的申请、启动及调查核实程序，则宜在公开的法庭当中进行。诉讼活动主要是证据的举证、质证和认证的问题，在法庭上解决证据合法性争议更加具有权威性和庄重性。在法庭上启动庭前会议调查程序的另外一个好处还在于，能够充分体现刑事诉讼活动的公开性，不仅被告人、证人的家属可以到场，还有许多群众能够到庭旁听，也能够激发辩护人的律师情怀，不需要对非法证据排除申请及辩护策略延后至法庭当中提出。

最后一个就是庭前会议应当由谁来主持的问题，在理论上可能存在预审法官、主审法官和合议庭三种不同的组织形态。非法证据排除规则要求切断非法证据与事实裁判者心证形成过程的联系，最好的模式自然是采用与后续庭审不相关的法官处理案件当中的非法证据问题，但这又与庭前会议为法官熟悉案件争点，以便掌控庭审

① 在基层法院的司法实践中，法院均未直接突破刑事诉讼法对庭前会议效力的规定，仅将证据合法性的调查、核实结果记入庭前会议记录，交由控辩双方签名。根据现行法律之规定，庭前会议记录并没有法律效力。主审法官在正式开庭后会就该份记录再次征求控辩双方的意见，并以此种方式确认庭前会议中对证据合法性的认定。如果被告人及其辩护人提出异议，在有新的事实和证据的基础上，法庭仍旧可以对异议事项展开调查。从实施情况来看，取证合法性问题在庭前会议中得到处理，当事人及其辩护律师在再次开庭时并未就该问题提出异议或者排除非法证据的申请。可见，正确运用和实施庭前会议能够促进证据合法性争议的有效解决。

流程的宗旨不太相符。如果采用合议庭主持庭前会议的模式，则会使得非法证据悉数进入全部裁判者的视野，在后续的庭审中或多或少地会对被告人的定罪量刑起到潜在的负面作用。因此，笔者认为，庭前会议可以采用主审法官主持的模式，这样既能够起到了解案件争议、提高诉讼效率的作用，又能够将非法证据对后续庭审定罪量刑的影响降到最小，毕竟在定罪量刑过程中还会存在多数决的投票表决机制和审判委员会对重大、疑难、复杂案件的讨论程序。

三、庭审中非法证据排除程序

法庭审理过程中的非法证据排除程序主要以庭前会议中的排除程序为基础，相同内容在此处不再赘述。在笔者设想的审判阶段排除程序中，非法证据应当在庭前会议中提出并被排除，倘若案件进入了正式的法庭审理，公诉人将证据在法庭上出示，此时再当着所有合议庭成员的面提出排除此份证据的申请，非法证据排除规则的效果就会大打折扣。

必须正视的是，在司法实践当中并非所有的非法证据都能在庭前会议中得到排除，也并非所有的在庭前会议中被排除的证据都不能在后续审判活动中使用，前者与诉讼认识的深入程度有关，后者则是对庭前会议排除决定的救济。具体说来，主要涉及以下内容：

其一，被告人是否受到刑讯逼供或者其他肉刑、变相肉刑等给肉体或者精神带来巨大痛苦的不人道待遇，其本人自然很清楚，但法律为了防止滥用排除非法证据申请权，会在庭前会议中设置调查程序的启动门槛，如果当时相关材料和线索尚不充分，被告人及其辩护律师自然可以选择待收集完备后在庭审过程中提出该申请，并提供具有较高说服力的线索和材料，这种模式已经为我国法律和相关司法解释所规定，具有一定的合理性，可以认为是对庭前会议非法证据排除程序的补充。

其二，对于公诉方在庭前会议中基于不能排除存在非法取证可能而被决定排除的证据，在庭审过程中，控方如果能够收集到新证据证明取证活动合法性的，就可以向法庭提出申请，要求依据新证据再次对证据合法性作出判断。在上文中已经提到，庭前会议对证据的认定分为三种，确认证据合法取得和确认非法取得的决定都不存在法庭审理过程中再予提出的可能，但是对于第三种"不能排除存在非法取证可能"而予以排除的证据，采用的是诉讼证明方式中的推定，即取证合法性没有达到确实充分的程度，就推定为非法取得。推定的特点在于其是能够被新证据所推翻的，因此，检察机关在庭前会议后可以收集新的证明取证合法性的证据，在庭审活动中对该种类型的证据提出再次判断的申请。这实际上是对庭前会议排除非法证据的救济方式。

另外，不管证据是否排除，也不论是在庭前会议中排除抑或是在庭审过程中排除，与证据合法性调查核实结果相关的部分都应当在判决中进行明确表述并予以阐明，这是一个说理的过程，也构成了检察院和被告人上诉、抗诉的事由。

四、二审中非法证据排除程序

从当前法律的规定来看，二审中的非法证据排除程序具有双重属性。一方面，二审启动非法证据排除程序属于对一审处理的救济程序，如果在一审中提出证据合法性异议，法庭没有处理或者控辩双方对处理结果有异议，则可以作为抗诉或者上诉的事由。另一方面，二审可以受理新的非法证据排除申请，并具有"一裁终局"的特点，主要表现在当事人在一审中没有提出非法证据排除申请，在一审判决完毕之后才收集到相关线索和材料的情形。笔者认为，法律对二审程序在非法证据排除规则实施中的定位是值得肯定的，但在内容上略显单薄，逻辑上也存在不周延的情况，有必要进一步探讨。

（一）程序启动

我国目前在法律中规定的二审启动非法证据调查程序的三种情形，[①] 在逻辑上并不周延。在司法实践当中出现了被告人及其辩护人在一审审理过程中就已经掌握了相关线索或者材料，却未提出非法证据排除申请，而选择在提起上诉的过程中要求二审法院排除非法证据的情形。理论上还需要探讨在此特殊情形下二审法院是否能够启动非法证据审查程序的问题。学界对该问题存在一些不同的见解，有学者以“权利失权”理论否定此情形下二审排除非法证据的可能。笔者认为，非法证据排除在我国刑事诉讼中的定位，不仅是被告人的诉讼权利，也应当是法院在定罪量刑、查明案件事实方面的重要职责，本着“实事求是”的要求，对证据合法性的调查即便在一审中当辩方已经掌握了相关的材料和线索而没有提出，在二审过程中也仍旧可以要求法院行使排除非法证据的权利。此种观点另外一个非常重要的理由是，在当下的刑事辩护还不完善的情况下，许多被告人虽然明知自己受到了刑讯逼供，但希望能在一审中充分表现出自己的悔意，并不以非法取证为理由进行程序性抗诉，以求法院在定罪量刑中作出较为宽缓的刑罚，或者公诉人在量刑建议书中提出有利于己方的量刑建议。这种现象极有可能发生，因为在中国文化当中本身就存在着“厌诉”的传统，本着“多一事不如少一事”的观念，被告人更加希望审判活动能够尽快结束，而自己的“配合”能够在量刑上赢得一些益处。在发觉一审判决结果并没有得到预期的优待时，二审就成为了维护自己利益的最后一道程序，对于一审中颇为忌惮的非法证据排除问题，也就敢作为上诉理由提出。出于以上的考虑，法律宜将此种情形也纳入二审当中启动非法证据审查程序的事由。

（二）初步审查程序

在我国，二审可以分为开庭审理和不开庭审理两种模式，基于

---

① 关于这三种情形，请参阅本书第一章第三节中的“完善二审非法证据处理”部分。

全面审查原则的要求，二审法官会对全部的案件材料事先阅读，并讯问上诉人、听取辩护律师的意见。正是基于二审的救济性以及二审程序启动的无条件性，对于二审非法证据审查程序的启动，特别是在被告人提出申请的情况下，二审法庭应当对证据合法性进行初步审查，主要采用审阅书面卷宗材料和单向听取一审控辩双方意见的方式进行，初步审查程序并不是要对证据合法性作出最终的裁决，而是通过上述方式之后，判断能否产生对证据来源合法性的质疑。如果存在疑问，那么将会启动二审中非法证据排除的正式调查程序。

（三）正式调查程序

二审非法证据排除正式调查程序只能采用开庭审理的方式进行，与一审程序不同的是，二审处理程序不会在类似于庭前会议的审前排除中解决。存在这种区别的主要理由是，二审法官基于全面审查的原则，已经对包括证据在内的案件事实有了充分的认识，再设计一个所谓的庭前排除程序意义不大。正式调查程序应在二审庭审处理事实问题之前予以解决，检察院可以采取多种方式证明证据来源的合法性，并需要达到事实清楚，证据确实、充分，排除合理怀疑的程度，否则该证据仍不能在二审当中作为指控被告人有罪的证据使用。

（四）处理结果

二审程序解决的是一审裁判是否正确的问题，考虑到笔者设计的二审排除非法证据程序采用的是混合模式，处理结果自然就与二审裁判的处理结果相一致，具体可以分为以下几种情形：事实清楚，证据确实、充分，取证方式合法、规范，裁定维持原判；一审法院对证据合法性的认定存在错误，但不足以影响被告人的最后定罪量刑的，应当在纠正的情况下维持原判；一审法院对证据合法性的认定存在错误，严重影响了事实的认定，无法认定被告人是否存在犯罪行为的，二审法院可以查清后改判，或者裁定撤销原判，发回重审。

结 论

非法证据排除规则是“依法治国”的重要方针，也是建设社会主义法治国家的应有之义。该规则能够对刑事司法活动中公权力的行为进行有效的规范和限制，对于遏制刑讯逼供、防范冤假错案、推动侦查方式的积极变革、实现程序正义等诸多理想性的司法状态有着积极作用。

目前，我国法律及相关司法解释中对非法证据排除规则规定得尚不完善，包括非法证据的界定、证明标准和排除程序在内的诸多关键性内容都需要理论界予以进一步的研究和探索。从非法证据排除规则在我国的实施情况来看，一方面公安司法机关并不积极主动行使依职权排除的权力，另一方面辩方在诉讼过程中动辄要求启动非法证据排除程序，这种矛盾与冲突源于法律规定的模糊和职业思维定式，对正确排除非法证据造成了一定的冲击。不过，在司法实践当中出现的种种案例，又为该规则的发展提供了值得研究的绝佳素材和有益经验。中国非法证据排除规则有着自身的特点，这与我国司法制度、司法观念和具体国情相联系。随着人权保障意识的不断加强，法律对公民财产权、自由权、隐私权等宪法性核心权利在刑事诉讼中可能受到的侵犯也会更加审慎，非法证据排除规则在维系国家与个人、公权力与私权利之间的平衡方面将会发挥日益重要的作用。

非法证据排除规则在中国的确立是我国司法改革的重要成果，对于实现刑事诉讼法“尊重与保障人权”的价值目标起到了极大的促进作用。党的十八届三中全会提出“严格实行非法证据排除规则”的要求，指明了未来刑事司法改革的发展方向和趋势，这也是不断深入了解和把握司法规律的必然要求。由此观之，对具有中国特色的非法证据排除规则进行实时、深入的研究，依然任重道远。

参考文献

著作类：

1. 卞建林、杨宇冠主编：《非法证据排除规则实证研究》，中国政法大学出版社 2012 年版。

2. 陈光中主编：《中华人民共和国刑事诉讼法再修改专家建议稿与论证》，中国法制出版社 2006 年版。

3. 陈光中等：《中国司法制度的基础理论问题研究》，经济科学出版社 2010 年版。

4. 陈光中主编：《〈中华人民共和国刑事诉讼法〉修改条文释义与点评》，人民法院出版社 2012 年版。

5. 陈光中主编：《刑事诉讼法学》，北京大学出版社、高等教育出版社 2012 年版。

6. 陈瑞华：《比较刑事诉讼法》，中国人民大学出版社 2010 年版。

7. 高咏：《非法证据排除的证明问题研究》，中国财政经济出版社 2014 年版。

8. 李玉华：《警察出庭作证指南》，中国人民公安大学出版社 2014 年版。

9. 江必新主编：《最高人民法院关于适用〈中华人民共和国刑事诉讼法〉的解释》，中国法制出版社 2013 年版。

10. 孙长永等：《刑事证明责任制度研究》，中国法制出版社 2009 年版。

11. 杨宇冠：《非法证据排除规则研究》，中国人民公安大学出版社 2002 年版。

12. 杨宇冠：《人权法——公民权利和政治权利国际公约研究》，中国人民公安大学出版社 2003 年版。

13. 《检察官人权指南》，杨宇冠、李立译，人民检察出版社 2006 年版。

14. 杨宇冠：《国际人权法对我国刑事司法改革的影响》，中国法制出版社 2008 年版。

15. 张步云：《司法证明原论》，商务印书馆 2014 年版。

16. 张建伟：《证据法要义》（第二版），清华大学出版社 2014 年版。

17. 中国社会科学院语言研究所词典编辑室编：《现代汉语词典》，商务印书馆 2012 年版。

论文类

1. 卞建林：《媒体监督与司法公正》，载《政法论坛》2000 年第 6 期。

2. 陈光中、卞建林：《刑事诉讼法学研究现状与发展趋势》，载《法学家》1996 年第 2 期。

3. 陈光中、张小玲：《论非法证据排除规则在中国的适用》，载《政治与法律》2005 年第 1 期。

4. 陈光中、郑曦：《论刑事诉讼中的证据裁判原则——兼谈〈刑事诉讼法〉修改中的若干问题》，载《法学》2011 年第 9 期。

5. 陈瑞华：《非法证据排除规则的理论反思》，载《法律适用》2006 年第 6 期。

6. 陈瑞华：《程序性裁判中的证据规则》，载《法学家》2011 年第 4 期。

7. 陈瑞华：《论侦查人员的证人地位》，载《暨南大学学报（哲学社会科学版）》2012 年第 2 期。

8. 陈瑞华：《论瑕疵证据补正规则》，载《法学家》2012 年第 2 期。

9. 陈瑞华：《以限制证据证明力为核心的新法定证据主义》，载《法学研究》2012 年第 6 期。

10. 陈瑞华：《论被告人口供规则》，载《法学杂志》2012 年第 6 期。

11. 陈卫东、刘昂：《我国建立非法证据排除规则的障碍透视与建议》，载《法律适用》2006 年第 6 期。

12. 陈卫东、杜磊：《庭前会议制度的规范建构与制度适用——兼评〈刑事诉讼法〉第 182 条第 2 款之规定》，载《浙江社会科学》2012 年第 6 期。

13. 陈永生：《我国刑事误判问题透视——以 20 起震惊全国的刑事冤案为样本的分析》，载《中国法学》2007 年第 3 期。

14. 樊崇义、锁正杰、吴宏耀、陈永生：《刑事证据前沿问题研究》，载《证据学论坛》2001 年第 1 卷。

15. 樊崇义、吴光升：《审前非法证据排除程序——文本解读与制度展望》，载《中国刑事法杂志》2012 年第 11 期。

16. 柯葛壮：《非法取得的供述不能采为证据》，载《法学评论》1988 年第 6 期。

17. 顾康敏：《宪法权利的深层保护——从垃圾袋的处理说起》，载《法学》2006 年第 7 期。

18. 顾永忠：《刑事辩护的现代法治涵义解读——兼谈我国刑事辩护制度的完善》，载《中国法学》2009 年第 6 期。

19. 顾永忠：《我国刑事辩护制度的重要发展、进步与实施——以新〈刑事诉讼法〉为背景的考察分析》，载《法学杂志》2012 年第 6 期。

20. 顾永忠：《我国司法体制下非法证据排除规则的本土化研究》，载《政治与法律》2013 年第 2 期。

21. 郭旭：《证据排除规则在我国的实施若干问题之探讨》，载《武陵学刊》2013 年第 3 期。

22. 郭旭：《德国搜查扣押制度与非法实物证据排除》，载

《武陵学刊》2014年第4期。

23. 郭志媛、董满清：《非法证据如何证明？——兼评〈非法证据排除规定〉》，载《西部法学评论》2010年第5期。

24. 何家弘：《证据的采纳和采信——从两个“证据规定”的语言问题说起》，载《法学研究》2011年第3期。

25. 黄太云：《刑事诉讼制度的重大改革——刑事诉讼法修改的几个重大问题述要》，载《中国法学》1996年第2期。

26. 李建明：《刑事证据相互印证的合理性与合理限度》，载《法学研究》2005年第6期。

27. 李学宽：《论刑事诉讼中的非法证据》，载《政法论坛》1995年第2期。

28. 李训虎：《证明力规则检讨》，载《法学研究》2010年第2期。

29. 林喜芬：《论我国审查逮捕阶段的非法证据排除——基于刑诉法修订与实践语境的分析》，载《当代法学》2013年第6期。

30. 龙宗智：《论配合制约原则中的某些“负效应”及其防治》，载《中外法学》1991年第3期。

31. 龙宗智：《印证与自由心证——我国刑事诉讼证明模式》，载《法学研究》2004年第2期。

32. 龙宗智：《刑事诉讼指定管辖制度之完善》，载《法学研究》2012年第4期。

33. 龙宗智：《我国非法口供排除的“痛苦规则”及相关问题》，载《政法论坛》2013年第5期。

34. 马明亮：《笔尖上的真相——解读刑事诉讼法新增笔录类证据》，载《政法论坛》2014年第2期。

35. 闵春雷：《完善我国刑事搜查制度的思考》，载《法商研究》2005年第4期。

36. 闵春雷：《严格证明与自由证明探析》，载《中外法学》2010年第5期。

37. 闵春雷、贾志强：《刑事庭前会议制度探析》，载《中国刑事法杂志》2013 年第 3 期。

38. 聂洪勇：《分工负责、互相配合、互相制约原则的检讨与重构》，载《法律适用》2007 年第 1 期。

39. 裴苍龄：《论证据的种类》，载《法学研究》2003 年第 5 期。

40. 沈德咏、江显和：《变革与借鉴：传闻证据规则引论》，载《中国法学》2005 年第 5 期。

41. 沈德咏：《论疑罪从无》，载《中国法学》2013 年第 5 期。

42. 石泉：《刑事证据立法及检警关系研讨——2002 年全国诉讼法学年会主要观点综述》，载《政治与法律》2003 年第 1 期。

43. 汪海燕：《论美国毒树之果原则——兼论对我国刑事证据立法的启示》，载《比较法研究》2002 年第 1 期。

44. 王名扬、冯俊波：《论比例原则》，载《时代法学》2005 年第 4 期。

45. 宋英辉：《论非法证据运用中的价值冲突与选择》，载《中国法学》1993 年第 3 期。

46. 宋英辉、吴宏耀：《意见规则——外国证据规则系列之四》，载《人民检察》2001 年第 7 期。

47. 宋英辉、叶衍艳：《我国审判阶段非法证据排除启动程序问题——基于〈刑事诉讼法〉及相关司法解释的分析》，载《法学杂志》2013 年第 9 期。

48. 孙远：《卷宗移送制度改革之反思》，载《政法论坛》2009 年第 1 期。

49. 万毅：《论“刑讯逼供”的解释与认定——以“两个〈证据规定〉”的适用为中心》，载《现代法学》2011 年第 3 期。

50. 万毅：《瑕疵证据——以“两个〈证据规定〉”为分析对象》，载《法商研究》2011 年第 5 期。

51. 万毅：《“全国首例非法证据排除案”法理研判》，载《证据科学》2011 年第 6 期。

52. 万毅:《“无解”的司法解释——评“两高”对“刑讯逼供等非法方法”的解释》，载《法学论坛》2014 年第 1 期。

53. 万毅:《关键词解读：非法实物证据排除规则的解释与适用》，载《四川大学学报（哲学社会科学版）》2014 年第 3 期。

54. 王守安:《〈刑事诉讼法〉修改研究综述》，载《检察理论研究》1995 年第 2 期。

55. 徐纯科:《评“司法机关分工负责、互相配合、互相制约原则”》，载《法学研究》1991 年第 3 期。

56. 徐鹤喃、宋军:《刑事诉讼法的修改与完善——1994 全国刑诉法学研讨会综述》，载《中央检察官管理学院学报》1995 年第 1 期。

57. 肖建华:《正当当事人理论的现代阐释》，载《比较法研究》2000 年第 6 期。

58. 杨宇冠:《论非法证据排除规则的价值》，载《政法论坛》2002 年第 6 期。

59. 杨宇冠:《“毒树之果”理论在美国的运用》，载《人民检察》2002 年第 7 期。

60. 杨宇冠:《非法证据排除规则及其在中国确立问题研究》，载《比较法研究》2010 年第 3 期。

61. 杨宇冠、杨恪:《〈非法证据排除规定〉实施后续问题研究》，载《政治与法律》2011 年第 6 期。

62. 杨宇冠:《〈刑事诉讼法〉修改凸显人权保障——论不得强迫自证有罪和非法证据排除条款》，载《法学杂志》2012 年第 5 期。

63. 杨宇冠、郭旭:《录音录像与非法证据排除研究》，载《人民检察》2012 年第 19 期。

64. 杨宇冠:《我国非法证据排除规则实施问题研究》，载《法学杂志》2014 年第 8 期。

65. 易延友：《最佳证据规则》，载《比较法研究》2011 年第 6 期。

66. 张凤阁：《全国诉讼法学年会刑事诉讼法学研究观点综述》，载《检察理论研究》1995 年第 3 期。

67. 张建伟：《自白任意性规则的法律价值》，载《法学研究》2012 年第 6 期。

68. 张泽涛：《我国起诉书撰写方式之缺陷及其弥补——以诉因制度与起诉书一本主义为参照系》，载《法商研究》2007 年第 3 期。

69. 甄贞、申文宽：《非法证据证明责任的履行与保障措施》，载《人民检察》2013 年第 4 期。

70. 周永坤：《政法委的历史与演变》，载《炎黄春秋》2012 年第 9 期。

外文类

1.［德］克劳思·罗科信：《刑事诉讼法》，吴丽琪译，法律出版社 2003 年 4 月第 1 版。

2.［法］《法国刑事诉讼法典》，罗结珍译，中国法制出版社 2006 年版。

3.［法］孟德斯鸠：《论法的精神》（上卷），商务印书馆 1963 年版。

4.［美］米尔建·R. 达马斯卡：《漂移的证据法》，中国政法大学出版社 2003 年版。

5.［英］彼德·斯坦、约翰·香德：《西方社会的法律价值》，中国人民公安大学出版社 1990 年版。

6.［美］马尔科姆·R. 威尔基：《批判美国刑事诉讼中非法取得的证据不得采证的规则》，刘赓书译，载《法学译丛》1980 年第 3 期。

7.［英］J. B. 道森：《英联邦成员国对非法取得的证据采证问

题的若干法律规定》，刘赓书译，载《法学译丛》1983年第4期。

8.［英］J. 大卫·赫斯切尔：《对美国和英国处理非法取得的证据的方法的比较》，载《法学译丛》1985年第3期。

9.［美］大卫·希塞尔：《我们能向英国法院对非法所得证据的探讨学些什么?》，汪建成、张晓秦译，载《国外法学》1985年第5期。

10. Abu-Doleh, J. & Weir, D.*Dimensions of Performance Appraisal Systems in Jordanian Private and Public Organizations*. International Journal of Human Resource Management, 18(1), (2007).

11. Adam Liptak, *Justice Step Closer to Repeal of Evidence Ruling*, N.Y.Times, Jan. 30, 2009.

12. Albert W. Alschuler, *The Exclusionary Rule and Causation: Hudson v. Michigan and Its Ancestors*, 93 LOWA L. REV. at 1809 (2008).

13. Bradley Craig M., *Red Herring or the Death of the Exclusionary Rule?*, Trial, Apr. 2009.

14. David A. Moran, *Waiting for the Other Shoe: Hudson and the Precarious of Mapp*, 93 LOWA L. REV, 1725, 17319 (2008).

15. David Harris, *The Right to a Fair Trial in Criminal Proceedings as a Human Right*, The International and Comparative Law Quarterly, Vol. 16, No. 2 (Apr., 1967).

16. Handler, J. G. Ballentine's Law Dictionary (Legal Assistant ed.). Albany: Delmar (1994).

17. H. Richard Uviller, *Evidence from the Mind of the Criminal Suspect: A Reconsideration of the Current Rules of Access and Restraint*, 87 Colum. L. Rev. 1137, 1146 (1987).

18. James J. Tomkovicz, *Constitutional Exclusion: The Rules, Rights, and Remedies That Strike the Balance Between Freedon and Order*, 2011.

19. Laurence A. Benner, *Requiem for Miranda: The Rehnquist Court's Voluntariness Doctrine in Historical Perspective*, 67 Wash. U. L.Q. 59, 94 (1988).

20. Manasa, K. & Reddy, N. *Role of Training in Improving Performance*. The IUP Journal of Soft Skills, 3, 72–80 (2009).

21. Robert M. Bloom, *Inevitable Discovery: An Exception Beyond the Fruits*, 20 AM. J. CRM.L.79,95 (1992).

22. Tracy Maclin. *The Supreme Court and the Fourth Amendment's Exclusionary Rule*. Oxford University Press.2012.

23. Welsh S. White, *What is an Involunray Confession Now?* 50 Rutgers L. Rev. 2001 (1998).

案例

1. Arizona v. Evans, 514 U.S. 1, 13, 115 S.Ct. 1185, 131 L.Ed.2d 34 (1995).

2. Arizona v. Gant, 556 U.S. 332 (2009).

3. Bram v. United States, 168 U.S. 532 (1897).

4. Brinegar v. United States, 338 U.S. 160 (1949).

5. Brown v. Mississippi, 297 U.S. 278 (1936).

6. Colorado v. Connelly, 479 U.S. 157, 166, 107 S.Ct. 515, 93 L.Ed.2d 473 (1986).

7. Davis v. U.S. 131 S.Ct. 2419, 180 L.Ed.2d 285 (2011).

8. Frazier v. Cupp, 394U.S. 731, 739 (1969).

9. Herring v. United States, 129 S. Ct. 695, 698 (2009).

10. Hopt v. Utah, 110 U.S. 574 (1884).

11. Hudson v. Michigan, 547 U.S. 586, 591 (2006).

12. Illinois v. Krull, 480 U.S. 340, 107 S.Ct. 1160, 94 L.Ed.2d 364 (1987).

13. Illinois v. Perkins, 496 U.S. 292 (1990).

14.Jone v. United States,362 U.S. 257, 80 S.Ct. 725, 4. L. Ed. 2d 687 (1960).

15.Kyllo v.United States 533 U.S. 27(2001) 190 F.3d 1041.

16.Lego v.Twomey, 404, U.S. 477 (1972).

17.Lisenba v.California, 314 U.S.219, 236 (1941).

18.Mapp v.Ohio, 367 U.S. 643, 81 S.Ct. 1684, 6 L.Ed.2d 1081 (1961).

19.Massachusetts v. Sheppard, 468 U.S. 981 (1984).

20.Mill v. Fenton, 474U.S. 104, 109 (1985).

21.Miranda v.Arizona, 384 U.S. 436 (1966).

22.New York v. Belton, 453 U.S. 454 (1981).

23.Nix v. Williams, 467U.S. 431 (1984).

24.Pennsylvania Bd. of Probation and Parole v. Scott, 524 U.S. 357, 364 - 365, 118 S.Ct. 2014, 141 L.Ed.2d 344 (1998).

25.People v. McDonough, 917 N. E. 2d590, 594 Ⅲ. App. Ct. 2009).

26.Silverthorne Lumber Co. v.U.S. 251 U.S. 385 (1920).

27.Smith v.Maryland 442. U.S.735 (1979).

28.State v. Patton,826 A.2d 783, 793 (N.J. Super. A.D. 2003).

29.The King v. Warickshall, 168Eng. Rep. 234 (K.B. 1783).

30.United States v. Calandra, 414 U.S. 338, 348, 94 S.Ct. 613, 38 L.Ed.2d 561 (1974).

31.Unitedstates v. Knotts 460. U.S. 276 (1983).

32.United States v. Hector, 474 F.3d 1150, 1155 (9th Cir.2007).

33.United States v. Julius, 610 F. 3d. 60, 66-67 (2d Cir. 2010).

34.United States v. Lee 343. U.S.747,754 (1952).

35.United States v. Leon, 468 U.S. 897, 907, 104 S.Ct. 3405 (1984).

36.United States v. Makki, No.06-20324, 2007 WL 1100453, at 4

(E.D. Mich, Apr. 12, 2007).

37. United States v. Master, 614 F. 3d 236, 243 (6th Circuit, 2010).

38. United States v. Matlock, 415 U.S. 164, 94 S.Ct. 988, 39 L. Ed.2d 242 (1974).

39. United States v. Tracey, 597 F. 3d 140, 151 3d Cir. 2010).

40. Weeks v. United States, 232 U.S. 383, 34 S.Ct. 341, 58 L.Ed. 652 (1914).

41. Whiteley v. Warden, Wyo. State Penitentiary, 401 U.S. 560, 568 - 569, 91 S.Ct. 1031, 28 L.Ed.2d 306 (1971)..

报纸类

1. 郭国松：《刑讯逼供酿冤案“死囚”杜培武遗书的血泪控诉》，载《南方周末》2001年8月24日。

2. 刘根菊：《恢复“卷宗移送主义”是一种倒退》，载《检察日报》2006年2月16日。

3.《非法证据争议期待修法破题》，载《检察日报》2011年8月10日。

4. 陈霄、焦红艳：《以程序正义的名义——非法证据排除典型案例研讨会》，载《法治周末》2011年9月7日。

5.《刑诉法“大修”勿忘“聂树斌案”》，载《南方周末》2011年9月15日。

6. 陈卫东：《理性审视技术侦查立法》，载《法制日报》2011年9月21日。

7. 李佳：《法官：不排除审讯有违法行为》，载《北京晚报》2012年9月13日。

8. 谢文英、赵晓星：《非法证据排除，对诉讼各方是严峻考验》，载《检察日报》2012年9月17日。

9.《直击北京“非法证据排除”第一案》，载《人民代表报》

2012 年 9 月 20 日。

10. 袁婷:《非法证据“风光不再”》,载《民主与法制时报》2013 年 1 月 7 日。

11. 朱孝清:《对“坚守防止冤假错案底线”的几点认识》,载《检察日报》2013 年 7 月 8 日。

12. 杜萌:《“河南非法证据排除第一大案”庭审纪实》,载《法制日报》2013 年 10 月 14 日。

网络媒体

1.《北京一中院开庭审理“新刑诉法预热第一案”》,http://www.chinacourt.org/article/detail/2012/09/id/550801.shtml。

2.《张峰受贿、贪污案》,http://www.pkulaw.cn/fulltext_form.aspx? Db=pfnl&Gid=120724995&keyword=%e9%9d%9e%e6%b3%95%e8%af%81%e6%8d%ae&EncodingName=&Search_Mode=accurate。

3.《金玉山职务侵占、非国家工作人员受贿、合同诈骗案二审裁定书》,http://www.pkulaw.cn/fulltext_form.aspx? Db=pfnl&Gid=120804650&keyword=%e9%9d%9e%e6%b3%95%e8%af%81%e6%8d%ae&EncodingName=&Search_Mode=accurate。

4.《董铭杰抢劫案件一审、二审判决书》,http://www.pkulaw.cn/fulltext_form.aspx? Db=pfnl&Gid=120731364&keyword=%e9%9d%9e%e6%b3%95%e8%af%81%e6%8d%ae&EncodingName=&Search_Mode=accurate。

5.《市公安局召开抢劫杀人案告破庆功会》,http://www.jznews.com.cn/comnews/system/2008/12/15/000175003.shtml。

6.《泗水县公安局召开侦破“10·23”故意杀人案庆功表彰大会》,http://jining.sdnews.com.cn/jngd/201411/t20141117_1782820.htm。

7.《莒县公安局召开“2·2”特大抢劫杀人案庆功会》,http://

www.rz110.gov.cn/ContShow.php？Id=3245&MenuId=6&UpId=0。

8.《敖汉旗公安局破获“9·15”金矿特大抢劫案 中金集团金陶公司为参战民警举行庆功大会》，http://www.cfsgaj.gov.cn/xwdt/jqtb/2014-10-11/3546.html。

9.《侦破“9·21”特大命案庆功表彰大会召开》，http://news.idoican.com.cn/chsrb/html/2008-11/26/content_20224862.htm。

10.《焦作沁阳：保民安不辱使命 破大案再建奇功——焦作沁阳市隆重召开侦破“12·3”绑架案庆功表彰大会》，http://www.jzga.gov.cn/news/newsdetail.aspx？id=23882。

11.《1984年警察与刑事证据法》，http://www.legislation.gov.uk/ukpga/1984/60/pdfs/ukpga_19840060_en.pdf。

后　记

我现在还保留着学生时代留下的习惯，买书不一定看书，但必会翻看一本书的后记。从某种程度上来讲，后记往往可能比书本身更加精彩。博士论文的修改并出版，是我学生生涯的终点，也是我另一段旅途的起点。

在法大九年的求学时光如放映机一般历历在目。五年军都山下，四年小月河畔，注定了法大人成为了我生命当中不可磨灭的标签。还记得2006年刚入法律殿堂的懵懂，庄重地跟着大伙一起宣誓："持正义之天平，挥法律之利剑"。本科同班同学读博的就我一人，慢慢地走到了最后。同学们大抵已经工作数年，结婚生子，过上了柴米油盐酱醋茶的生活。在聚会当中也偶尔能够从他们的口中得知社会这个江湖当中的风起云涌，意气风发。

本科毕业之后，我被保送本校攻读硕士学位。在硕士阶段最后一年，我遇到了导师杨宇冠教授。杨老师渊博的知识、严谨的学术态度以及对学生的关心、照顾和指导，让我受益匪浅，感慨良多。硕士毕业有幸跟随老师继续攻读博士学位，对刑事诉讼法进行深入研究。老师不嫌我愚钝，手把手指导我完成中英文论文，从选题到构思，从定稿到发表，这些技能的培训和取得都离不开老师的谆谆教导。无论是做学问还是做人，杨老师都是我终身学习的楷模。感谢我的师母李立教授，李老师和蔼可亲，在生活上和学习上对我十分照顾，帮我解决了许多难题，使我对用英文发表论文有了全新的认识，也实现了零的突破。

在三年的博士学习期间，我也有幸得到陈光中先生、樊崇义教授、卞建林教授、顾永忠教授、刘玫教授、汪海燕教授以及李本森教授的指点和帮助，他们精彩而又丰富的授课，使我对刑事诉讼法的不同侧面有了更加深入的认知和了解。

毕业以后我毅然参军入伍，来到中国人民解放军南京政治学院军事法学与法律战教研室工作。在这里也要适应很多，身份需要从学生过渡到教员，所学也需要从诉讼法转向军事法。在南京工作并不轻松，刚开始确实是举目无亲，甚至连熟识的人也不多。好在系和教研室领导、同事对我关怀备至，慢慢引导我，我也逐渐熟悉了新的环境，适应了新的生活。工作以后，已经很少有时间邀上好友一起在网吧五连坐去打 dota，睡觉时间也从原来的晚上八点半推迟到十点半，唯一不变的大概只有那早上六点无论如何都会立马醒来无法享受睡懒觉快乐的生物钟了。

我的个性比较随意，可以为了吃一顿好吃的从昌平往返四个小时跑到海淀，也没有其他同学那种拼命在帝都拼搏或者希望能够扶摇直上的心态，平平凡凡才是真，人这一辈子，自己过得开心就好，无须刻意钻营，有道是“塞翁失马，焉知非福”。看看书，写写字，快快乐乐，也就足矣。当然，感谢那些在我生命中遇到的人，各种好的不好的，认识的不认识的，万事万物总是相联系的。感谢我的妻子，跟着我从长沙到北京再到南京，总算是安顿下来，婚礼和马尔代夫之旅都已经实现，生活中总会时不时有些小精彩。感谢我的父母，没有他们含辛茹苦的养育，今天这本书也就不会呈现在读者的面前，即便他们内心很想我能够离他们近一点、再近一点，但为了孩子的前途仍是不停地把我推向远方。

言归正传，有人说，博士论文应当是学术水平的巅峰，也有人说博士论文可以使人癫疯。非法证据排规则这个题目，是我读博期间跟着老师做项目时所敲定的，由于对这方面的内容参与得多、了解得多，写起来自然也就得心应手，基本上保持每天六七千字的速度完成了初稿，然后再经反复地修改，最终成文。当然，由于学识水平的限制，错误之处在所难免，还希望各位方家多多指正！

再次表示衷心感谢！

郭　旭

2016年11月